*Gegen*Gewalt

Ökumenische Bewährungsfelder

I0869166

Beiheft Interkulturelle Theologie Nr. 15

Theodor Ahrens/Werner Kahl (Hrsg.)

*Gegen*Gewalt

Ökumenische Bewährungsfelder

EVANGELISCHE VERLAGSANSTALT
Leipzig

gefördert durch:

Evangelisches Missionswerk in Deutschland
Association of Protestant Churches and Missions in Germany

Bibliographische Information der Deutschen Nationalbibliothek

Die Deutsche Nationalbibliothek verzeichnet diese Publikation in der Deutschen Nationalbibliographie; detaillierte bibliographische Daten sind im Internet über http://dnb.dnb.de abrufbar.

© 2012 by Evangelische Verlagsanstalt GmbH · Leipzig
Printed in Germany · H 7578

Das Werk einschließlich aller seiner Teile ist urheberrechtlich geschützt. Jede Verwertung außerhalb der Grenzen des Urheberrechtsgesetzes ist ohne Zustimmung des Verlags unzulässig und strafbar.

Das Buch wurde auf alterungsbeständigem Papier gedruckt.

Cover: Kai-Michael Gustmann, Leipzig
Satz: Wolfgang Neumann, Bad Vilbel
Druck und Binden: Hubert & Co., Göttingen

ISBN 978-3-374-03127-6
www.eva-leipzig.de

Vorwort

Ein Beitrag auf dem Weg

Gewalt kann überwunden oder wenigstens eingehegt werden; Verwundungen können heilen und Versöhnung kann in Gang kommen. Das wurde auf der als »Erntedankfest« begangenen *Internationalen Ökumenischen Friedenskonvokation (IÖFK)* im Mai 2011 in Kingston/Jamaika deutlich. Dort wurde zum Abschluss der vom ÖRK ausgerufenen Dekade *Gewalt überwinden* eine beeindruckende Fülle von Analysen und Zeugnissen von ›best practices‹ aus der ganzen Welt zu Gehör gebracht. Kirchen, Gruppen und Einzelne haben sich – ihren Möglichkeiten entsprechend – auf das Thema ›Gewalt überwinden‹ eingelassen.

Der Verlauf der Dekade hat allerdings ebenso deutlich die unterschiedliche Bereitschaft und ein unterschiedliches Vermögen der Kirchen, dies Thema aufzugreifen, zutage gefördert. Das kann auch gar nicht anders sein, denn völlig aushebeln aus dem sozialen Miteinander lässt Gewalt sich nicht. Es bleibt uns keine andere Wahl als die allgegenwärtige wilde Gewalt mit Maßnahmen einer »balancierenden Gegenwehr«[1], einem Mehr oder Weniger an Gegengewalt auszutarieren und neue Regeln für ein lebensdienliches Miteinander zu finden. Prozesse der Inklusion und Exklusion sind dabei unvermeidbar und ausgehandelte Ordnungen bleiben instabil und bedroht.

Kingston war eine Zwischenstation auf dem Weg in neue Bewährungsfelder konstruktiver Konfliktbearbeitung und Gewaltprävention. *Gegen*gewalt versteht sich als ein Beitrag auf diesem Wege. Die vorliegenden Studien sind im Umfeld der Missionsakademie an der Universität Hamburg entstanden.

[1] Michael Moxter, Gewalt als Phänomen und Grenze der Kulturtheologie, in: Religion, Politik und Gewalt. Kongressband des XII. Europäischen Kongresses für Theologie 18.–22. September 2005 in Berlin, hg. von Friedrich Schweizer, Gütersloh 2006, 626–641, 638.

Blicke auf Bewährungsfelder

Michael Biehl gibt in seinem einleitenden Beitrag *Gewaltüberwindung, Gewaltunterbrechung und der Aufruf zum »Gerechten Frieden«* eine Standortbestimmung, fasst die bisherige ökumenische Diskussion zum Thema zusammen und verknüpft Impulse der Konvokation von Jamaika mit Perspektiven, die die Weltmissionskonferenz von Athen (2005) erarbeitete.

Wenn wir die Frage nach einem christlichen Beitrag zur Eindämmung von Gewalt zuerst nach innen richten, als Frage nach den Wurzeln der eigenen Glaubenstradition, dann sind biblische Texte neu zu befragen. *Werner Kahl* nimmt unter dieser Fragestellung neutestamentliche Texte in den Blick (*Vom Umgang mit Gewalt – neutestamentliche Perspektiven*). Er interpretiert frühchristliche Erfahrungen und Deutungen von erlittener Gewalttätigkeit und eingeschlagene Strategien eines evangeliumsgemäßen Umgangs damit auf dem Hintergrund antiker Verfolgungssituationen. Gewaltloser Widerstand zielt auf die Unterbrechung von Gewalt. Eine solche Haltung empfiehlt sich als imitatio Christi. Christen setzen sich nicht mit Gewalt zur Wehr. Vergeltung wird Gott überlassen – darin besteht ihre Hoffnung und daraus ziehen sie die Kraft des Ertragens und Widerstehens staatlicher Willkürakte.

Ein zweiter Beitrag aus der Feder von Werner Kahl befasst sich mit spirituellen Tötungsunternehmungen innerhalb einer neuen Version des neo-pentekostalen Christentums in – und aus – Westafrika: *Spirituelle Gewalt im Namen Jesu in neo-pentekostalen Gemeinden aus Westafrika in Deutschland. Eine Problematisierung aus neutestamentlicher Perspektive.* Kahl diagnostiziert hier eine Kontinuitätslinie mit afrikanisch traditionellen Strategien der Bewältigung überwältigender Stresserfahrungen. Jesus erscheint als »more powerful« als die spirituellen Mächte, die für Unheil und Misserfolg verantwortlich gemacht werden. Die Identifizierung von Einzelpersonen als Hexen kann ihre Tötung nach sich ziehen. Im Kontrast dazu zeigt Kahl am Beispiel des Markusevangeliums auf, dass Jesus in Exorzismuserzählungen als derjenige dargestellt wird, der Beziehungen zu Ausgegrenzten wiederherstellt.

Die Frage, welchen Stellenwert der gemeinschaftsbildende Faktor der Religion für Gewaltbereitschaft oder Versöhnungskompetenz hat, wird kontrovers diskutiert. In einem Beitrag zum Gespräch mit Hans-Martin Gutmann, der diesen Faktor kürzlich in einem programmatischen Text[2] positiv veranschlagt hat, erhebt *Theodor Ahrens* unter der Fragestellung *Gewaltunterbrechung durch religiöse Verbundenheit?* deutlich skeptischere Einschätzungen sowohl in empirisch fundierter Religionsforschung als auch im Kontext der Religionskritik René Girards. Sie unterstreichen die Gewaltanfälligkeit religiöser Verbundenheit. Eine andere Perspektive eröffnet die neuere Debatte zur Theorie von Reziprozität und Gabe im Erbe von Marcel Mauss. Es gilt das Moment des Umsonst im Gottesverhältnis und auf der Ebene sozialen Handelns lebendig zu halten. Was das für ein Einhegen von Gewalt bedeuten kann, wird am Beispiel der Inkulturationsproblematik, bezüglich kirchlicher Wohlfahrtspolitik und christlicher Mission und schließlich im Blick auf Macht und Machtmissbrauch in ökumenischen Beziehungen beleuchtet.

Der Text *Gabentausch als Gewaltunterbrechung* (Th. Ahrens) diskutiert Konflikte und Konfliktmanagement in der Melpa sprechenden Bevölkerung im westlichen Hochland Papua-Neuguineas. Der Übergang von einer segmentären Gesellschaft zum großräumigen, post-kolonialen Nationalstaat belebt alte und schafft neue Konflikte, die von Zeit zu Zeit zu bewaffneten Auseinandersetzungen zwischen benachbarten Gruppen führen. Die Melpa Lutheran Church nutzt Spielräume, indem sie traditionelle Formen der Konfliktregelung mit Ressourcen der christlichen Tradition verbindet und zu einem kontextrelevanten Modell für Friedensarbeit entwickelt, das gewaltförmige Reziprozität in gewaltfreie Koexistenz überführt.

Derartige Verfahren-des-in-Ordnung-Bringens haben ihre Kehrseite: Zwischen 1995 und 2010 sind in Papua Neu Guinea mehrere hundert Menschen ermordet worden, weil sie der Hexerei beschuldigt worden waren. Lösungsstrategien erfordern erhebliche kognitive und moralische Anstrengungen – nicht zuletzt der Kirchen. An welchen Kriterien orientieren sich die zu erarbeitenden Regelwerke? Der Text von Theodor Ahrens *Hexereibeschuldigungen und Hinrichtungsbündnisse im Kontext – pastoraltheologische Überlegungen* stellt die Vorkommnisse zunächst in einen sozial- und kulturgeschichtlichen Zusammenhang und diskutiert anschließend, was pastoraltheologisch gesehen zu bedenken und praktisch geboten, fällig und notwendig wäre.

Der Beitrag von *Sabine Förster* ist mit den Auswirkungen des so genannten Bürgerkrieges in Liberia auf die Beziehungen zwischen Frauen und Männern befasst: *Frauen und Krieg. Die Sicht der Frauen im Umgang mit Gewalt als Täterinnen und Opfer.* Frauen wurden Opfer von Gewalt, andere beteiligten sich an Gewalttaten und gewannen so eine Handlungsmöglichkeit zurück.

2 Hans-Martin Gutmann, Gewaltunterbrechung. Warum Religion Gewalt nicht hervorbringt, sondern bindet. Ein Einspruch, Gütersloh 2009.

Viele waren beides – Täter und Opfer. Förster beleuchtet aus verschiedenen Perspektiven deren Situation und die Probleme, die sich auftun, wenn diese Frauen die Waffen niederlegen und in ihre Kommunen zurückkehren wollen. Welche Auswege aus der Gewalt suchen und finden sie? Gemeinsame Gottesdienste werden zu Orten, an denen innen fest verschlossene Traumata, das erlittene Leid, Kränkungen und Emotionen zur Sprache kommen und aus der Gemeinschaft der Klage, des Gebets und Gotteslobs starke Solidaritäten erwachsen und Hoffnung wieder auflebt. Eine von Frauen getragene interreligiöse Friedensbewegung, die den Männern ein Ende der Gewalt abverlangt, entsteht. Sie kommt in den Friedensverhandlungen des Jahres 2003 zum Tragen und behält ihren Impetus als eine gegen systemische Benachteiligung und Gefährdung von Frauen gerichtete Bewegung. Um die manifesten Äußerungen von Gewalt gegen Frauen wirksam einzudämmen, gilt es die eingespielten und fraglos wiederholten Wahrnehmungs- und Verhaltensmuster, die verschleierten Strukturen, die latente Hierarchie und Wertigkeit zwischen Frauen und Männern zu formen und zu stabilisieren, zu benennen, zu kritisieren und zu verändern. Eine kleine Fallstudie belegt, dass das möglich ist. Der Einzelfall erübrigt keinesfalls gesamtgesellschaftliche Reformen. Gewalt hat ihren Ursprung im Gefüge der Situation.

Nick Elorm aus Togo legt eine kritische Studie afrikanischer Migrationsgemeinden neo-pentekostaler Prägung in Deutschland vor: *Neo-Pentecostal Leadership of African Migrant Churches and the Abuse of Human Rights.* Der Beitrag basiert auf der Diplomarbeit, die der Verfasser an der Missionsakademie an der Universität Hamburg angefertigt hat. Der hier veröffentlichte Textausschnitt analysiert Amtsverständnis, Leitungsstrukturen und Gemeindeführung afrikanischer Gemeindeleiter, umreißt einige, im Prozess einer weiteren Kontextualisierung fällige Transformationen und steht für den Beginn einer kritischen Auseinandersetzung im Übergang von der ersten zur zweiten, im deutschen Kontext verwurzelten Generation afrikanischer Gemeinden.

Ernestina Novieto beleuchtet in ihrem Beitrag *Liberation of Women through Pastoral Care Giving (The Case of Ghana)* Anspruch und Wirklichkeit einer ambivalenten Gebets- und Seelsorgepraxis in neo-pentekostalen und charismatischen Kirchen Ghanas unter besonderer Berücksichtigung der Beziehungen zwischen einem fast ausschließlich männlichen Klerus und mehrheitlich weiblichen Klienten und macht Vorschläge für eine ökumenisch getragene Förderung pastoraler Amtsführung.

Manche Kirchen und Missionswerke haben das Stichwort Klimagerechtigkeit – was auch immer darunter jeweils zu verstehen sein mag – in ihr Auftragsbewusstsein einbezogen. Damit werden sie, wie *Heinz-Günther Stobbe* in seinem Beitrag *Klimakriege und ökumenische Gemeinschaft* zeigt, von einer anderen Seite her mit der Gewaltproblematik konfrontiert. Klimaforscher formulieren strategische Vorgaben für eine globale Klimapolitik. Die internationale Klimapolitik tritt, wie die Gipfelkonferenzen in Kopenhagen (2009) und Durban (2011) zutage fördern, auf der Stelle. Zugleich ist absehbar, dass die Folgen des Klimawandels, selbst wenn der Kohlendioxidausstoß, was nicht zu erwarten ist, global betrachtet, zum Stillstand gebracht werden sollte, regional unterschiedlich, gleichwohl langfristig spürbare Folgen haben dürfte. Stobbe greift das in letzter Zeit in Umlauf gebrachte Stichwort ›Klimakriege‹ auf und skizziert absehbare und mögliche soziale und politische Verwerfungen, die sich infolge einer klimabedingten Veränderung natürlicher Lebensräume einstellen dürften. Auch wenn Kirchen das Klima gewiss nicht ›retten‹ können, eröffnet ihre globale Vernetzung doch besondere Möglichkeiten für gegenseitige Informationen, Bemühung um gemeinsame ethische Urteilsbildung, Hilfestellungen und politische Lobbyarbeit.

Wir danken dem Vorstand der Deutschen Gesellschaft für Missionswissenschaft für die Aufnahme dieser Beiträge in die Reihe der *Beihefte Interkulturelle Theologie. Zeitschrift für Missionswissenschaft* sowie dem Kirchenamt der VELKD in Hannover, dem Kirchenamt der Evangelisch Lutherischen Kirche in Norddeutschland und dem Evangelischen Missionswerk in Deutschland für Zuschüsse zu den Kosten der Drucklegung.

Hamburg, im Februar 2012 *Theodor Ahrens/Werner Kahl*

Inhalt

Gewaltüberwindung, Gewaltunterbrechung und der Aufruf zum »Gerechten Frieden«

Michael Biehl

Gottes Friede und Gerechter Friede

»Friede ist untrennbar verbunden mit der Liebe, Gerechtigkeit und Freiheit, die Gott allen Menschen durch Christus und das Werk des Heiligen Geistes als Gabe und Berufung geschenkt hat. Friede ist ein Lebensentwurf, der die menschliche Teilhabe an Gottes Liebe zur Welt widerspiegelt. Der dynamische Charakter des Friedens als Gabe und Berufung steht nicht im Widerspruch zur Existenz von Spannungen, die ein wesentliches Element menschlicher Beziehungen sind, kann aber deren zerstörerische Kraft mildern, indem er Gerechtigkeit und Versöhnung bringt.«[1]

Dieser Passus steht am Anfang der Botschaft an die Mitgliedskirchen, mit der die Internationale Ökumenische Friedenskonvokation (IÖFK) in Kingston/ Jamaika (17.–24.5.2011) schloss. Die im Abschlussplenum engagiert diskutierte Botschaft will die Hoffnung der Teilnehmer der Konvokation auf Friede als Gottes Gabe unterstreichen, aber auch die nüchterne Einsicht in das erfassen, was in der Welt oft tatsächlich nur möglich ist. Die Botschaft will weiter an die Gemeinschaft der Kirchen kommunizieren, was unter ihnen noch längst nicht erreicht wurde, und insgesamt dem Ziel dienen, eine Theologie und Spiritualität vom »Gerechten Frieden« in die Mitte des Lebens, der Praxis und des

1 »Ehre sei Gott und Friede auf Erden.« Botschaft der Internationalen ökumenischen Friedenskonvokation, vgl. http://www.gewaltueberwinden.org/de/materialien/oerk-materialien/dokumente/praesentationen-ansprachen/ioefk-botschaft.html (24.11.2011).

Zeugnisses der Kirchen bringen – so ein Teilauftrag, mit dem die Konvokation einberufen worden war.[2]

Dieser Auftrag, der in etwas anderer Formulierung bereits der »Dekade zur Überwindung von Gewalt 2001–2010« mitgegeben worden war (den christlichen Beitrag zum Frieden vom Rand »in das Zentrum des Lebens und Zeugnisses der Kirchen«[3] zu rücken), ist folgerichtig der Konvokation erteilt worden, weil sie als Abschluss und Aufbruch zu einer Konkretisierung der Ergebnisse der »Dekade« konzipiert war.

Überwindung der Gewalt als Zielformulierung der »Dekade« war inspiriert von dem paulinischen Wort »Lass dich nicht vom Bösen überwinden, sondern überwinde das Böse mit Gutem.« (Röm 12,21) Die Formulierung war zunehmend hinterfragt worden, einmal, weil mehr und mehr deutlich wurde, dass sie sich zu sehr an dem orientiert, was zu überwinden ist, statt positiv zu formulieren, wofür Kirchen sich einsetzen wollen (das »Gute« im Bibelzitat); zum anderen, weil Überwindung von Gewalt als Ziel menschlicher Aktivitäten unscharf und letztlich überfordernd bleibt. Es ist und wird Kirchen und Christen und Christinnen zwar tatsächlich im Einzelfall gelingen, ein überzeugendes Friedenszeugnis abzulegen, zu gerechteren Verhältnissen beizutragen und sogar Gewaltausbrüche zu verhindern und der Gewalt vorzubeugen – »Gerechter Friede« wird jedoch in der Spannung von Gottes Gabe und Berufung für Christinnen und Christen verortet und will betonen, dass alles Handeln von Kirchen unter Gottes Verheißung steht und eine wirkliche Überwindung von Gewalt nur ihm gelingen wird.

In ihrem Programm inszenierte die Konvokation in Kingston erneut die Weite und Komplexität des Themas: die erschreckende Alltäglichkeit von Gewalt in der Stadt Kingston, als Tagungsort, die bereits zu den sieben Städten zählte, die am Vorläuferprogramm der Dekade, »Peace to the city«[4], beteiligt war, und die Fülle der Veranstaltungen, die dort zu den vier Themenfeldern der »Ökumenischen Erklärung zum Gerechten Frieden« angeboten wurden. Diese »Erklärung«, die für die Konvokation erarbeitet worden war, spricht über

2 Zum Auftrag der Konvokation vgl. »I. Die Freisinger Agenda zur internationalen Ökumenischen Friedenskonvokation des ÖRK 2011 in Kingston/Jamaika«, in: epd-Dokumentation Nr. 16–17/2010, 7.

3 S. Rahmenkonzept für die Dekade zur Überwindung von Gewalt, in: ÖR 4 (2000), 473–478, hier: 474.

4 Vgl. Overcoming Violence. The Ecumenical Decade 2001–2010, Genf 2011, 12. Vgl. auch Fernando Enns, Towards an Ecumenical Theology of Just Peace at the Conclusion of the ›Decade to Overcome Violence‹, in: Andrea Bieler/Christian Bingel/Hans-Martin Gutmann (Eds.), After Violence. Religion, Trauma and Reconciliation, Leipzig 2011, 198–218, bes. 201–204.

»Frieden in der Gemeinschaft (frei von Angst leben)«[5], »Frieden mit der Erde (Leben erhalten)«[6], »Friede in der Wirtschaft [marketplace] (in Würde leben)«[7], »Friede zwischen den Völkern (Menschenleben schützen)«[8]. Vor allem in den über 200 Workshops, die diesen vier Themenfeldern zugeordnet wurden,[9] boten Engagierte Einblick in ihre Aktivitäten, Erfahrungen und Programme, und bemühten sich gleichzeitig, andere für ihre Anliegen und Reflexionen zu sensibilisieren. Viele dieser Anliegen stehen bereits seit geraumer Zeit auf der ökumenischen Agenda; auf der Konvokation sollte deutlich werden, wie sie sich im Licht eines »Gerechten Frieden« darstellen und diesen konkretisieren: Wahrnehmungen der unterschiedlichsten Formen der Gewalt und Möglichkeiten ihrer Überwindung, Landfragen, Schöpfungsverantwortung, ökonomische Fragen oder zivile Friedensdienste, Mission, Dialog – die Vielzahl der Foki demonstriert, dass Initiativen, Netzwerken und zum Teil auch den Kirchen die Komplexität der Zusammenhänge sehr wohl bewusst ist. Umrahmt waren die Tage auf dem Gelände der Universität der West Indies von Bibelarbeiten, liturgischen Feiern und Gebeten, so dass die Einübung in eine Spiritualität der Gewaltüberwindung integraler Bestandteil der Konvokation war.

Der oben zitierte Auszug aus der Botschaft unterstreicht eine der Einsichten, die in der Studienarbeit der Dekade vertieft worden war: »Der dynamische Charakter des Friedens als Gabe und Berufung steht nicht im Widerspruch zur Existenz von Spannungen, die ein wesentliches Element menschlicher Beziehungen sind, kann aber deren zerstörerische Kraft mildern, indem er Gerechtigkeit und Versöhnung bringt.« Nicht die Existenz von Konflikten ist das Problem, denn sie gehören zum Leben und auch zur Existenz der Kirchen, sondern alles, was zu ihrem gewalttätigen Verlauf führt.[10]

[5] »Richte unsere Schritte auf den Weg des Friedens.« Ein ökumenischer Aufruf zum gerechten Frieden, Nr. 30ff. Vgl. http://www.gewaltueberwinden.org/de/materialien/oerk-materialien/dokumente/erklaerungen-zum-gerechten-frieden/ein-oekumenischer-aufruf-zum-gerechten-frieden.html (20.10.2011). Diese Fassung des Aufrufs war im Februar 2011 vom Zentralausschuss des ÖRK entgegengenommen und den Mitgliedskirchen zur Reflexion empfohlen worden (wie Anm. 11.).

[6] Vgl. a.a.O., Nr. 33ff.

[7] Vgl. a.a.O., Nr. 36ff.

[8] Vgl. a.a.O., Nr. 39ff.

[9] Vgl. Glory to God and Peace on Earth. Handbook, International Ecumenical Peace Convocation, Kingston, Jamaica, 17–25 May 2011.

[10] Vgl. Hansulrich Gerber, Conclusion: What have we learned, and where do we go from here?, in: Overcoming Violence (wie Anm. 4), 133. Es sei daran erinnert, dass auch dann ein Konflikt vorliegen kann, wenn eine Situation von einer Minderheit als konfliktiv erlebt wird, und die Mehrheit, der diese Minderheit gegenüber steht, einen Konflikt nicht zu erkennen vermag oder will, vgl. Aktionsgemeinschaft Dienst für den Frieden e.V, (Hg.), Gewaltfrei streiten für einen gerechten Frieden. Plädoyer für zivile Konflikttransformation (Publikum Forum Edition), Oberursel 2008, 22.

Daher formuliert die »Ökumenische Erklärung zum Gerechten Frieden«:

»Im Bewusstsein der Grenzen von Sprache und Verstehen schlagen wir vor, *gerechten Frieden* als einen kollektiven und dynamischen, doch zugleich fest verankerten Prozess zu verstehen, der darauf ausgerichtet ist, dass Menschen frei von Angst und Not leben können, dass sie Feindschaft, Diskriminierung und Unterdrückung überwinden und die Voraussetzungen schaffen können für gerechte Beziehungen, die den Erfahrungen der am stärksten Gefährdeten Vorrang einräumen und die Integrität der Schöpfung achten.«[11]

Die in der »Botschaft« der Konvokation festgehaltene Spannung zwischen der erhofften Überwindung von Gewalt und der Realität von Konflikten scheint auch in der »Ökumenischen Erklärung« immer wieder durch: »Konflikttransformation ist ein wesentlicher Bestandteil des Friedensschaffens. Der Transformationsprozess beginnt damit, Gewalt zu demaskieren und verdeckte Konflikte offen zu legen, um deren Auswirkungen für die Opfer und die Gemeinschaften sichtbar zu machen. Konflikttransformation hat das Ziel, die Gegner dazu herauszufordern, ihre widerstreitenden Interessen auf das Gemeinwohl hin auszurichten.«[12]

Viel ausführlicher als in der kurzen »Botschaft« der Teilnehmer an die Kirchen werden hier in der »Ökumenischen Erklärung zum Gerechten Frieden« ein hoher Maßstab für die Überwindung von Gewalt formuliert und zugleich Konkretionen geliefert, die auf Erfahrungen von Kirchen und Initiativen beruhen, wie sie während der Dekade gesichtet und dokumentiert wurden.

Im Folgenden möchte ich anhand der teilweise vorläufigen Dokumente einige Themenstränge aufnehmen und sie auf die Spannungen von Frieden als Gabe und Auftrag einerseits und von Gewalt überwinden und Gewalt begrenzen und/oder transformieren andererseits untersuchen.

Überwindung von Gewalt?

Im Rahmenkonzept für die »Dekade zur Überwindung von Gewalt« hieß es 1998 auf der Vollversammlung in Harare »Die Vollversammlung erklärte, der ÖRK solle in Fragen der Gewaltlosigkeit und Versöhnung ›strategisch mit den

[11] S. ÖRK (wie Anm. 5). Das Begleitdokument zur Erklärung wird gegenwärtig überarbeitet, vgl. »Richte unsere Schritte auf den Weg des Friedens« (Lk 1,79), 2. überarbeitete Auflage mit einem vollständig neuen 3. Kapitel, Hannover 2011 (Oktober).

[12] S. a.a.O. Nr. 2.1

Kirchen zusammenarbeiten, um eine Kultur der Gewaltlosigkeit zu schaffen. Hierbei sind Querverbindungen zu anderen internationalen Partnern und Organisationen und Interaktion mit ihnen sowie die Prüfung und Entwicklung geeigneter Ansätze für Konfliktbewältigung und die Schaffung eines gerechten Friedens im Kontext der Globalisierung sinnvoll‹. (…) Beim methodischen Ansatz wird man daher die positiven Erfahrungen der Kirchen und Gruppen herausstellen, die an der Überwindung von Gewalt arbeiten.«[13] Durch die Dekade sollen die Kirchen befähigt werden, »Gemeinschaften des Friedens zu sein«, »gemeinsam Buße zu tun für … [ihre] Mitverantwortung für Gewalt«, und »sich gemeinsam für Frieden, Gerechtigkeit und Versöhnung als sichtbarem Zeichen der Einheit der Kirche in Leben und Zeugnis einzusetzen.«[14]

Theodor Ahrens hat sich kurz nach der offiziellen Eröffnung der »Dekade«, die für 2001–2010 ausgerufen worden war, mit deren Programm auseinandergesetzt. Unter dem programmatischen Titel »Das Kreuz mit der Gewalt«[15] beschrieb er den »Zangengriff der Gewalt« zwischen erschreckenden Ausbrüchen von Gewalt wie den Anschlägen des 11. 9. 2001 einerseits und dem »Grauschleier ihrer Veralltäglichung«[16] andererseits. In vier Durchgängen verortete er die Konfrontation mit Gewalt in der Geschichte der ökumenischen Bewegung, näherte sich ihr im Schnittfeld politischer und religiöser Fragen unter Rückgriff auf die Theorie von René Girard und trieb die Reflexion anschließend bis ins Zentrum des christlichen Glaubens voran, zum Kreuzesgeschehen, um abschließend zu fragen, welche Möglichkeiten die ökumenische Diskussion zutage fördert, mit der Gewaltproblematik im jeweiligen Kontext umzugehen.

Margot Käßmann und Fernando Enns haben in mehreren Publikationen vor und zu Beginn der »Dekade« Gesichtspunkte aufgegriffen, die Ahrens im ersten und im dritten Durchgang seines Aufsatzes angesprochen hatte. Beide bezeichneten Gewalt als den hermeneutischen Schlüssel für das Verständnis des damals zu Ende gehenden 20. Jahrhunderts.[17] Das war für die Ökumenische

[13] S. Rahmenkonzept für die Dekade (wie Anm. 3), 473.

[14] Zitate aus der »Botschaft anlässlich der Eröffnung der Dekade zur Überwindung von Gewalt: Kirchen für Frieden und Versöhnung«, in: ÖR 2 (2001), 255–258, hier: 257.

[15] Theodor Ahrens, Das Kreuz mit der Gewalt. Religiöse Dimensionen der Gewaltproblematik, in: Ders., Mission nachdenken. Studien, Frankfurt/M. 2002, 199–232.

[16] S. a.a.O., 202.

[17] Vgl. Fernando Enns, Impuls zur Gegenbewegung: eine Ökumenische Dekade. Das ÖRK »Programm zur Überwindung von Gewalt« vor und nach Harare, in: ÖR 2 (1999), 167–175; und Margot Käßmann, Gewalt überwinden, in: ÖR 3 (1998), 329–336. Vgl. weiterhin Konrad Raiser, Ist ein »Kampf der Kulturen« unausweichlich? Zur Ökumenischen Dekade zur Überwindung von Gewalt

Bewegung im 20. Jahrhundert insofern prägend, als sie sich von ihren modernen Anfängen an an dem Zusammenhang von Kriegen, die zwischen Nationen aufbrechen, einerseits und der transnationalen Gemeinschaft der Kirchen andererseits abgearbeitet hat. Nach der Gründung des Ökumenischen Rates 1948 hat sich das Feld weiter differenziert, u.a. durch die Herausforderungen für die Kirchen durch Gewalt und Gegengewalt in den Diktaturen des 20. Jahrhunderts, den Befreiungskämpfen, dem Kampf gegen den Rassismus und für Gerechtigkeit. Somit kann eine direkte Linie von ökumenischen Anstrengungen zur Verhinderung von Kriegen oder zur Versöhnung zwischen verfeindeten Völkern, vom Programm zur Bekämpfung des Rassismus, vom Konziliaren Prozess für Gerechtigkeit, Frieden, Bewahrung der Schöpfung und der Weltversammlung 1992 in Seoul über das Programm zur Überwindung von Gewalt, das Programm »Peace to the City« und schließlich zur »Dekade zur Überwindung der Gewalt« gezogen werden, die ja auch an die in der Dekade »Kirchen in Solidarität mit den Frauen« immer wieder aufgebrochene Frage nach der Gewalt gegen Frauen anknüpfen konnte.[18]

Nach der »Dekade zur *Überwindung(!)* der Gewalt« will die »Ökumenische Erklärung« ein Paradigma des »Gerechten Friedens« etablieren, dessen Be-

im Kontext der Diskussion über Auswirkungen der Globalisierung, in: ÖR 4 (2000), 396–404. Vgl. dazu neuerdings aus südafrikanischer Perspektive, Tinyiko Sam Maluleke, After Violence, (No) More Violence? A South African Perspective, in: Bieler/ Bingel/Gutmann (wie Anm. 4), 19–21. Etwas kritischer klingt das bei Ahrens: »Ob nun die moderne Zivilisation besonders gewalttätig ist, ob unser geschichtliches Erinnern an Tiefe verliert oder wir nur wegen besserer Informations- und Kommunikationsnetze Gewalt, wo immer sie aufbricht, schneller sehen können – unsere Zeit erscheint als eine Gewalt erfüllte Zeit.« Siehe Ahrens (wie Anm. 15), 203.

18 »The conciliar process for JPIC [Gerechtigkeit, Frieden, Bewahrung der Schöpfung] provided the framework within which the POV [Programme to Overcome Violence] was formed.« Report of the Moderator to the WCC's eighth Assembly, Harare, 3–14.12.1998, in: ER 1 (1999), 61f. hier: 62. Käßmann meint, dass die Erfahrungen mit dem Konziliaren Prozess in die Dekade eingeflossen sind. Bereits vor der Vollversammlung 1983 in Vancouver, auf der dieses Programm beschlossen wurde, hatten ostdeutsche Delegierten zu einem Friedenskonzil aufgerufen. In Seoul 1990 gibt es die Affirmation 6, in der die Beteiligten sich verpflichten, durch aktive Gewaltlosigkeit zu einem gerechten Frieden beizutragen. Die Perspektive war damals allerdings konzentriert auf militärische Gewalt und die Nukleare Bedrohung. Im Prozess wuchs bei den beteiligten Kirchen jedoch die Einsicht in die Alltäglichkeit der strukturellen Gewalt. Bei der Vollversammlung 1991 in Canberra wurde in der Auseinandersetzung über den Golfkrieg der Satz von Amsterdam: Krieg ist gegen Gottes Wille, nicht aufgenommen. Der Vorschlag von K. Raiser, damals deutscher Delegierter, es dürfe keine theologische Rechtfertigung von Krieg geben (mit Bezug auf Seoul), wurde erst aufgenommen und dann verworfen, um die Erklärung nicht zu gefährden. Vgl. Margot Käßmann, Overcoming Violence. The Challenge to the Churches in All Places, Genf: WCC, 1998, 19ff. Vgl. dazu auch die entsprechenden Rückblicke in Ecumenical Decade (wie Anm. 4). In die überarbeitete Fassung des Handbook für die IÖFK in Kingston (wie Anm. 9), das die »Ökumenische Erklärung« erläutert, wurden in der 2. Fassung ein Überblick über die Entwicklung der Reflexion über Gewalt in der Ökumenischen Bewegung und im ÖRK aufgenommen (wie Nr. 44–54).

schreibung in vier Feldern Konturen gewinnt: der menschlichen Gemeinschaft, der Wirtschaft, der Umwelt und der Gemeinschaft der Völker. An den Erläuterungen und Beispielen in der »Erklärung« kann man ablesen, welche Erfahrungen an Leid und Mitleiden, an Buße über Irrwege und Schweigen, an Scheitern und auch an Gelingen die Ökumenische Bewegung in ihrer Geschichte gemacht hat. Die »Ökumenische Erklärung« bezieht jedoch ebenso die ökumenische Theoriebildung über die Komplexität der Wechselwirkungen verschiedener Ausdrucksformen von Gewalt ein, und sie will sozusagen das Ziel der Überwindung von Gewalt überwinden, indem es im Licht der Spannung von Gerechtem Frieden als Gabe Gottes und als Aufgabe für die Kirchen verortet wird.

Mit Verweis auf die Studie von Markus Weingardt[19] formuliert Margot Käßmann in ihrem Rückblick auf die »Dekade«, dass seit 1990 mehr Kriege durch Verhandlungen beendet wurden als durch den Sieg eines der Kombattanten.[20] Diese Aussage muss sicherlich insofern differenziert werden, als das unter anderem auch deshalb so ist, weil sich die Praxis der Kriege nachhaltig verändert hat.[21] Die Beobachtungen zu den Ursachen, Verlaufsformen und den Beteiligten der Konflikte, die als »Neue Kriege« beschrieben werden, sprechen dafür, dass sie anderer Formen der Unterbrechung und Verhinderung bedürfen als klassische Kriege. Das stützt wiederum die Überlegungen von Käßmann, Enns und vielen anderen, dass zivile Kräfte und Christliche Friedensdienste tatsächlich dazu beitragen können, dass der Ausbruch Gewalt verhindert wer-

[19] Markus Weingardt, Religion Macht Frieden. Das Friedenspotential von Religionen in politischen Gewaltkonflikten, Stuttgart 2007. Weingardt untersucht anhand von Fallstudien die Möglichkeiten von »religionsbasierten Akteuren« (nicht nur christlichen), gewalttägige Verläufe von Konflikten auf stattlicher oder zwischenstaatlicher Ebene zu verhindern oder zu einer Befriedung beizutragen. Er findet eine Reihe von Beispielen, in denen das gelungen ist, doch eine Systematisierung fällt angesichts der unterschiedlichen gesellschaftlichen und kulturellen Kontexte schwer. Für unsere Überlegungen relevant scheint die folgenden Beobachtung: »Vielmehr ist entscheidend, ob sich die religiösen Institutionen selbst entsprechende Kompetenzen erarbeitet oder erhalten haben, ob ihre Vertreter glaubwürdig und überzeugend auftreten, ob sie eine Friedensverantwortung überhaupt annehmen wollen, und zu welcher Art von Intervention die Kompetenzen befähigen (etwa Mediation auf politische Ebene, Mobilisation auf gesellschaftlicher Ebene, Kontaktvermittlungen zum Ausland ...).« S. a.a.O., 374.

[20] Vgl. Margot Käßmann, Creative Thinking for Peace or Blessed are the Peacemakers, in: IRM 1 (2010), 5–15, hier: 12. Vgl. Dies. (wie Anm. 17).

[21] Vgl. Mary Kaldor, Neue und alte Kriege. Organisierte Gewalt im Zeitalter der Globalisierung (Edition Zweite Moderne), Frankfurt/M. 2000; Herfried Münkler, Die neuen Kriege, Reinbek b. Hamburg 2004. Vgl. dazu die Übersichten bei http://www.sozialwiss.uni-hamburg.de/publish/Ipw/Akuf/kriege_aktuell.htm (27.11.2011) und das interessante Forschungsprojekt »Religion und Bürgerkrieg: Zur Ambivalenz religiöser Faktoren im subsaharischen Afrika« am GIGA an der Universität Hamburg (http://www.giga-hamburg.de/index.php?file=fp_religion_dsf_2008_2010.html&folder=fsp2; 27.11.2011).

den kann. Diese Annahme wird bestätigt durch Studien, wie sie z.B. die Aktionsgemeinschaft Dienst für den Frieden e.V. über Konflikttransformationen vorgelegt hat, die ebenfalls zum Kontext der »Dekade« sprechen.[22]

Durch die »Dekade zur Überwindung von Gewalt« ist neu aufgezeigt worden, wie alltäglich sichtbar und doch auch verborgen, wie regional gebunden und doch global überdeterminiert Gewalt jenseits bewaffneter Konflikte und Kriege erscheinen kann, wie vielfältig die Ausdrucksformen und Ereignisse sind, in und an denen im Licht des Evangeliums Gewalt oder deren theologische Rechtfertigung zu erkennen sind. Vor diesem Hintergrund will die »Ökumenische Erklärung« ein Paradigma des »Gerechten Friedens« etablieren. Dieses soll jegliche Form von Gewalt entmystifizieren und den Primat von ziviler Konflikttransformation vor militärischen Lösungen unterstreichen:[23] Auch wenn die Autorität der UN in Konflikten zwischen Nationen ausdrücklich unterstrichen und der UN notfalls die Anwendung militärischer Gewalt übertragen wird, soll das Paradigma dazu verhelfen »jede theologische oder *andere* Rechtfertigung des Einsatzes militärischer Gewalt in Frage zu stellen und die Berufung auf das Konzept eines ›gerechten Krieges‹ und dessen übliche Anwendung als obsolet zu erachten.«[24] Das ist jedoch nur ein Strang in der Debatte über Gewalt, Gewalt überwinden und einen »Gerechten Frieden«.

Gewaltunterbrechung? Ein weiter oder enger Gewaltbegriff

Ein weites, an den Wechselwirkungen ausgerichtetes Verständnis von Gewalt, wie es die »Dekade« geprägt hat – »die verschiedenen Formen von Gewalt und die zwischen ihnen bestehende Wechselbeziehung zu untersuchen; theologisch darüber nachzudenken, wie Geist, Logik und Praxis der Gewalt überwunden werden können«[25] bezeichnet den anderen Strang.

Dieser hat immer wieder Kritik herausgefordert.[26] So hält Wolfgang Lienemann in anderem Zusammenhang gegen solch eine weite Auffassung von Ge-

[22] Aktionsgemeinschaft Dienst für den Frieden (wie Anm. 10).

[23] Vgl. dazu z.B. die Diskussion Militärischer Interventionen in: Aktionsgemeinschaft Dienst für den Frieden (wie Anm. 10), 251–287.

[24] Ökumenischer Rat der Kirchen (wie Anm. 11), § 23.

[25] S. Botschaft (wie Anm. 14), 257.

[26] Vgl. die Diskussion in: Gewalt. Entwicklungen, Strukturen, Analyseprobleme, hg. v. Wilhelm Heitmeyer/Hans-Georg Soeffner (edition Suhrkamp), Frankfurt/Main 2005, darin besonders die Aufsätze von Gertrud Nummer-Winkler, Überlegungen zum Gewaltbegriff, 21–61, und von Roland Eckert/Helmut Willems, Gewaltforschung und Politikberatungen. Die Kommissionen, 525–544.

walt daran fest, Gewalt eng als Folge einer zurechenbaren Handlung zu definieren. Das sagt er insbesondere gegen Definitionen wie die der strukturellen Gewalt von Johann Galtung, der festgestellt hatte, Gewalt liege dann vor, »wenn Menschen so beeinflusst werden, daß[sic] ihre aktuelle somatische und geistige Verwirklichung geringer ist als ihre potenzielle Verwirklichung«.[27] Zwar gebe es Formen und Wirkungen sozialer Ungerechtigkeit, so Lienemann, welche im Ergebnis direkter physischer Gewalt nicht nachstünden,[28] zwar bedürfe die Legitimität von Macht und Gewalt »einer hintergründigen Kommunikation von kulturellen und religiösen Symbolen und Medien«[29] – dennoch: »Erst wenn Not, die gesellschaftlich vermeidbar ist, nicht abgestellt wird, und zwar absichtsvoll, muss man von entsprechenden, zurechenbaren Handlungen und Unterlassungen sagen, dass sie ›Gewalt‹ manifestieren, als sittlich verwerfliche physische Verletzung eines fremden Willens. Absichtsvoll aufrechterhaltene Not, und unnötig und widerrechtlich vorenthaltene Freiheit müssen jederzeit den verantwortlich Handelnden oder Nicht-Handelnden als von ihnen geübte Gewalt zugerechnet werden.«[30]

Lienemann knüpft hier an eine Debatte über Rechtsstaatlichkeit und Gewaltmonopol an, dessen Legitimität auf demokratischen Verfahren und letztlich den Menschenrechten beruht.[31] Damit konzentriert Lienemann sich keineswegs nur auf die eine Seite des Zangengriffs der Gewalt, die Ahrens beschrieben hatte, die von gewalttätigen Ausbrüchen, die Tätern zugeordnet werden können. Denn ein Gewinn dieses engen Gewaltbegriffes liegt sicherlich darin, dass er hilft, den Grauschleier von der veralltäglichten Gewalt zu reißen, indem er Gewalt als Folge von Taten von Individuen oder Gruppen identifiziert und sie damit geahndet werden können.

Dennoch kann ein solcher enger Gewaltbegriff nur der eine Strang der Diskussion um Gewaltunterbrechung sein. Eine der Voraussagen aus Ahrens Auf-

[27] Zit. bei Wolfgang Lienemann, Kritik der Gewalt. Unterscheidungen und Klärungen, in: Dietrich, Walter/Ders., (Hg.), Gewalt wahrnehmen, von Gewalt heilen. Theologische und religionswissenschaftliche Perspektiven, Stuttgart 2004, 10–30, hier: 20.

[28] Vgl. a.a.O., 15.

[29] S. a.a.O., 21.

[30] S. a.a.O., 29. Vgl. dagegen z.B. Michael Haspel, Gewalterfahrung und die Hoffnung auf gerechten Frieden, in: Ulrike Link-Wieczorek/Ralf Miggelbrink/Dorothea Sattler/Michael Haspel/Uwe Swarat/Heinrich Bedford-Strohm, Nach Gott im Leben fragen. Ökumenische Einführung in das Christentum, Gütersloh/Freiburg/Basel/Wien 2004, 95–119, der die Spannbreite des Begriffes offen hält und verschiedene Formen von Friedensdiensten als Ausdruck der vorrangigen Option für Gewaltlosigkeit beschreibt, jedoch grundsätzlich die Bindung von Gewalt durch Recht für das angemessene Instrumentarium hält, hier: 117.

[31] Vgl. Lienemann (wie Anm. 27), 23; 29.

satz zum Anfang der »Dekade« kann im Rückblick gegen einen solchen Ansatz nur unterstrichen werden: »Die Phasenverschiedenheit gesellschaftlicher und kirchlicher Entwicklungen auf den fünf Kontinenten und die Unterschiedlichkeit der Situationen, in denen Kirchen sich befinden, wird unterschiedliche Grade der Bereitschaft und unterschiedliches Vermögen, sich auf das Programm ›Gewalt überwinden‹ einzulassen, zu Tage fördern.«[32] Ein enger Gewaltbegriff unterstreicht, wie bedeutsam die Diskussion über die Legitimität von Gewalt und Institutionen ist, denen ihre Ausübung übertragen wird: Welche Gewalt(ausübung) ist legitim? Welche Kriterien werden zur Beurteilung herangezogen? Diese Fragen betont auch Ahrens immer wieder. Er hat jedoch andererseits die ›Phasenverschiedenheit gesellschaftlicher und kirchlicher Entwicklungen‹ in Detailstudien dargestellt. Dabei hat er herausgearbeitet, dass Zentralinstanzen und Recht setzende Prozesse angesichts der Realitäten in den postkolonialen Gesellschaften, die er selbst untersucht, zwar wünschenswert sind; doch wer in den von ihm betrachteten Kontexten wie Melanesien alleine auf solche Transformationen setzt, muss einen langen Atem haben. Vor allem muss er hinnehmen, dass damit die gegenwärtige Gewalt auf längere Zeit nicht wirklich unterbrochen oder eingedämmt werden kann.[33] Ein weiteres Beispiel beschreibt z.B. Tinyiko Maluleke mit Südafrika nach dem Ende der Apartheid, vor dessen Realität mit einer Vielfalt von offener und – wie Maluleke formuliert – maskierter Gewalt eine enge Definition fast einer Kapitulation vorkommt.[34] Hier erweist sich ein engerer Gewaltbegriff als zu begrenzt, gerade, um dem Recht zur seinem Recht zu verhelfen.

Beide Herangehensweisen an die vielfältigen Erscheinungsweisen von Gewalt – mit einem engeren und einem weiteren Begriff – kann man in der »Ökumenischen Erklärung zum Gerechten Frieden« wieder finden. Der bereits zu Beginn zitierten Definition des Gerechten Friedens in dieser Erklärung liegt ein eher weiter Gewaltbegriff zugrunde: »Im Bewusstsein der Grenzen von Sprache und Verstehen schlagen wir vor, *gerechten Frieden* [Hervor. i. Orig.]

[32] S. Ahrens (wie Anm. 15), 227.

[33] Vgl. z.B. Theodor Ahrens, Gabentausch als Gewaltunterbrechung, in diesem Band, 98–125. Zu innerkirchlicher Gewalt vgl. seinen Beitrag Interrupting Violence in a Postcolonial Society. A Case Study from Papua New Guinea, in: Bieler/Bingel/Gutmann (wie Anm. 4), 180–197, und Ders., ›Geistliche Säuberungen‹ als Strategie kirchlicher Identitätssicherung? Innerkirchliche Gewalt als ökumenisches Problem, in: Ders., Gegebenheiten. Missionswissenschaftliche Studien, Frankfurt/Main 2005, 258–291. Weiterhin Ders., Versöhnung als Horizont christlicher Mission, in: Ders., Vom Charme der Gabe. Theologie interkulturell, Frankfurt/M. 2008, 263–282, hier 277–280

[34] Tinyiko Sam Maluleke, After Violence, (No) More Violence? A South African Perspective, in: Bieler/Bingel/Gutmann (wie Anm. 4), 11–36.

als einen kollektiven und dynamischen, doch zugleich fest verankerten Prozess zu verstehen, der darauf ausgerichtet ist, dass Menschen frei von Angst und Not leben können, dass sie Feindschaft, Diskriminierung und Unterdrückung überwinden und die Voraussetzungen schaffen können für gerechte Beziehungen, die den Erfahrungen der am stärksten Gefährdeten Vorrang einräumen und die Integrität der Schöpfung achten.«

Wenn die »Erklärung« andererseits vier Felder, auf denen Gewalt jeweils Konturen gewinnt, abgrenzt, wird jedes Mal durch die Bestimmung der für diese Felder typischen Gewaltformen und der ihnen angemessenen Strategien Gewalt kontextualisiert, je nach dem, ob sie sich innerhalb von menschlichen Gemeinschaften, zwischen Individuen oder zwischen Völkern, auf dem Marktplatz des globalen Wirtschaftens oder zwischen Menschen und Natur konkretisiert.[35] Während die Bindung an das Recht und dessen Institutionen die Handlungsmöglichkeiten wesentlich außerhalb der Reichweite der Kirchen verlegt, eröffnet die Kontextualisierung innerhalb der Felder auch den Blick auf eine Breite von Handlungsmöglichkeiten für die Kirchen. Je nach Feld können damit die den Kirchen und auch anderen Glaubensgemeinschaften eigenen Ressourcen (und deren Grenzen) zur Verhinderung von Gewalt oder zur Transformation von Konflikten Konturen gewinnen.

Umgekehrt erscheint das Eintreten für Rechtsordnungen, Menschenrechte und für solche Institutionen – inner- oder zwischenstaatlich –, die diese durchsetzen oder notfalls mit Gewalt schützen, auch als eine wichtige Handlungsoption unter anderen für Kirchen und Glaubensgemeinschaften. Als solche taucht sie in der »Ökumenischen Erklärung« auch auf (vgl. oben zur Rolle der UN). Diese Perspektive erhellt jedoch noch einmal deutlicher, dass das Paradigma des »Gerechten Frieden« auch Formen von Gewaltbegrenzung oder -verhinderung in den Blick nehmen kann, die ›vor‹ dem Recht (Mediation, Verhinderung von Gewaltausbrüchen) wie auch ›nach‹ dem Recht (Versöhnungsprozesse, healing of memories) kommen, und die die ökumenische Bewegung in der Unterschiedlichkeit ihrer Erfahrungen und durch die Phasenverschiebung ihrer Kontexte hindurch sowie ihre Reflexion darüber geprägt haben.

[35] Vgl. Ökumenischer Rat der Kirchen (wie Anm. 11), Kap. 3, Abs. 2 (39).

Berufen, heilende und versöhnende Gemeinschaften zu sein

Die »Dekade zur Überwindung von Gewalt« hat neue Programme und Studien ins Leben gerufen, vor allem hat sie jedoch Erfahrungen, Reflexionen über sie und vorhandene Themenstränge gebündelt und ins Zentrum der Aufmerksamkeit gerückt. Von daher ist es nicht wirklich überraschend, dass die in der »Ökumenischen Erklärung« aufgegriffenen Themen zu großen Teilen solche sind, die die Ökumenische Bewegung seit Längerem, wenn nicht seit Langem beschäftigen. Das zeigten die Beiträge zu den Plenarveranstaltungen ebenso wie ein Überblick über die Themen der ca. 200 Workshops während der Konvokation 2011 in Kingston. Überdies hätten fast alle auf der Konvokation angesprochenen Themen auch auf einer Weltmissionskonferenz angeboten werden können, auch die zu Gewalt und Wirtschaft etc. Ein Workshop in Kingston formulierte zutreffend: »Peace: The Lens for Re-Visioning Christian Theology and Mission« (RP 15).[36]

Die »Ökumenische Erklärung« knüpft an solche ökumenischen Diskussionsstränge an.[37] Die Auseinandersetzung der Ökumenischen Bewegung mit Gewalt in unterschiedlichsten Erscheinungsformen wurde bereits benannt. Hier möchte ich auf Ergebnisse der Weltmissionskonferenz 2005 in Athen eingehen, deren Teilnehmer sich – in der Mitte der »Dekade« – intensiv mit Formen von Gewalt, dem christlichen Friedenszeugnis als Mission und den Möglichkeiten zur Heilung von Folgen der Gewalt auseinandergesetzt haben.[38]

Eines der Vorbereitungspapiere für die Konferenz in Athen heißt »Mission as ministry of reconciliation«. Gemeinsam mit dem Dokument über »The healing ministry of the Church« formuliert es das Leitbild einer heilenden und versöhnenden Gemeinschaft, das Unterthema der Weltmissionskonferenz in Athen 2005: »Come Holy Spirit, Heal and Reconcile! Called in Christ to be Reconcile(!) and Healing Communities.«[39] Entsprechend dem Verständnis,

36 Vgl. Reasoning Workshops. International Ecumenical Peace Convocation, Kingston, Jamaica, 17–25 May 2011, 43.

37 Vgl. dazu auch die ausgezeichnete Arbeit von Stephanie van de Loo, Versöhnungsarbeit. Kriterien, theologischer Rahmen, Praxisperspektiven (Theologie und Frieden, 38), Stuttgart 2009.

38 Ein anderer Strang ist der des Konziliaren Prozesses für Gerechtigkeit, Frieden und Bewahrung der Schöpfung, dessen Friedensbegriff sich am biblischen Schalom orientierte.

39 »Come Holy Spirit, Heal and Reconcile!« Called in Christ to be Reconcile(!) and Healing Communities. Report of the WCC Conference on World Mission and Evangelism, Athens, Greece, May 2005, ed. by Jacques Matthey, Geneva 2008. Die Dokumente dieser Konferenz wurden abschließend nicht auf Deutsch veröffentlicht. Vgl. jedoch die nichtveröffentlichten Übersetzungen auf http://www.oikoumene.org/de/dokumentation/documents/other-meetings/mission-and-evangelism/dokumente-athen-2005.html (20.10.2011).

dass in Paulus Theologie die Versöhnung zwischen Gott und den Menschen, zwischen den Menschen und der Menschen mit der ganzen Schöpfung umfasst, geht es um Verletzungen dieser Beziehungen, die versöhnt und geheilt werden sollen.[40] Fernando Enns, Moderator des Plenums zur »Dekade« auf dieser Konferenz, sagte zu dessen Eröffnung sogar: »To a great extent, the theme of this important Conference on World Mission and Evangelism was inspired by and chosen because of the Ecumenical Decade to Overcome Violence – Churches seeking reconciliation and peace 2001–2010.«[41]

Im ersten genannten Dokument für Athen heißt es: »Since Pentecost the Holy Spirit has inspired the church to proclaim Jesus Christ as the Lord and Saviour and we continue to be obedient to the command to preach the gospel in all the world. The Holy Spirit anointed the Son of God to ›preach good news to the poor, heal the brokenhearted, proclaim liberty to captives, recovery of sight to the blind and set at liberty those who are oppressed‹ (Luke 4:18). We seek to continue his liberating and healing mission. This involves bold proclamation of the liberating gospel to people bound by sin, a healing ministry to the sick and suffering, and the struggle for justice on the side of the oppressed and marginalized. Recognising that the Spirit of God has been present in creation since the beginning and goes before us in our mission and evangelism, we have also affirmed the Spirit's creativity expressed in diverse cultures and we have entered into dialogue with people of other faiths. Now, confronted with the world situation we have described, we are rediscovering the ministry of the Spirit to reconcile and to heal.«[42]

Das Dokument argumentiert theologisch und geht eher summarisch auf gewaltanfällige Beziehungen und Situationen ein.[43] Während in diesem Dokument das Wort »violence« häufiger vorkommt, bildet es im zweiten zitierten Dokument über Heilung eher die Ausnahme.[44] Der Fokus liegt dort auf der Versöhnung, die als Gabe Gottes benannt wird. Weiterhin ist sie Auftrag für

40 Vgl. a.a.O., 72 (§ 14).

41 Vgl. a.a.O., 187.

42 Vgl. a.a.O., 70 (§ 8)

43 Vgl. dazu a.a.O., 70 (§ 6): »On the other [hand], we also discern increasing tensions between religions which are due to many internal and external factors, in particular religious reinforcement of closed identities, justification of violence and aggressive methods of religious propagation. These trends make it even more urgent for us to seek a reconciliatory spirituality for mission.« Ebenso a.a.O., 68 (§ 2): »Christian witnesses are called upon to help bring peace with justice in situations of tension, violence and conflict. As the churches seek reconciliation and peace, the World Council of Churches has launched the *Decade to Overcome Violence* (2001–2010).«

44 In diesem Dokument erscheint ›violence‹ nur zweimal, vgl. a.a.O., 99, 111.

die Kirchen und Kennzeichen ihres Handelns. Mission wird als die das Amt der Versöhnung ausübende Präsenz der eucharistiefeiernden Gemeinde begriffen (»Reconciliation as an Imperative for Mission«, §§ 31–36) und damit auch die Gewaltverstrickung bestimmter Formen von missionarischer Aktivität beleuchtet: »Where Christian missionary enterprise was – and still is – complicit in an imperialistic project involving violence, causing destruction of indigenous cultures, fragmentation of communities and even division among Christians, it calls for repentance (*metanoia*). Repentance requires the confession of the sin of violent colonization in the name of the gospel. This is important for the ›healing of memories‹, which is an integral part of the mission of reconciliation and healing. The church must take care to dress the wounds of the past (cf. Jer. 6:14 f).«[45]

Das Dokument ist geprägt von einem trinitarischen Ansatz und betont immer wieder Versöhnung als Geschenk Gottes und die Gaben des Geistes an Christen und Christinnen und die Kirchen. Für ihre Teilhabe an der Aufgabe, die zerbrochene Welt zu heilen und zu versöhnen, beschenkt der Heilige Geist die Kirche mit seinen Gaben und mit der Fähigkeit, Quellen, die anderen Glaubensgemeinschaften und Kulturen zur Verfügung stehen, zu erkennen, die dem Amt der Versöhnung dienen können. In der folgenden Passage wird dieser Zusammenhang beschrieben und eine Spiritualität und Theologie der Versöhnung gefordert:

»As Christians engaging in a ministry of reconciliation we will continue to require the knowledge of language, culture and religious traditions that will help us enter into the experience of others and serve them. However, equally importantly, we will need a theology and spirituality of reconciliation. We should together develop a theological understanding of how God effects reconciliation in the world and Christians' part in it. The church needs to learn and teach the dynamics and processes of reconciliation and the importance of the different dimensions of reconciliation ministry: establishing the truth, healing the memory, doing justice, receiving forgiveness and forgiving others. In order to overcome the contemporary culture of violence and counter the myth of redemptive violence, the church must demonstrate in its life and witness that justice and redemption is achieved through a non-violent resistance.«[46]

45 S. a.a.O., 84 (§ 67).

46 S. a.a.O., 85f. (§§ 73, 75). Eindrückliche Beispiele für den Bezug auf die Quellen anderer Traditionen und Kulturen aus dem Umfeld von Konferenzen unter der Beteiligung der Missionsakademie sind z.B. Chai, Soo-Il, Die Überwindung der Gewalt aus der Sicht der Opfer. Das Beispiel von Hong

Das christliche Zeugnis nutzt die Verletzlichkeit und Armut anderer nicht aus, wie es das Dokument »Christliches Zeugnis in einer multireligiösen Welt« von 2011 noch einmal unterstreicht.[47] Hier steht, wie in den Dokumenten von Athen, das Zeugnis der Kirchen und einzelner Christen, nicht über dem Anderen, sondern sie setzen sich mit ihnen gemeinsam für die Unversehrtheit des Leibes und der Würde aller ein. Die Kirchen sind in Anlehnung an den von John V. Taylor geprägten Begriff des Go-Between-God aufgerufen, zwischen die streitenden Parteien zu treten, was keine neutrale, sondern eine riskante und ›teure‹ Position ist.[48] »A self-emptying spirituality is also a spirituality of cross-bearing. The church is called to bear the cross of Jesus Christ, by being with the suffering. A spirituality of non-violent resistance is an integral aspect of reconciliation and healing in an age of continuing exploitation of the poor and the marginalized.«[49]

Die Stärke dieser Dokumente in Bezug auf unser Thema ist unzweifelhaft, dass sie bereits zur Mitte der Dekade die Spiritualität der Versöhnung und Heilung und die Verstrickung der Kirchen in Gewalt[50] einbeziehen in die Frage nach der Mission der Kirchen und ihren Möglichkeiten, Gewalt zu überwinden. Dabei treten die Option für die Schwachen, das teure Zeugnis und vor allen Dingen spirituelle Ressourcen für Versöhnung und Heilung in den Vordergrund, die nach dem Verständnis von Athen nicht nur den Christen und Christinnen geschenkt sind. Vor allem wird in diesen Dokumenten betont, dass Versöhnung mehr ist und erfordert als die Herrschaft des Rechts oder Unterbrechung von Gewalt.

Sung Dam, in: Erhard Kamphausen und Gerhard Köberlin (Hg.), Gewalt und Gewaltüberwindung. Stationen eines theologischen Dialogs (Beiheft Interkulturelle Theologie, 6), Frankfurt/M. 2006, 152–164; Kang, Won Don, Reconciliation and Healing at the Case of the Grand Massacre during the April Third Uprising 1948–1949, in: Theological Studies 53, 2009, 187–203 Seoul]; Park, Sungkook, Versöhnung als Aufgabe der Kirche in Südkorea (http://ediss.sub.uni-hamburg.de/volltexte//2007/3235/index.html, 20.10.2011).

47 Vgl. »Christliches Zeugnis in einer multireligiösen Welt«, (http://www.oikoumene.org/en/resources/documents/wcc-programmes/interreligious-dialogue-and-cooperation/christian-identity-in-pluralistic-societies/christian-witness-in-a-multi-religious-world.html, abgefragt am 20.10.2011).

48 Vgl. a.a.O., 83 (§ 65).

49 S. a.a.O., 85 (§ 71).

50 So sehr nachdrücklich Maluleke (wie Anm. 34), 199.

Liturgien der Unterbrechung von Gewalt

In den Dokumenten der Weltmissionskonferenz von Athen 2005 sind eine ganze Reihe von Konkretionen angelegt, die das Leitbild des Gerechten Friedens in der Analyse kontextuell sehr unterschiedlicher Situationen voranbringen können, die aber vor allem die Weiterentwicklung einer Spiritualität der Gewaltfreiheit und der Versöhnung unterstützen können. Die Dokumente von Athen und die von Kingston in Beziehung zueinander zu lesen, macht vor allem auf folgende Zusammenhänge aufmerksam:

Obwohl von den Autorinnen und Autoren dieses vorliegenden Buches auch die Richtung der Unterbrechung und Begrenzung von Gewalt verfolgt wird, untersuchen sie m.E. vorrangig Momente, in denen Gewalt und Versuche ihrer Begrenzung und Bewältigung in die lokalen Enzyklopädien, Riten und sozialen Gegebenheiten eingebunden sind. Aus theologischer und interkultureller Perspektive zur präziseren dichten Beschreibung (Geertz) von Zusammenhängen der Gewalt beizutragen, und damit zu helfen, Gewalt wahrzunehmen, ist Teil des Friedensauftrags für die Kirchen in ihren unterschiedlichen Kontexten. Dabei ist es sinnvoll, die Warnung von Maluleke zu beherzigen: »It is indeed possible to reinforce violence by being obsessed with its terrorizing descriptions, its mind-boggling statistics, and by engaging cold analysis of the phenomenon. There is a sense in which the better we describe and analyze violence the more intractable it seems and in some ways the more attractive it looks.«[51]

Für Kirchen als zivilgesellschaftliche Organisationen bleibt die Forderung nach der Herrschaft des Rechts und zentraler, demokratisch kontrollierter und legitimierter Gewalt wichtig. Wie gezeigt, hilft ein weiter Gewaltbegriff darüber hinaus, andere Kontexte in den Blick zu nehmen und, wie gesagt, Ressourcen zu identifizieren, die andere Formen für die Verhinderung von Gewalt und andere Bewältigungsformen für die Folgen von Gewalttaten zur Verfügung stellen können als das Recht: für diejenigen, die Gewalt erlitten haben, diejenigen, die sie ausgeübt haben, wie für die weitere Gemeinschaft, innerhalb derer sie erlitten wurde. Bereits das »Seven Cities«-Programm hat hier Erfahrungen in der Begrenzung von Gewalt, der Verhinderung von Gewaltausbrüchen und der Bewältigung ihrer Folgen aus Städten oder Stadtteilen erhoben, in denen an den Maßstäben eines auf das Recht orientierten engen Gewaltbe-

[51] Vgl. a.a.O.

griffs gemessen nur der Zusammenbruch von zentralen Instanzen und das Herrschen sozialer Anomie konstatiert werden kann. Hier war im Gegenteil mitunter zu beobachten, dass trotz der Schwierigkeiten, Recht durchzusetzen, Verzeihung, Vergebung und damit die Unterbrechung einer Spirale von Gewalt möglich war.[52]

Die weitere Perspektive wirft ein zusätzliches kritisches Licht auf einen engeren, am Recht orientierten Gewaltbegriff. Ein solcher, wie Lienemann ihn unterstützt, kann durch die ihm zugrunde liegende Struktur von der Identifizierung von Opfer, Täter und Tat, der Ahndung der Tat und der Strafe für den Täter zu der Perspektive verführen, als ob es ein klares ›Vor‹ und ›Nach‹ der Gewalt(tat) gäbe.

Maluleke kommt in seiner Reflexion über die Lage insbesondere in afrikanischen Ländern zu dem Ergebnis, dass für viele, deren Lebensumstände von Gewalt geprägt sind, die Annahme einer Zeit, die ›nach‹ der Gewalt läge, wie Zynismus und blanker Hohn klingen muss. »The women who are rape victims in the Democratic Republic of Congo might consider it a sick joke to speak of ›after violence‹ in a context where their bodies have become a battleground.«[53]

Er spricht hier von Kontexten, in denen die Identifizierung von Taten und Tätern, wenn überhaupt, nur die Spitze des Eisbergs erahnen lässt.[54] Hier verschwimmen Periodisierungen wie vor, während und nach der Gewalt zu einem Kontinuum von Gewalt und Gewalterfahrungen, das wie in Süd-Afrika – oder wie in Ahrens Beispiel in Melanesien[55] – seit Jahrhunderten andauert. Solche Kontexte bringen andere Versuche der Gewaltüberwindung zu Tage, wie Ahrens sie anhand von traditionellen Formen für Melanesien[56] und Maluleke sie am Beispiel der Truth and Reconciliation Commission in Südafrika diskutieren. Sie war der Versuch, den Opfern die Möglichkeit zu bieten, das erfahrene Unrecht aussprechen zu können, und Versöhnung zu ermöglichen, indem Tätern unter bestimmten Bedingungen Amnestie geboten wurde, wenn sie bereit

[52] Vgl. die Skizze dieser Erfahrungen aus Rio de Janeiro, Belfast und Colombo bei Enns (wie Anm. 4), 200–207.

[53] S. Maluleke (wie Anm. 34), 23.

[54] Vgl. hierzu Sabine Förster, die für das Nachkriegs-Liberia das Vorherrschen von sexualisierter Gewalt beschreibt, die insbesondere während der Bürgerkriegszeit entstanden ist, jedoch das Nachkriegs-Liberia weiterhin tief prägt, Dies., Surviving the War in Liberia, in: Bieler/Bingel/Gutmann (wie Anm. 4), 105–110.

[55] Vgl. die Texte von Ahrens (Anm. 33). Vgl. dazu z.B. auch die Zeugnisse von Alix Lonzano, Kolumbien, und Viola Raheb, Palästina, während des Plenum über die Dekade auf der Weltmissionskonferenz in Athen 2005 (wie Anm. 37), 190–194.

[56] Vgl. Theodor Ahrens, Interrupting Violence (wie Anm. 33), 184–188.

waren, über ihre Untaten zu reden. Obwohl es auch hier um Rechtsverstöße, Strafe und nicht nur um Amnestie ging, war die Kommission auch Folge der nüchternen Erkenntnis, dass Legislative, Exekutive und das Rechtssystem derart korrumpiert waren, dass eine lückenlose Aufklärung und Strafverfolgung weder möglich noch politisch durchsetzbar waren. [57]

Maluleke hält die Kommission gerade vor diesem Hintergrund für eine wichtige Voraussetzung für die Aufbruchsstimmung im neuen Südafrika, die ohne sie so nicht hätte geschaffen werden können. Dennoch listet er auch eine Reihe von sehr kritischen Anfragen an das Verfahren auf, von denen ich drei hervorheben möchte, die für meine Argumentation bedeutsam sind: das besondere Format, das für die Zeugenaussagen vor der Kommission verlangt wurde, benachteiligte Frauen und schloss diejenigen, die nicht lesen und schreiben konnten, weitgehend aus; die eindeutige Unterscheidung in Opfer und Täter, die die Kommission durch ihre Verfahren unterstütze, wurde der Komplexität der Situation nicht gerecht, und zuletzt, passend zu Malulekes Anfrage an die Künstlichkeit der Zeiteinteilung, die eher formale Begrenzung der gewählten Periode, aus der Taten vor die Kommission gebracht werden konnten.[58]

Sein Fazit: »TRCs are catalysts that trigger and inspire attitudes, actions, and processes that may lead to the end of violence and conflict. They cannot by themselves end violence and conflict.«[59] Denn: »The problem with violence is that it remains a seductive and powerful notion almost always preferred by those with and without power. Fascination with violence can be intoxicating. Imagine the ideological and theological shift that could have followed if the WCC programme had not been called the ›Decade to overcome violence‹ but rather the ›Decade to Wage/Promote Peace‹.«[60] Maluleke betrachtet es daher als ein positives Zeichen, dass genau diese Perspektivverschiebung von der »Dekade« hin zur Konvokation in Kingston versucht werden sollte.[61]

In solchen Kontexten rückt das in den Fokus, was die in Athen Versammelten zu beschreiben versuchten: die Präsenz einer heilenden und versöhnenden Gemeinschaft, die Versöhnung und Heilung auch inmitten von erfahrener oder latenter Gewalt lebt. Oder wie Enns es ausdrückt: »Overcoming violence calls for a sheltered space where realities can be named without fear of reprisal; it

57 Vgl. Ahrens, Versöhnung (wie Anm. 33), 274–276.

58 Vgl. Maluleke (wie Anm. 34), 27. Zur Komplexität von Opfer- und Täterrollen vgl. a. Stephanie van de Loo (wie Anm. 37), 229–232.

59 S. Maluleke, a.a.O., 31.

60 S. a.a.O., 26.

61 Vgl. a.a.O., 34.

calls for spaces where injustices of all kinds can be articulated. Without such spaces, people cannot begin to work through what has happened; there can be no steps towards reconciliation.«[62] Oder Ahrens: »Die Kirchen stellen Orte bereit, an denen das unersetzliche Wort von der Versöhnung in seiner Sperrigkeit und Gefährlichkeit, nicht zuletzt für die Kirchen selbst, aufbewahrt, ausgelotet, gefeiert und weitergegeben wird. Das macht die Besonderheit der Kirchen als Institutionen aus. Kirchen erschließen und pflegen Räume der Begegnung, in denen einem leichten Vergessen ein schweres Erinnern entgegengestellt wird.«[63]

Zwischen den Parteien stehend, auf das sperrige und gefährliche Wort der Versöhnung hörend, Räume der Versöhnung und der Heilung öffnend, das Leben inmitten einer zerbrochenen Welt feiern: »(Thus), the fragmentary and provisional nature of the kingdom of God does not lead to our coming to terms with violent and unjust relationships but, on the contrary, encourages us not to accept apparently insuperable circumstances as the last word. We do have a sense of what is unjust. We do know of a world according to God's purposes – and that we already have a share in it.«[64]

Ausblick

Verfolgt man die Linien, die hier nur skizziert werden können, weiter, dann wird erkennbar: Die Kontroverse darüber, wann Gewalt vorliegt, und wie ihr zu begegnen ist, zeigt im Schwingen zwischen einer engen und weiten Gewaltdefinition, dass engere Gewaltdefinitionen das Übel zwar handhabbar zu machen versprechen und das teilweise auch gelingt. Jedoch besonders in bestimmten Kontexten, auf die in diesem Beitrag und den folgenden in diesem Buch Bezug genommen wird, schüren sie u.U. die Illusion, als ob es eine klare Möglichkeit gäbe, ein Vorher, das Mittendrin sein und das Nachher der Gewalt voneinander abzugrenzen. Das Nachher kann, so eindrücklich Maluleke, nur als eschatologische Metapher aufgefasst werden: »metaphors worth embracing and dreams worth cherising«.[65]

62 S. Enns (wie Anm. 4), 205.

63 S. Ahrens, Versöhnung (wie Anm. 33), 282.

64 S. Enns (wie Anm. 4), 213.

65 S. Maluleke (wie Anm. 34), 24. Das ist eine anders gelagerte Zeitlichkeit als die, die Gutmann seinem Vorschlag einer Unterbrechung der Gewalt durch religiöse Verbundenheit zugrunde legt, vgl. Hans-Martin Gutmann, After Violence: Narratives of Grace in the Midst of Trauma, in: Bieler/Bingel/

Hier setzt m.E. ein Verständnis des »Gerechten Friedens« an, das sowohl engere Bestimmungen als auch ein weites Verständnis von Gewalt subsumieren kann. In einer negativen Analogie korrespondiert die Ambivalenz eines weiten und eines engeren Gewaltbegriffs mit der Ambivalenz des ›Schon jetzt‹ und doch ›Noch nicht‹ als Aspekten des Reiches Gottes: Alles, was Christen und Christinnen und ihre Kirchen tun können, wenn sie also schon konkrete Gewalttaten aufdecken, anklagen, beklagen und die Folgen zu bewältigen helfen, geschieht doch auf der Grundlage der Versöhnung, die ihnen in Tod und Auferstehung Jesu Christi bereits geschenkt wurde, und vor dem Horizont des Versprechens von Gerechtigkeit, Frieden und Erneuerung der Schöpfung, die der Dreieine Gott allen Menschen gegeben hat, und dessen Verwirklichung als Neuschöpfung noch aussteht.

Konkret wird es bei der theologischen Arbeit daher darum gehen, theologische und andere Rechtfertigungen von Gewalt zu kritisieren, Mythen von erlösender Gewalt zu delegitimieren, aber vor allen Dingen darum, Zeiten und Räume der Gewaltunterbrechung zu öffnen und zu unterhalten.[66] In dem Kontinuum von vor der Gewalt, während des Gewaltausbruches und dem eschatologisch verstandenen Danach, können Gemeinschaften besonders in den Momenten, in denen sie das Leben in der Hoffnung auf das versprochene Reich jetzt und hier feiern, Momente des Reiches werden, und damit zu Momenten des Widerspruchs und des kraftvollen Widerstands gegen die Kräfte des Todes.

Ein Aspekt bedarf m.E. dabei verstärkter Aufmerksamkeit: ein engeres Gewaltverständnis, das sich am Recht orientiert, fordert die Kirchen auf, ihre Stimme für Menschenrechte, zentrale Institutionen des Rechts und für legitime Gewalt zu erheben, die für alle Menschen, unabhängig von ihrem Glauben, gelten sollen. Die Redeweisen der Kirchen und der Ökumenischen Erklärung betrachten in der Perspektive eines weiten Gewaltbegriffes auch andere Glaubensweisen, Kulturen und Traditionen als mögliche Beiträge und Quellen für eine Kultur des »Gerechten Friedens«. Die »Ökumenische Erklärung« formuliert und konkretisiert nun den Beitrag der Kirchen zur Gewaltüberwindung. Doch in den theologischen Exkursen bricht sie in einen Modus des Sprechens um, in dem die christliche Botschaft natürlich als die eine Erlösung für die gesamte Menschheit bestimmt wird. Hier bedarf es angesichts der tatsäch-

Gutmann (wie Anm. 4), 138–148, hier: 141f., ausführlicher in Ders., Gewaltunterbrechung. Warum Religion Gewalt nicht hervorbringt, sondern bindet. Ein Einspruch, Gütersloh 2009, 28–32. Er sieht jedoch den Gedanken der eschatologischen Zeit ähnlich wie Maluleke, vgl. Gutmann, a.a.O., 44ff.

66 Vgl. dazu Förster (wie Anm. 54), 110f.

lichen Verhältnisse in den unterschiedlichen Kontexten und der Präsenz anderer Glaubensweisen, Kulturen und Traditionen weiterer, intensiver interreligiöser und interkultureller theologischer Reflexion, wie sich die von Gott allen Menschen zugesprochene Versöhnung und sein Heil zu der Tatsache verhalten, das die Mehrheit der Weltbevölkerung darin keine eschatologische und heilende Metaphern erkennen oder Rituale erfahren kann.[67] Der christliche Glaube, dass wird im Kontext unserer westlichen Gesellschaft deutlich, müsste seinen Beitrag als *einen* Beitrag zu einer Kultur und Hermeneutik definieren. Daher kann er zwar Ressource für Christen und Christinnen hier werden, in einem gewissen Sinne auch für eine Öffentlichkeit, die noch mit Verweisen auf ein christliches Verständnis von Unrecht, Schuld und Vergebung durchsetzt ist, ohne diese aktiv zu leben.[68] Was jedoch der christlich gefüllte »Gerechte Friede« für andere religiöse oder kulturelle Traditionen spirituell oder gesellschaftlich bedeuten kann, wird noch weiter auszuleuchten sein.

Hier verschränken sich die Diskussionsstränge von »Ökumene« und »Mission« erneut eng miteinander. Ein Beispiel für eine solche Vertiefung ist die vom Ökumenischen Rat der Kirchen, dem Päpstlichen Rat für den interreligiösen Dialog und der Weltweiten Evangelischen Allianz gemeinsam verantworteten Erklärung »Christliches Zeugnis in einer multireligiösen Welt – Empfehlungen für einen Verhaltenskodex«. Sie soll regional mit Angehörigen verschiedener Glaubensgemeinschaften konkretisiert werden, um das Bewusstsein dafür zu schärfen, dass die Formen des christlichen Zeugnisses und die Mission aller frei von Macht, Manipulation und verdeckter oder sogar offener Gewaltausübung geschehen.[69]

Als letzten Aspekt möchte ich besonders für unseren Kontext in Deutschland die begonnene Diskussion über eine interkulturelle Öffnung der Kirchen ansprechen. Das ist mir wichtig, um den Fehlschluss zu vermeiden, als ob die kritischen Beschreibungen, wie Maluleke, Ahrens, Förster und andere sie formulieren, nur für außereuropäische Kontexte zuträfen. Auch wenn es nicht in allen Aspekten funktioniert und insbesondere für die Opfer von Gewalttaten nicht immer nur hilfreich ist, weil es auf Täter und Taten fokussiert, genießen wir in Deutschland die Vorteile eines Rechtsverständnis und -systems, das

[67] Das fordert auch Gutmann nachdrücklich, vgl. Ders., Gewaltunterbrechung (wie Anm. 65), 177ff.

[68] Vgl. dazu die interessanten Überlegungen anlässlich von Gottesdiensten zu Ereignissen, die die deutsche Öffentlichkeit bewegen, vgl. Kristian Fechtner/ Thomas Klie, (Hg.), Riskante Liturgien. Gottesdienste in der gesellschaftlichen Öffentlichkeit, Stuttgart 2011

[69] Vgl. dazu z.B. Michael Biehl, Kein falsches Zeugnis geben, in: Mission Eine Welt 3 (2011), 35–36.

einen engeren Gewaltbegriff umsetzt. Dahinter verschwinden dann jedoch mitunter Formen von Gewalt oder Gewaltverhältnisse, von denen Maluleke als den Masken der Gewalt gesprochen hat. Subtile Machtausübung, wie sie sich z.B. in gutgemeinter Hilfe und diakonischer Zuwendung zu Gemeinden ausdrückt, die von Menschen aus anderen Ländern und anderer Sprache in Deutschland gegründet werden, kann durchaus als Gewalt erlebt werden. Das wird m.E. besonders in einigen Facetten der Integrationsdebatte erkennbar. Diese läuft in bestimmten Bereichen mit der untergründigen Struktur, das »jene« sich »hier« zu integriere hätten, eine Haltung, die kulturelle Gewalt befördert. Solche Varianten der Integration erzeugen eine Stimmung repressiver Toleranz, in der die warme Zuwendung zu »jenen« mit viel Verständnis für ihre schwierige Situation eigentlich darauf zielt, dass diese so werden wie »wir«. Somit werden die möglichen Beiträge der Anderen nicht wirklich gewürdigt und sie nicht zur Partizipation ermutigt; zugleich wird die Fiktion einer homogenen Gesellschaft, Kultur oder Kirche bekräftigt, in die die Anderen sich einzufinden hätten.[70]

Gerade wer die Spiritualität und Liturgien christlicher Gemeinschaft unterstreicht, kann nicht an anderen spirituellen Entwürfen vorbei, die ja nicht nur andere Bewältigungsformen gefunden haben, sondern die auch für andere Erfahrungen und kontextuelle Bestimmungen von Leiden und Gewalterfahrungen sensibler sind.

Einiges von diesen weiteren Reflexionen ist für den eigenen Kontext relevant, vieles wird eingehen in die Überarbeitung der »Ökumenischen Erklärung« im Licht der Konvokation in Kingston auf dem Weg zur kommenden ÖRK-Vollversammlung in Busan 2013. Hier wird sich zeigen, ob es gelingt, das Paradigma vom »Gerechten Frieden« ins Zentrum der Spiritualität, der Theologie und des Zeugnisses der Kirchen zu rücken.

[70] Vgl. dazu neuerdings Bianca Dümling, Migrationskirchen in Deutschland. Orte der Integration, Frankfurt/M. 2011; Thorsten Prill beschreibt eindrücklich für England, wie die Gemeinden wachsen, die Christen anderer Herkunft und Traditionen die Möglichkeit einräumen, selbst etwas zur Gestaltung beizutragen und ihre Gaben einzubringen, vgl. Ders., Global Mission on our Doorstep. Forced Migration and the Future of the Church, Münster o.J.

ABSTRACT

The author discusses the »ecumenical declaration on Just Peace« that has been recommended by the central committee of the WCC to the churches for discussion. The declaration is read as expression of the learning process of the »decade to overcome violence«: from the overcoming of violence to the paradigm of a »just peace«. This is brought into conversation with the reflections of the World Missionary Conference of Athens 2005 on Mission as reconciliation and on the »reconciling and healing community«.

A second thread pursues the tension between a narrower understanding of violence focusing on human rights and law and a broader understanding of violence. The broader understanding is considered as a possibility to discern masked forms of violence, and above all, to discover sources and resources of other cultures and other faith communities for interruption and interventions in violent situations, and for coping with the consequences of violent experiences.

Vom Umgang mit Gewalt – neutestamentliche Perspektiven

Werner Kahl

Einführung

Innerhalb der neuesten Kirchengeschichte haben sich prominente kirchliche Vertreter des gewaltlosen Widerstands auf Schriften des Neuen Testament berufen, um ihre Position biblisch bzw. vom Evangelium her zu begründen: Martin Luther King, der die Bürgerrechtsbewegung in den USA in den fünfziger und sechziger Jahren des 20. Jahrhunderts angeführt hat, und Erzbischof Desmond Tutu, der maßgeblich mit daran beteiligt war, das Apartheidsystem in Südafrika vor beinahe zwei Jahrzehnten zu überwinden. Auch weiten Teilen der europäischen Friedensbewegung in den achtziger Jahren diente das Neue Testament als wesentlicher Bezugspunkt ihres friedenspolitischen Engagements.

Zieht man aber die gesamte Kirchengeschichte unter der Perspektive der Positionierung von Christen zur Frage des Umgangs mit Gewalt in Betracht, dann legt sich die Vermutung nahe, dass in den Schriften des Neuen Testaments nicht eine unzweideutige Position zum Thema Gewalt eingenommen wird: Die Kirchengeschichte ab dem vierten Jahrhundert bis in die Gegenwart hinein überbordet nämlich mit Beispielen von Christen, die sich *als* Gläubige dazu berufen fühlten, extreme Gewalttaten zu vollziehen – besonders deutlich im Fall der mittelalterlichen Kreuzzügler und der Verfolger so genannter Hexen und Häretiker. Andere waren aufgrund ihrer Lektüre des Neuen Testaments bereit, jegliche Art von Aggression ohne Widerstand zu erleiden – bis hin zur aktiven Übergabe ihres Lebens als Märtyrer um des Evangeliums willen, vor allem in der Alten Kirche. Wieder andere bezogen sich auf dasselbe

Neue Testament in ihrer Entscheidung, *als* Christen Unterdrückern und Gewalttätern unter Anwendung von Gewalt entgegenzustehen, um Gewalt einzudämmen und die Opfer zu beschützen, wie etwa Dietrich Bonhoeffer während der Nazi-Zeit oder Ernesto Cardenal als Repräsentant der Befreiungstheologie in Lateinamerika.

Angesichts dieser Vielfalt bis Gegensätzlichkeit von Interpretationen scheint es geboten, den Wert des Neuen Testaments als Maßgabe, Inspiration oder Kriterium für gegenwärtiges gesellschaftliches Handeln kritisch zu reflektieren.

Dieses vorsichtige Abstandnehmen legt sich nahe nicht nur auf dem Hintergrund der oben skizzierten Rezeptionsgeschichte, sondern auch aufgrund folgender Beobachtungen: 1. Wir leben heute in einer »anderen Welt« als die Frühchristen, insofern wir – im Vergleich mit der Lebensorganisation, dem Wirklichkeitsverständnis und Erleben von Wirklichkeit in der mediterranen Antike – Leben und Wirklichkeit anders denken und konstruieren. 2. Wie Menschen in der Antike Gewalt und ihre Erscheinungsformen identifizierten, liegt – begründet in Punkt 1 – zuweilen jenseits der Parameter unseres Weltwissens, wie etwa in Bezug auf die Involvierung böser Geister deutlich wird. 3. Das Neue Testament besteht aus 27 Schriften, die in der zweite Hälfte des ersten Jahrhunderts von verschiedenen Autoren an unterschiedlichen Orten und in differenten Situationen abgefasst wurden, um jeweils konkrete Probleme auf Seiten realer Adressaten zu lösen. Diese Schriften wurden *nicht* als Heilige Schrift verfasst. Die Kanonisierung erfolgte in einem drei Jahrhunderte währenden Prozess. Die neutestamentlichen Schriften – wie auch andere christliche Schriftzeugnisse der ersten Jahrhunderte, von denen einige verloren sind und andere erhalten blieben – setzen das Christusereignis als ultimative Offenbarung des Heilswillens Gottes voraus. Auf diesem Hintergrund interpretieren ihre Verfasser die Bedeutung von Jesus Christus, und zwar in vielfältigen Kontexten und aus einer Vielzahl unterschiedlicher Perspektiven.

Einer unreflektierten, direkten Anwendung neutestamentlicher Aussagen auf gegenwärtige Herausforderungen sei damit ein Riegel vorgeschoben. Inwiefern das Neue Testament trotzdem für heutige Strategien eines unverkennbar christlichen Umgangs mit Gewalt bedeutsam werden könnte, wird am Ende der folgenden Ausführungen bedacht werden. Zunächst aber werde ich Kontexte des Ursprungs und der Ausbreitung des Frühchristentums unter der Perspektive von Gewalt skizzieren. Diese Einbettung ist nötig, um die Bedeutung neutestamentlicher Aussagen zur Gewaltproblematik angemessen würdigen zu können, von denen ich einige mir wesentlich erscheinende diskutieren werde.

Das Christentum in jüdischer Tradition

Die Menschen, die im ersten Jahrhundert daran glaubten, dass Jesus der Christus, d.h. der Messias sei, erachteten die Heiligen Schriften des Judentums als ihre Heilige Schrift, in welcher sie Hinweise auf Jesus von Nazareth als den zukünftigen Messias fanden. Jesus und seine Jünger und die ersten Nachfolger waren – und als Christusgläubige blieben sie es auch![1] – allesamt Juden. Für sie war es selbstverständlich, dass es nur den einen Gott gibt, der die Welt erschaffen hatte und dessen Heilsplan sich in der Geschichte universal entfaltet. Als sich bereits in der zweiten Hälfte des ersten Jahrhunderts das Zentrum des Frühchristentums von der jüdischen Welt Judäas und Galiläas in die nicht-jüdische Welt um Palästina herum zu verlagern begann, wurde von denen, die polytheistischen Kulturen entstammten, erwartet, dass sie den Glauben an die exklusive Einzigkeit des Gottes, wie er im Judentum und in seinen Heiligen Schriften bekannt wird, teilten. Es war dieser Gott, von dem geglaubt wurde, dass er beteiligt war am Leben, Tod und an der Auferweckung Jesu sowie an der Ausbreitung des Frühchristentums.

Die spätere, schon Mitte des zweiten Jahrhunderts anhebende anti-jüdische Behauptung, wonach der Gott des Kanons der Juden – nun als Altes Testament bezeichnet – ein zorniger, strafender Richtergott sei und der Gott der neutestamentlichen Schriften ein liebender, barmherziger Vater, kann nicht verifiziert werden. Beide Aspekte Gottes lassen sich in beiden Teilen der Bibel finden. Da allerdings das Christusereignis im Frühchristentum vor allem im Deutehorizont einer göttlichen Versöhnungstat zugunsten der gesamten Menschheit und sogar Welt (Röm 8; Offb 21) kommuniziert wurde, wird in den meisten neutestamentlichen Schriften die sich um das diesseitige wie jenseitige *Wohl von Menschen kümmernde Aktivität Gottes* in vielfältiger Variation besonders hervorgehoben. Deshalb konnte auch *Liebe* zum wesentlichen Prädikat Gottes im Neuen Testament werden. Diese Fokussierung sollte aber nicht überdecken, dass Gott auch im Neuen Testament als der vergeltende und strafende Allmächtige vorausgesetzt und mitunter ersehnt wird (vgl. Mt 25,31–46; Röm

[1] Vgl. W. Stegemann, Jesus und seine Zeit (Biblische Enzyklopädie 10), Stuttgart 2010, 153–296.

12,19f.; Offb 6,10). Beides – die Liebe und der Zorn Gottes – macht seine Gerechtigkeit aus. Es handelt es sich die beiden Seiten einer Medaille.

Die Frühchristen als verfolgte Minderheit in Palästina und in der polytheistischen griechisch-römischen Welt

Im ersten Jahrhundert befanden sich die Christusgläubigen sowohl innerhalb der durch das Judentum geprägten Lebenswelt in Palästina als auch in der weiteren griechisch-römischen Welt in einer Minderheitenposition. Ihre Überzeugung davon, dass Jesus von Nazareth göttlich dazu auserkoren war, die Nähe des Reiches Gottes in seinem Wirken und Leben transparent zu machen, und dass tatsächlich Jesus als gottgesandter Messias diese Nähe repräsentierte, bedeutete eine erhebliche Herausforderung der damals umlaufenden Messiaserwartungen im Judentum. Sie wurde insbesondere als Bedrohung der Macht jüdischer und römischer Autoritäten wahrgenommen, resultierend in der politisch motivierten Hinrichtung Jesu.

Auch die Christen mit einem polytheistischen Hintergrund erlitten ab der zweiten Hälfte des ersten Jahrhunderts Verfolgung und Tod. Das Erleiden von Gewalt von Seiten derer, die gesellschaftliche Machtpositionen einnahmen, kann als gemeinsame Erfahrung vieler Christusgläubiger in den ersten drei Jahrhunderten identifiziert werden. Diese Erfahrung konnte allerdings – literarisch belegt seit den Briefen von Paulus – in der Binnenperspektive als Kontinuum zum ›Schicksal‹, wie es Jesus und später die Apostel erfuhren, gedeutet und als Leidensnachfolge positiv gewürdigt werden. Es ist davon auszugehen, dass die meisten der Verfasser der neutestamentlichen Schriften ebenfalls an dieser leidvollen Erfahrung von aggressiver Ablehnung, gelegentlicher Gewalttätigkeit bis hin zur Verfolgung durch die jeweiligen Autoritäten teilhatten. Diese Erfahrungen werden insbesondere in Paulusbriefen, in der Apostelgeschichte und in der Offenbarung des Johannes thematisiert.

Das Erleiden von Aggressionen und Strategien des Umgangs mit Gewalt im Frühchristentum

Im Zentrum des frühchristlichen Bekenntnisses stand sie Überzeugung davon, dass eine brutale Gewalttat von Seiten der jüdischen Autoritäten und der römischen Machthaber in Jerusalem durch göttliches Eingreifen in ihr Gegenteil verkehrt und damit aufgehoben wurde: Gott hat Jesus, der am Kreuz hingerichtet worden war, von den Toten auferweckt (vgl. Mk 16,1–8; Röm 1,2–4; 1Kor 15,3–4; Apg 2,23–24).

Die Zeit Jesu im Allgemeinen und seine persönliche Geschichte im Besonderen waren aufgrund der Anwesenheit der römischen Besatzungsmacht in Judäa durch Unterdrückung, Ausbeutung, Willkür und Gewalt gegen die Bevölkerung gekennzeichnet. Insofern hat Jesus das Schicksal tausender Juden jener Zeit erlitten, die ebenfalls von den Römern am Kreuz hingerichtet worden waren. In der Erinnerung jener aber, die ihn als die ultimative Offenbarung Gottes verehrten, war Jesu Leben, sein Wirken und Ergehen, von herausgehobener Bedeutung. Die Verehrung des gekreuzigten Jesus als des auferweckten Christus bringt den Glauben zum Ausdruck, dass Gott die Pläne der Autoritäten dieser Welt unterminiert hat, indem er das Resultat der von ihnen über Jesus verhängen Todesstrafe aufhob. Es handelt sich hier um einen Akt Gottes mit zutiefst politischer Bedeutung.

Unter Berücksichtigung antiker Glaubenssysteme erscheinen in diesem Zusammenhang zwei Aspekte des diesbezüglichen Narrativs als bemerkenswert: erstens, diejenigen, die für den Tod Jesu – des gottgesandten Messias! – verantwortlich waren, werden weder von Gott noch von dem Auferweckten durch einen nahe liegenden Vergeltungsakt für ihre Tat bestraft; zweitens, Jesus wird in den Erzählungen über sein Wirken, wie es die vier Evangelien repräsentieren, als jemand dargestellt, der sich fundamental *gewaltlosen Aktionen* verschrieben hatte und eine Haltung opferbereiter Selbsthingabe einnahm, und zwar obwohl er – in der Binnenperspektive – *ständig* mit göttlicher Autorität (*exousia*) und Wundermacht (*dynamis*) ausgestattet war.

Als markantes Beispiel dafür möchte ich auf die Passagen in den Evangelien verweisen, die die *Gefangennahme Jesu* beschreiben. Im ältesten Bericht, in Mk 14,43–52 erfahren wir, dass einer der Anwesenden versuchte, Jesus zu beschützen und die Soldaten abzuwehren, indem er sein Schwert zog und das Ohr des Dieners des Hohenpriesters abhieb, ohne dass dieser Vorfall von Markus weiter kommentiert wird. Nach Mt 26,47–56 handelt es sich bei diesem aktiven Subjekt um einen der Jünger Jesu. Dabei weist Jesus den Jünger zu recht (V. 52–53): »Stecke dein Schwert an seinen Ort! Denn wer das Schwert nimmt, wird durch das Schwert umkommen. Oder meinst du, ich könnte nicht meinen Vater bitten, dass er mir sogleich mehr als zwölf Legionen Engel schickte?« Eine Interpretation seiner Verhaftung wird in Versen 54–55 nachgeschoben. Danach ereignete sie sich notwendiger Weise als Erfüllung einer Prophetie in den jüdischen Heiligen Schriften. Die Version des Joh-Ev weist diese Ermahnung durch Jesus ebenfalls auf (Joh 18,11), während Lukas in seinem Bericht (Lk 22,47–53) der Ermahnung eine Wunderheilung folgen lässt: »Nachdem Jesus das Ohr angefasst hatte, heilte er ihn« (V. 51). Diese Heilung dessen, der Jesus verhaften soll, durch den zu Verhaftenden illustriert narrativ ein Merkmal, dem Lukas in seiner Evangeliumserzählung eine besondere Bedeutung beimisst: *Vergebung als Inbegriff des Evangeliums* (vgl. auch Jesu Wort am Kreuz in Lk 23,34). Jesus setzt seine göttliche *dynamis* nicht dafür ein, mit Gewalt die Gewalttätigkeit der Angreifer zu überwinden, sondern paradoxer Weise *zum Wohl* eines Angreifers.

Jesu Rat, dem Gebrauch von Waffengewalt zu widerstehen (Mt 26,52), befindet sich in einer Linie mit seiner Lehre, wie sie programmatisch in der *Bergpredigt* (Mt 5–7) zusammen gestellt ist. Diese Rede hat durch die Jahrhunderte hinweg bis in die Gegenwart hinein denen, die sich für *gewaltlosen Widerstand* entschieden haben, als Hauptbezugspunkt zur Begründung ihrer Position gedient.

Die Bergpredigt ist eine Redekomposition, die von Matthäus unter Rückgriff auf Jesustraditionen kreiert wurde. Sie spiegelt die Situation des Verfassers sowie der anvisierten Adressaten dieses Evangeliums im letzten Quartal des ersten Jahrhunderts dar. Ihre Situation war durch die schmerzhafte Erfahrung der Abtrennung der Christusgläubigen von der jüdischen Synagoge bestimmt, inklusive gelegentlicher gewalttätiger, wenn auch lokal begrenzter Verfolgungen. Eine solche Situation war eine mehr oder weniger typische Erfahrung vieler Christusgläubiger in jener Zeit (vgl. die vielfältigen Hinweise in der Apostelgeschichte, aber auch im Matthäus-, Lukas- und Johannesevangelium, in den Paulusbriefen und in der Offenbarung des Johannes).

Es ist angesichts der zum Teil erheblichen Variabilität von Positionen, die in den neutestamentlichen Schriften eingenommen werden, bemerkenswert, dass sie im Hinblick auf die Stellung zur Gewalt mit einer Stimme sprechen: Gewalt muss, obwohl sie Unrecht darstellt, ertragen werden. *Menschliche* Vergeltung oder *gewalttätiger* Widerstand werden abgelehnt. Die Frühchristen waren allerdings davon überzeugt, dass Ungerechtigkeit und Gewalttätigkeit zukünftig überwunden werden und dass die dafür Verantwortlichen letztlich zur Rechenschaft gezogen werden, und zwar von Gott im Endgericht, welches von den Christusgläubigen als unmittelbar bevorstehend ersehnt wurde. Die Rache ist und bleibt allein *des Herrn*! (vgl. Mt 25,31–46; Lk 6,23–26; Röm 12,9–21; Offb

13–20). Der Begriff »Reich Gottes« steht dabei für die Erwartung einer neuen Welt, die nach göttlichen – nicht nach menschlichen – Maßstäben gestaltet sein wird. Jene Welt wird bestimmt sein durch das Walten göttlicher Gerechtigkeit und durch das Ausbleiben jeglichen Leidens (vgl. Offb 21,1–7; Mt 11,28–30).

Für die Zwischenzeit wird von den Christusgläubigen allerdings erwartet, dass sie nach den Standards des Reiches Gottes zu leben beginnen. Als solche sollen sie nicht vergelten. Ihr Leiden wird im Lichte der von Jesus erlittenen Gewalttätigkeit gewürdigt, d.h. das Ertragen von Verfolgung konnte gedeutet werden als Nachfolge Jesu. Dafür steht etwa der Ausdruck von der Übernahme des Kreuzes (Mk 8,34; Mt 10,38; 16,24; Lk 9,23; vgl. 2Kor 1,3–7; 4,7–15; Phil 1,12–30). Gleichzeitig werden die Christusgläubigen aber dazu ermutigt, »das Reich Gottes zu suchen und die göttliche Gerechtigkeit« (Mt 6,33), d.h. ihnen wird zugemutet, dass sie nach den Werten des Reiches Gottes leben (können), indem sie Strategien verfolgen, die der Überwindung von Gewalttätigkeit dienlich sind und durch die letztlich der Teufelskreis von Gewalt durchbrochen werden kann. Deshalb werden in den Seligpreisungen jene gepriesen, die für Frieden arbeiten: »Selig sind die Friedensstifter, denn sie werden Söhne (Kinder) Gottes heißen« (Mt 5,9). In Entsprechung dazu werden diejenigen, die wegen ihres Glaubens Gewalt erleiden oder Verfolgung, Schmerz und Ungerechtigkeit (Mt 5,3–13), selig gepriesen.

Lukas hat seiner verkürzten Version von vier – statt der matthäischen neun – Seligpreisungen eine vierfache Anklage derer hinzugefügt, die für Leidenserfahrungen verantwortlich gemacht werden: die Reichen und die Satten (Lk 6,24–26), d.h. diejenigen, die von struktureller Gewalt profitieren. Aber wiederum bleibt das endgültige Urteil und die vergeltende Verurteilung *Gott* überlassen: Er wird jedem und jeder nach ihren oder seinen Taten vergelten – »an jenem Tag« (Lk 6,23).

Den Christusgläubigen hingegen wird nahe gelegt, nicht zu (ver-)urteilen (vgl. Mt 7,1–5) oder zu vergelten (Mt 5,38). Vielmehr sollen sie sich nach einer Weisung der Bergpredigt (Mt 5,39) sogar einer ungerechten und gewalttätigen Behandlung *aktiv* aussetzen: »Ich aber sage euch, widersteht nicht dem Bösen, sondern wer dich auf die reche Wange schlägt, dem halte auch die andere hin!«

Es sollte in der Interpretation nicht übersehen werden, dass es sich aus Sicht der *intentio operis* bei der Handlung des Schlagens auf jeden Fall um die negativ markierte Tat einer »bösen« Person handelt. Die Weisung des aktiven Hinhaltens der anderen Wange muss auch hier wieder verstanden werden im Kontext der erwarteten göttlichen Vergeltung *guter* versus *böser*, d.h. dem Wertesystem Gottes *entsprechender* versus *widersprechender* Taten. Bis zur Zeit des Endgerichts sollen sich die Christusgläubigen in der Nachfolge des Wirkens Jesu und in Orientierung an seinen Weisungen offenbar so verhalten, dass sie den Gewalttätern Gelegenheit geben, ihre Haltungen und ihren Lebenswandel zu verändern und umzukehren (*metanoia*).

In dieser Hinsicht stimmen so unterschiedliche neutestamentliche Autoren wie Matthäus und Paulus miteinander überein, wenn beide die nahe liegende und in den Heiligen Schriften des Judentums vorgeschriebene »Liebe« zu Freunden oder Nachbarn (vgl. Dtn 22,1–4; Lev 19,18) im Licht des Christusereignisses radikalisieren, indem sie jetzt die »Liebe« von *Feinden* inkludiert.

Röm 12,14–21:
»Segnet, die euch verfolgen; segnet, und flucht nicht. Freut euch mit den Fröhlichen und weint mit den Weinenden. Seid eines Sinnes untereinander. Trachtet nicht nach hohen Dingen, sondern haltet euch herunter zu den geringen. Haltet euch nicht selbst für klug. Vergeltet niemandem Schlechtes mit Schlechtem. Seid auf Gutes bedacht gegenüber jedermann. Ist's möglich, soviel an euch liegt, so habt mit allen Menschen Frieden. Rächt euch nicht selbst, meine Lieben, sondern gebt Raum dem Zorn Gottes; denn es steht geschrieben (5. Mose 32,35): ›Die Rache ist mein; ich will vergelten, spricht der Herr.‹ Vielmehr, wenn deinen Feind hungert, gib ihm zu essen; dürstet ihn, gib ihm zu trinken. Wenn du das tust, so wirst du feurige Kohlen auf sein Haupt sammeln (Sprüche 25,21–22). Lass dich nicht vom Schlechten überwinden, sondern überwinde das Schlechte mit Gutem.«

Mt 5,43–48:
»Ihr habt gehört, dass gesagt ist: ›Du sollst deinen Nächsten lieben‹ (3. Mose 19,18) und deinen Feind hassen. Ich aber sage euch: Liebt eure Feinde und bittet für die, die euch verfolgen, damit ihr Kinder seid eures Vaters im Himmel. Denn er lässt seine Sonne aufgehen über Böse und Gute und lässt regnen über Gerechte und Ungerechte. Denn wenn ihr liebt, die euch lieben, was werdet ihr für Lohn haben? Tun nicht dasselbe auch die Zöllner? Und wenn ihr nur zu euren Brüdern freundlich seid, was tut ihr Besonderes? Tun nicht dasselbe auch die Heiden? Darum sollt ihr vollkommen sein, wie euer Vater im Himmel vollkommen ist.«

Eine fundamentale Besonderheit des Christentums besteht im Gebot der *Feindesliebe*. Es ist *das* Kriterium für die Evangeliumsgemäßheit *christlicher* Bibellektüren. Im Alten Testament ist nicht *davon* ausdrücklich die Rede, sondern vom respektvollen, gerechten wie gleichberechtigten Umgang mit Fremden (Lev 19,34) und sogar Feinden (Ex 23,4f.). Diese Tendenz wird im Neuen Testament weiter ausgezogen und radikalisiert. Sie findet ihre *theologische* Begründung in der Überwindung der Feindschaft der Menschheit gegenüber Gott durch Gottes Versöhnungstat in Christus.

In der Antike im Allgemeinen wie im Judentum und Frühchristentum im Besonderen lässt sich das Nachdenken über und das Beten zu Gott und der Glaube nicht trennen von sozialen Angelegenheiten oder von Fragen der Lebensgestaltung. Dieser fundamentalen Einsicht entsprechend hat kürzlich Wolfgang Stegemann die frühchristlichen Forderungen von Nächsten- und Feindesliebe im Kontext *antiker Reziprozität*, d.h. unter Rekurs auf den Gabentausch diskutiert.[2] Danach bestehe der Sinn von Feindesliebe darin, Gemeinschaft (wieder-)herzustellen, bzw. »es geht um die Wiederanbindung des sozialen Feindes an die Gruppe«.[3] Im Fall des Feindes – ob es sich nun um einen Binnenfeind (so Stegemann), oder auch um einen externen Feind handeln kann (diese Deutung ziehe ich vor) – gibt er, oder sie, zunächst keine »Gabe« an die ihm oder ihr zugewandte Person zurück. Nun wird die Reziprozität des Gabentauschs dennoch gewahrt, denn *Gott* wird es einem in Zukunft vergelten (vgl. Lk 6,27–35). Damit einher geht bereits in der Gegenwart eine Statuserhöhung.

Theologisch kommt im Neuen Testament aber auch die ultimative Gabe Gottes ins Spiel, d.h. die Gabe seines Sohnes »für uns«. Das ist gewissermaßen eine vorschießende, menschlicherseits nicht aufzuwiegende, universal gültige Gabe, die aber für die Christusgläubigen doch verpflichtenden Charakter hat und – so meine ich – sich angemessen vor allem als Feindesliebe manifestiert. So oder so geht es beim frühchristlichen Konzept der Feindesliebe darum, »soziale (und auch äußere, W.K.) Feinde in die Solidarität der Reziprozitätsbeziehungen wieder zurückzuholen« (bzw. einzubinden, W.K.).[4]

Die neutestamentlichen Präsentationen der Lehre und des Wirkens Jesu in Bezug auf den Umgang mit Gewalt stehen in einer Linie mit Interpretationen seines Todes und seiner Auferweckung einerseits, und mit den Erfahrungen

[2] Stegemann (wie Anm. 1), 290–295.
[3] Stegemann (wie Anm. 1), 294.
[4] Stegemann (wie Anm. 1), 295.

und Haltungen der Christusgläubigen im ersten Jahrhundert andererseits. Letztere haben ihre Leidenserfahrungen im Lichte der Lehre Jesu und seines Todes und seiner Auferstehung gedeutet. Die Kategorie der Versöhnung verhalf ihnen dazu, nicht nur dem Christusereignis um Kreuz und Auferweckung, sondern auch ihren eigenen Leidenserfahrungen Sinn abzugewinnen. Nach dieser Deutung ist jeder Mensch auf die liebevolle Zuwendung Gottes angewiesen, und die Liebe Gottes kam im Christusereignis letztgültig zum Ausdruck. Mit ihrer Interpretation des Christusereignisses und in der bewussten Nachahmung Jesu versuchten die Christusgläubigen die Werte des Reiches Gottes in ihrem Leben transparent und manifest zu machen. Dazu waren sie befähigt – und einige gingen soweit, ihr Leben für die Bezeugung des Evangeliums aufs Spiel zu setzen – aufgrund ihrer Überzeugung, dass sie bleibend in der letztgültigen Wirklichkeit Gottes gründeten (vgl. den Begriff »ewigliches Leben« in der johanneischen Literatur), der sich in der historischen Person des Jesus von Nazareth, des Messias offenbart hatte.

Die Offenbarung des Johannes als frühchristliches Zeugnis eines aktiven Widerstands gegen staatliche Gewalt

Wie verhalten sich die obigen Ausführungen zum Zeugnis der Johannesoffenbarung? Widersprechen sie nicht dem sonstigen Zeugnis des Neuen Testaments? Sind die gewaltträchtigen Visionen des Sehers nicht doch deutliche Hinweise auf »Terror im Zeichen der Apokalypse«, wie es eine Buchveröffentlichung zum »Krieg der Religionen« im Untertitel nahe legt und durch unzählige Belege aus verschiedenen und vor allem aus den monotheistischen Religionen zu beweisen versucht?[5]

Die Johannesoffenbarung ist in der Tat in Geschichte und Gegenwart von Christen als Aufruf zur letzten Schlacht gelesen worden, und es gab und gibt Christen, die sich aufgrund ihrer Lektüre der Johannesoffenbarung berufen wussten/wissen, in einen »Heiligen Krieg« zu ziehen. Nur, anders als es Trimondi/Trimondi unterstellen, handelt es sich hierbei nur um *eine* Lesart der Johannesoffenbarung. Die überwiegende Mehrzahl der Christen in der Kir-

[5] Victor und Victoria Trimondi, Krieg der Religionen. Politik, Glaube und Terror im Zeichen der Apokalypse, München 2006.

chengeschichte und in der gegenwärtigen Ökumene hat die Johannesoffenbarung anders verstanden.

Eine isolierte Lektüre der Johannesoffenbarung könnte durchaus zu problematischen Ergebnissen führen. Ihre kanonische Einbettung lädt aber dazu ein, ihre Aussagen im Lichte anderer neutestamentlicher Schriften zu würdigen.

In der Johannesoffenbarung werden die Motive des *Zornes Gottes* und der *endzeitlichen Vergeltung*, die oben diskutiert wurden, fokussiert und ausgeleuchtet. Das ist einer Situation unermesslicher Gewaltanwendung geschuldet, in der sich der Seher und seine Adressaten befanden. So sind es in Offb 6,9–10 »die Seelen der wegen des Wortes Gottes und wegen ihres Zeugnisses Abgeschlachteten, die mit lauter Stimme schrieen: ›Herr, du Heiliger und Wahrhaftiger, wie lange richtest du nicht und rächst nicht unser Blut an denen, die auf der Erde wohnen?‹«

Die neutestamentliche Wissenschaft ist sich über die Situation des Sehers einigermaßen einig: Im Rahmen von systematischen Christenverfolgungen durch den römischen Staat ist er auf die Insel Patmos verbannt worden, und zwar *weil* er den christlichen Glauben bezeugt hat. Offenbar lebte er in einer Periode, in der Christusgläubige mit Gewalt dazu gezwungen wurden ihrem Glauben abzusagen. Viele wurden getötet, da sie sich weigerten, ihr Zeugnis von Christus aufzugeben. In dieser Situation einer um sich greifenden Bedrängnis und Hoffnungslosigkeit kommuniziert der Seher seine Visionen. Sie haben *nicht* die Funktion, die Verfolgten auf ein jenseitiges Paradies zu vertrösten, sondern sie zu aktivem Widerstand gegen den Staat und seine absoluten Ansprüche zu ermutigen. Sie sollen nämlich nicht nachlassen, die Offenbarung Gottes in Christus aktiv zu bezeugen, um dadurch die Selbstüberhöhung des römischen Staats mit der Botschaft vom wahren König Christus zu unterminieren. Das hat m.E. Brian Blount aus afro-amerikanischer Perspektive exegetisch überzeugend herausgearbeitet: »If it is right to say that the basis for a new order of society is God's word of judgment pronounced in Christ, then it follows that the witnesses who proclaim that word to challenge the prevailing political order, were not acting anti-politically at all, but were confronting a false political order with the foundation of a true one. (...) This is witness as not only active resistance, but as triumphant cultic, social, and political transformation.«[6]

6 Brian K. Blount, Then the Whisper Put on Flesh. New Testament Ethics in an African American Context, Nashville 2001, 158–184.

Die Johannesoffenbarung bleibt insgesamt auf einer Linie mit den übrigen diesbezüglichen Aussagen des Neuen Testaments: Die Rache und Vergeltung ist des Herrn. Die Christen werden durch die Visionen vom baldigen Ende des Schreckensreiches ermutigt und gestärkt; sie werden aber *nicht* dazu aufgerufen, die Waffen im Kampf gegen das römische Reich oder gegen einzelne seiner Repräsentanten zu erheben.

Kriterien für die gegenwärtige Anwendung neutestamentlicher Positionen zum Umgang mit Gewalt

Die jeweilige Kontextualität der 27 Schriften des Neuen Testaments und die vielfältigen Lebenskontexte und Lektürehorizonte der Gegenwart lassen direkte Übertragungsversuche neutestamentlicher Aussagen problematisch erscheinen. Im Neuen Testament sind nicht alle denkbaren, und in der Geschichte sich einstellenden Konstellationen gewalttätiger Situationen bedacht. So wird z.B. im Neuen Testament nicht die Frage diskutiert, ob es im Extremfall vom Evangelium her geboten sein könnte, Gewalt anzuwenden, um gewalttätige Aggressionen abzuwenden, um etwa das Leben Unschuldiger und Wehrloser zu retten. Dies war während der letzten Jahre der Naziherrschaft die brennende Frage, die etwa Dietrich Bonhoeffer umtrieb. Er entschied sich als gehorsamer Christ zum gewalttätigen Widerstand, wohl wissend dass er so oder so in Schuld verstrickt und auf die Gnade Gottes angewiesen bliebe. Dieselbe Frage stellte sich bezüglich der Beteiligung von Christen am gewaltsamen Widerstand gegen unterdrückerische und massiv Menschenrechtsverletzende Systeme, wie im Nicaragua der siebziger Jahre (vgl. die Diskussionen zwischen Ernesto Cardenal und Daniel Berrigan) oder wie im Kampf gegen das Apartheidsystem in Südafrika in den achtziger Jahren des 20. Jahrhunderts.

Was Jesus Christus bzw. Evangelium in heutigen gewalttätigen Situationen bedeuten könnte, ist selten eindeutig zu beantworten. Die Schriften des Neuen Testaments können zur Klärung dieser Frage jeweils zur Orientierung dienen, um Optionen in den Blick zu bekommen und abzuwägen. Das Neue Testament ist aber keine Matrize für heutige Verhaltensweisen. Es als solche zu benutzen befördert mit Sicherheit Haltungen und Handlungen, die dem Evangelium widersprechen.

Allerdings können in Bezug auf den Umgang mit Gewalt einige *Tendenzen* benannt werden, die von vielen neutestamentlichen Schriften gestützt werden.

Mittels dieser Tendenzen können durchaus Parameter eines christlich verantworteten Umgangs mit Gewalt identifiziert werden. Innerhalb des durch diese Parameter abgesteckten Gewebes hätten sich erkennbar »christliche« Positionen gegenüber Gewalt zu verorten:

1. Nicht das eigene Wohlergehen sei ausschlaggebend für den Widerstand gegen Gewalttätigkeit, sondern das *Wohlergehen der anderen*, d.h. in erster Linie der Ohnmächtigen;

2. Hass gegenüber dem Feind ist durch eine wohlwollende *Zuwendung zum Feind* zu ersetzen als jemand, der oder die das Potenzial zur Veränderung hat. »Mit Gefühl« kann Gewalttätigkeit überwunden und der Teufelskreis der Gewalt durchbrochen werden.[7]

3. Rache ist des Herrn allein und Gott wird mit göttlicher Gerechtigkeit vergelten.[8] Den Christusgläubigen wird *Vergeltung allein mit Güte* anheim gestellt.

4. *Vergebung und Versöhnung* sind Inbegriffe des Evangeliums. Christusgläubigen wird zugemutet, dass sie göttliche Vergebung und Versöhnung konkret in ihrem Leben abbilden.

Einer christlich verantworteten Entscheidung über den Gebrauch oder die Ablehnung von Gewalt in konkreten Situationen wäre eine biblische Lektüre voranzustellen, die die Kontextualität der biblischen Schriften in Betracht zu ziehen hätte. Sie müsste die Interpretationsgeschichte zu einzelnen Passagen in Erwägung zu ziehen, die gegenwärtige Situation umsichtig analysieren und sich im Gebet vor und zu Gott ihrer Angemessenheit vergewissern.

Weiterführende Literatur

Themenhefte der Zeitschrift für Neues Testament: Gericht und Zorn Gottes 9/2002; Gewalt und Gewalterfahrung 17/2006.

[7] Vgl. Titel und Programm des Werks von Elisabeth Naurath, Mit Gefühl gegen Gewalt. Mitgefühl als Schlüssel ethischer Bildung in der Religionspädagogik, Neukirchen-Vluyn [3]2010.

[8] Vgl. Stefan Alkier, Neues Testament (UTB basics), Tübingen 2010, 290f.

ABSTRACT

The author discusses Early Christian experiences and interpretations of violence as well as strategies to deal with suffering against the background of situations of persecution. According to New Testament witnesses, the Early Christians neither retaliated with violence nor did they resist with material weapons. They engaged in acts of non-violent resistance as attempts to disrupt the vicious circle of violence. This disposition seemed to be the most appropriate manner in imitating the suffering of Christ. Retaliation was left to divine justice alone. This is brought to expression most vividly in Revelation. The last book of the Christian canon, however, should not be misunderstood as propagating violence, on the one hand, or quietism, on the other hand. John, the seer, is calling for continuing active and stubborn, but non-violent resistence against the claims to divinity by the Roman emperors – in spite of painful experiences of persecution.

Spirituelle Gewalt im Namen Jesu in neo-pentekostalen Gemeinden aus Westafrika in Deutschland

Eine Problematisierung aus neutestamentlicher Perspektive

Werner Kahl

Einführung

Die folgenden Beobachtungen verstehen sich als Beitrag zu den Bemühungen der Evangelischen Kirche in Deutschland (EKD) im Allgemeinen und der Missionsakademie an der Universität Hamburg im Besonderen Räume zu erschließen, in denen eine vertiefte Gemeinschaft mit den Mitgliedern von Migrationskirchen aus dem globalen Süden zunehmend Gestalt gewinnt. Gelegentlich werden die Begegnungen zwischen den Alteingesessenen und den Neuankömmlingen durch Irritationen bedroht – und zwar von beiden Seiten. In diesem Text geht es um eine solche Störung.

Der Fall – eine phänomenologische Betrachtung

Zur Zeit gibt es in Hamburg etwa 80 afrikanische Migrationskirchen. Sie sind in den vergangenen zwanzig Jahren entstanden. Die meisten dieser Kirchen sind neo-pentekostal geprägt. Mit Studierenden, die an einer regelmäßigen afrikanisch-deutschen Bibelstudiengruppe teilnahmen, besuchte ich vor einigen Monaten an einem Mittwochabend eine neo-pentekostale Migrationskirche. Ihr Leiter und ihre Mitglieder stammen aus Westafrika. Als wir an dem Versammlungsraum der Gemeinde – er befand sich in einem Bürogebäude in einem Industriezentrum – ankamen, erfuhren wir, dass anstelle der gemeinsamen Bibellektüre ein Gottesdienst stattfinden würde, weil ein Prediger aus Ghana eingetroffen war. Die Predigt wurde in der ghanaischen Sprache Twi gehalten und ins Englische übersetzt. Das Thema der Predigt: ›Die auf spirituelle Attacken aus der Heimat zurückzuführende Erfahrung von Fehlschlägen im alltäglichen Leben und die Macht der Glaubenden solche Probleme zu bewältigen.‹ Die Predigt bezog sich auf Mt 18,18: »Wahrlich ich sage euch, was ihr auf Erden binden werdet, das wird im Himmel gebunden sein, und was ihr auf Erden lösen werdet, das wird im Himmel gelöst sein.«

Danach leitete der Prediger die etwa dreißig Gottesdienstbesucher im Gebet. Von jedem wurde erwartet, vernehmlich um Jesu Intervention zu bitten, um sie vor spirituellen Pfeilen zu retten, die von Familienmitgliedern in Ghana abgeschossen worden waren und diese Pfeile auf die Absender zurückzulenken, um sie zu töten.[1] Die afrikanischen Gottesdienstbesucher beteiligten sich alle für etwa 15 Minuten an solchen Gebeten. Laut rufend rannten sie in dem Raum hin und her und schlugen dabei mit den Armen in die Luft wie um ihre Feinde »im Namen Jesu« niederzumachen. Danach erklärte der Gastprediger, die Teilnehmenden sollten sich auf Telefonanrufe aus der Heimat – schon in den nächsten Tagen – gefasst machen, in denen ihnen Mitteilung vom vorzeitigen Tod ihres Vaters, ihrer Mutter, eines Onkels oder einer Tante oder auch ihres Kindes gemacht würde. Damit war gemeint: Eine solche Person sei die Hexe, die das Unglück eines Verwandten in Deutschland verursacht hatte.

Solch ein Glaube an die Wirkkraft der Hexerei ist Teil des alltäglichen Wissens bei der weit überwiegenden Mehrzahl der Menschen in und aus Westafrika, und zwar in allen Milieus und sozialen Schichten, ungeachtet dessen, dass die Bereitschaft, eigenes Unglück der Aktivität einer Hexe zuzuschreiben, unterschiedlich stark ausgeprägt ist. Gelegentlich schlägt der Wunsch, eine Hexe mit spirituellen Mitteln zu töten um in einen physischen Mord. Ein nicht weit zurückliegender Fall aus Ghana wurde von der englischsprachigen Presse Ende November 2010 weltweit berichtet: Eine ältere Frau, die von einem neo-pentekostalen Prediger beschuldigt worden war, eine Hexe zu sein, wurde in der große Industriestadt Tema von einer Gruppe um jenen geistlichen Führer bei lebendigem Leibe verbrannt.[2]

1 Es sei bemerkt, dass nur unter Absehung vom Kontext Mt 18,18 als Beleg und Legitimation für spirituelle Gewalt benutzt werden kann. Im unmittelbaren Kontext geht es um Versöhnung.

2 Cf. http://www.guardian.co.uk/world/2010/nov/29/ghanaian-woman-burned-death-witch.

Enormer Migrationsstress – Erfahrungen und Interpretationen

Viele, die während der beiden letzten Jahrzehnte aus Westafrika nach Deutschland kamen, interpretieren ihre ›Reise‹ spirituell. Sie verließen ihre Heimatländer, um ›grünere Wiesen‹ im Ausland zu suchen, und sie verlassen sich auf den Schutz Gottes oder lokaler Gottheiten, um ihre Reiseziele auch tatsächlich zu erreichen. Was Deutschland angeht, findet sich die größte Bevölkerungsgruppe aus Schwarzafrika in Hamburg. Die erste Generation dieser Einwanderer sind mehrheitlich Christen aus Ghana und Nigeria. Viele entstammen einer schulisch wenig gebildeten gesellschaftlichen Schicht in Westafrika. Das Leben in der Heimat war für sie ein kaum erträglicher, von Gewalt geprägter Überlebenskampf. Das gilt nicht nur für von Bürgerkriegen geprägte Regionen, sondern häufig auch aufgrund von Erfahrungen der alltäglichen Lebenswelt. Kommunale, soziale und wirtschaftliche Zwangslagen, die auf die Lebensführung der einzelnen durchschlagen, werden gerne in der Sprache eines im Hintergrund laufenden antagonistischen *spirituellen* Krieges interpretiert. Der Wunsch nach Europa zu kommen verbindet sich nicht nur mit der Erwartung auf Besserung der materiellen Lebensumstände, sondern auch mit der Hoffnung, den destruktiven Einfluss der bösen Geistmächte, die dafür verantwortlich gemacht werden, Unglück und Leid verursacht zu haben, hinter sich lassen zu können. Das bekannte westafrikanische Sprichwort ›Armut ist ein Fluch‹ ist – emisch betrachtet – ein Hinweis auf die weit verbreitete Annahme, dass Armut durch böse Geister, lokale Gottheiten, Ahnen oder Hexen verursacht wird. Die Verursachung von Armut wird, anders als in westlicher Sichtweise, nicht auf strukturelle Gegebenheiten zurückgeführt, sondern wird spiritualisiert und personalisiert.[3]

Dieses unter Migranten aus Westafrika verbreitete religiöse Weltwissen steht in einem fundamentalen Gegensatz zur Weltanschauung der meisten Europäer. Die spirituelle Interpretation des Lebens gründet in *traditionellen* Konzeptualisierungen von Wirklichkeit. Für die meisten, wenn nicht alle ethnischen Gruppen im sub-saharischen Afrika kann vorausgesetzt werden, dass die materielle, sichtbare Welt in den weiteren Kontext einer unsichtbaren spirituellen Welt *eingebettet* ist, deren Akteure für *mächtiger* als gewöhnliche

[3] Cf. C.O. Oshun, Spirits and Healing in a Depressed Economy: The Case of Nigeria, in: Mission Studies 15/1,29 (1998), 32–52. The author – a university professor – attributes the economic predicament of Nigeria to the continuing veneration of local gods in his country, i.e. to the space given these spirits to unfold their evil schemes.

Menschen gehalten werden. Aus der Perspektive eines charismatischen Christentums werden diese spirituellen Mächte afrikanischer Tradition mit Dämonen oder Satan identifiziert. Unter Voraussetzung dieser Sicht erscheint es überlebensnotwendig, dass Menschen sich in ihrem Handeln auf diese Mächte einstellen oder, um Schwierigkeiten im Leben zu vermeiden, von einer stärkeren Macht beschützt werden.

Allgemein lässt sich sagen, dass sich Menschen in Westafrika nicht als unabhängige Subjekte verstehen, sondern als einem weiteren spirituellen und sozialen Zusammenhang unterworfen (Großfamilie, ethnische Gruppe). Im Zusammenhang unseres Themas ist es wichtig zu verstehen, dass dieses Selbstverständnis vieler Afrikaner, insbesondere afrikanischer Christen, dem Selbstverständnis der meisten Westeuropäer, die mit der Vorstellung aufwuchsen, dass ein Mensch sein Schicksal selbst in die Hand nimmt oder dies jedenfalls tun sollte, *entgegensteht*. Im Allgemeinen wird hier auf einen Glauben an die reale Wirkung unsichtbarer Mächte mit Verachtung herabgeschaut. Im westlichen Selbstverständnis kommt ein Mythos, der die westliche Zivilisation seit der Aufklärung geprägt hat, kräftig zum Tragen.

Migranten aus Westafrika haben nach Europa und natürlich auch nach Deutschland ihren religiösen Glauben mitgebracht; hier angekommen interpretieren sie die Welt in der ihnen vertrauten Begrifflichkeit, nämlich spirituell. Viele leben und arbeiten hier am Rande der Gesellschaft, oft ohne die erforderlichen Papiere und ohne Krankenversicherung. Allzu häufig wird das Leben wie in Westafrika *weiterhin* als ein spirituelles Schlachtfeld erfahren und viele fahren fort, erlittene Schwierigkeiten den Aktivitäten feindlicher Geister zuzuschreiben. Eine solche Interpretation wird von neo-pentekostalen Predigern, die ihren Schäfchen, häufig gegen Gebühr, spirituelle Lösungen anbieten, *verstärkt*.

Häufig leiden Migranten aus Westafrika unter enormen seelischen und geistigem Stress und zwar nicht nur, weil sie jetzt in einer fremden, manchmal offen feindseligen Umgebung leben, sondern auch wegen Forderungen von ›zuhause‹: Nicht selten werden sie von ihren Familien in Westafrika mit Erwartungen und direkten Forderungen finanzieller Hilfe konfrontiert, die einzulösen weit außerhalb ihrer Möglichkeiten liegt. Wenn auf solche Forderungen von Familienmitgliedern nicht eingegangen wird, dann könnte dies spirituelle Attacken aus der Heimat auslösen. Unglück und mangelnder Erfolg können dem Wirken spiritueller Agenten zugeschrieben werden, welche von zuhause gebliebenen, neidischen Familienmitglieder engagiert wurden. Die

Gebete, die darauf gerichtet sind, spirituelle Pfeile »im Namen Jesu« zurückzulenken, so wie sie heute in afrikanischen neo-pentekostalen Gottesdiensten hier und da in Deutschland vorkommen, spiegeln den enormen materiellen, mentalen und geistlichen Druck, unter dem vielen Migranten stehen. Diese Gebete sind Versuche, von diesem Stress freizukommen. Tatsächlich ist dies für Viele eine Frage von Leben oder Tod, eine Frage des Überlebens in der Fremde, es zu schaffen oder nicht zu schaffen, die eigene, göttlich gewährte Bestimmung zu erfüllen oder zu verfehlen. Vor diesem Hintergrund wird verständlich, dass einige westafrikanische Migranten ihren Ausweg in einem Akt der spirituellen Tötung suchen, um ihre Probleme zu lösen, auch wenn dies auf der Basis einer westeuropäischen Lesart des Neuen Testaments ebenso wie im Rahmen der Rechtsordnungen des Gastlandes als deutlich unakzeptabel erscheint.

Im Folgenden werde ich zunächst versuchen, neo-pentekostale Reaktionen auf die Erfahrung des Übels zu plausibilisieren, bevor ich die Sicht einer westlichen Exegese auf relevante Belegstellen im Neuen Testament erörtere.[4]

Christus im westafrikanischen Neo-Pentekostalismus – Begriffsbildungen

In der charismatischen und neo-petenkostalen Version des Christlichen im heutigen Westafrika steht die Vorstellung von Christus als einem *Träger größter spiritueller Macht* im Vordergrund. In dieser Funktion wirkt er als der *Retter*, der in der Gegenwart Leben in Fülle verwirklicht, weil man nur mit seiner Macht böse Geister, die Leben, Gesundheit und Erfolg der Einzelnen bedrohen, abwenden kann. Entsprechend wird »Retter« bzw. »Heiland« in vielen westafrikanischen Sprachen wörtlich mit *Lebensretter* wiedergegeben; in Twi, einer Sprache in Ghana zum Beispiel als *agyenkwa*.[5] Dieses Verständnis Christi, das vielen Menschen in und aus Westafrika einleuchtet, findet seinen Ausdruck in populären Liedern wie zum Beispiel dem folgenden:

[4] Siehe zur Frage frühchristlicher Strategien des Umgangs mit Gewalt meinen zweiten Beitrag in dieser Publikation.

[5] Vgl. Werner Kahl, Jesus als Lebensretter. Westafrikanische Bibelinterpretationen und ihre Relevanz für die neutestamentliche Wissenschaft (New Testament Studies in Contextual Exegesis, Vol. 2,) Frankfurt/M., 2007.

Jesus Power

Jesus power, super power (2x)

Satan power, powerless power.

Mami Water power, powerless power

Mmoatia power, powerless power

Sasabonsam power, powerless power.

Die neo-pentekostale Version des Christlichen in und aus Westafrika ist vor allem mit »spiritueller Kriegführung« befasst, einem Begriff für den Neo-Pentekostale sich auf Eph 6,10–17 beziehen. In der revidierten Lutherübersetzung trägt dies Kapitel die Überschrift »Die geistliche Waffenrüstung«. Da der Epheserbrief in der kritischen Exegese nicht als ein echter Paulusbrief gilt, nicht zuletzt, weil in ihm die – lutherische – Lehre der Rechtfertigung fehlt, wird dieser Brief in der Lutherischen Kirche auch nicht besonders hoch geachtet. In den neo-pentekostalen Kirchen in und aus Westafrika hingegen markiert dieser Brief das Zentrum ihres Glaubens. Besonders der Textabschnitt aus dem sechsten Kapitel schließt direkt an ihre religiösen Sehnsüchte und Erwartungen an.

Was bei dem eingangs besprochenen Fall zunächst auffällt ist ein Verständnis, das über die Bandbreite der semantisch und syntaktisch legitimen Deutung von Eph 6, 16 hinausführt: »... ergreifet bei dem allen den Schild des Glaubens, mit dem ihr alle feurigen Pfeile des Bösen werdet löschen können.« Dem ghanaischen Prediger genügte es nicht, die ›feurigen Pfeile‹ nur zu löschen. Ihm ging es darum, diese ›Pfeile‹ zurückzusenden und zwar nicht nur, um einen bösen *Geist* zu vernichten, sondern *Menschen* aus dem familiären Nahbereich, die angeblich involviert waren, im Namen Jesu wortwörtlich zu *töten.*

Neo-Prophetismus – eine neue Welle im westafrikanischen Pentekostalismus

Meine Kollegen Cephas Omenyo und Abamfo Atiemo von der *University of Ghana* in Legon haben diese neue Entwicklung im westafrikanischen Christentum in einem 2006 im *Ghana Bulletin of Theology* erschienenen Artikel beschrieben. In ihrem Beitrag behaupten sie, dass eine direkte Linie von diesem Typ des Betens zur traditionellen afrikanischen Religion führt. Zum Beispiel gehen unter den Akan »Trankopfer immer einher mit Verwünschungen (so genannter) Feinde (im Gemeinwesen) – dahingehend, dass diese impotent oder unfruchtbar werden; dass sie ihr Gesicht verlieren und nicht leben.«[6] In traditioneller Sicht gelten die als Feinde, die die spirituelle Macht und die Absicht haben, jemandes göttlich gewährten Geist zu vernichten, den *sunsum*, was auf das Scheitern aller möglichen Unternehmungen, schließlich auf Erkrankungen und vorzeitigen Tod hinauslaufen kann.

Omenyo und Atiemo stellen fest, dass in den *Hauptrichtungen* des Pentekostalismus eine Unterscheidung zwischen konkreten Personen und Geistern getroffen wird; der »Feind« wird als ein Geist verstanden, der nicht mit dem menschlichen Gefäß, das er benutzt, verwechselt werden darf. So wird in den Hauptrichtungen des Pentekostalismus versucht, »die traditionelle Sicht mit der des Neuen Testaments auszugleichen. So gesehen sollte Menschen, die angeblich Hexen sind, Liebe entgegengebracht werden. Sie sollten als Opfer gesehen werden, die einer Befreiung bedürfen.«[7]

Im Neo-Prophetismus hingegen setzt sich traditionelle afrikanische Religion ungebrochen fort. Das zeigt sich auf der Ebene der Vorstellungen und des Handelns. Diese Kontinuität ist im Blick auf das Neue Testament und insbesondere auf das Evangelium in der Tat problematisch, weil sie das Ergebnis einer unkritischen Aneignung von Bibelstellen darstellt. Ich gebe einige Beispiele für gegen Menschen gerichtete Gebete, wie sie in dieser neuesten Version des Pentekostalismus in Ghana geäußert wurden:

> »Herr,
>
> mögen, wenn ich in die Hände klatsche und bete, die Feinde, die gegen mich arbeiten, vom Donner geschlagen werden; mögen sie mit einem Auto zusammenprallen und getötet werden; sei dies nun mein Vater, sei dies meine Mutter oder wer immer nun als Feind gegen mich ist, lass sie alle fallen.«
>
> »In Jesu Namen, du Feind, der nicht will, dass es mir gut geht, ich schlage dich. Ich vernichte dich in Jesu Namen. Ich vernichte all deine Unternehmungen gegen mich im Namen Jesu.«
>
> »Der Feind oder die Feinde, die mich schikanieren und mein Fortkommen unterminieren , ich erschieße sie – in Jesu Namen –pee.«[8]

6 C.N. Omenyo and A.O. Atiemo, Claiming religious space: The case of Neo-Prophetism in Ghana, in: Ghana Bulletin of Theology 1,1 (2006), 55–68, 63.

7 Ebd. 63.

8 Ebd. 64f.

Nicht zufällig werden diese Gebete in der ghanaischen Sprache Twi gesprochen und so war es auch in Hamburg. Der Gastprediger der Hamburger Gemeinde sprach *nicht* fließend Englisch, ein Hinweis darauf, dass dieser Typ des Neo-Pentekostalismus vor allem bei Menschen mit einem geringen Grad formaler Bildung gedeiht. Zu gleicher Zeit und im Gegensatz dazu haben der klassische Pentekostalismus und die Hauptrichtungen des Neo-Pentekostalismus in letzter Zeit den Wert und die Unverzichtbarkeit seminaristischer und universitärer theologischer Bildung entdeckt:

> »Sobald sich in Kirchen des charismatisch-pentekostalen Typs eine gewisse Routine eingestellt hat, tendieren sie dahin, spirituelle Macht und Charisma mit geringerem Gewicht zu versehen und entwickeln in diesem Zusammenhang eine kirchliche Kultur, die Menschen mit geringer formaler Bildung faktisch keine Räume bietet, um an verantwortlicher Stelle oder auch im Gemeindeleben mitzumachen. ... Diese Entwicklung schafft Räume für eine Spiritualität, die den Sehnsüchten gewöhnlicher Afrikaner, die in den bestehenden christlichen Traditionen keine Erfüllung finden, entspricht.«[9]

Mit anderen Worten: In einer Aufstiegsgesellschaft, in der die pentekostal-charismatische Bewegung die »Religion der neuen, gebildeten urbanen Mittelklasse geworden ist«[10] drückt der Neo-Prophetismus die Befürchtungen, Kämpfe und Wünsche derer aus, die den Anschluss nicht gefunden haben. Und das ist die Mehrheit der Bevölkerung.

Religionssoziologen und Kulturanthropologen haben beobachtet, dass es in Kulturen, die von traditioneller Religiosität durchwirkt sind, zu Ausbrüchen spiritueller Gewalt kam in Zeiten scharfer sozialer Umbrüche, die extreme soziale Ungleichheiten zur Folge hatten. Das war zum Beispiel in der ersten Hälfte des 20. Jahrhunderts der Fall, als das Wachstum der Kakao Industrie an der früheren Goldküste einige ghanaische Geschäftsleute sehr reich machte. Zugleich wurden traditionelle Bindungen innerhalb der Großfamilie infolge der Attraktionen eines modernen, urbanen und auf das Individuum zugeschnittenen Lebensstils geschwächt. Das trug dazu bei, Reichtum in den Händen Weniger zu akkumulieren, und in zunehmendem Maße weigerten sich wohlhabende Einzelne Verantwortung für die Bedürfnisse der Großfamilie

9 Ebd. 68.
10 Ebd. 67.

und die Belange des Dorfes zu übernehmen.[11] Vom Standpunkt einer am Gemeinwesen orientierten Sicht auf das Leben und einem spirituell geprägten Wirklichkeitsverständnis, erweckt solch anti-kommunitäres Verhalten Misstrauen. Im Rahmen dieses Weltwissens betraf Erfolg im Leben immer auch die Beteiligung spiritueller, nicht nur göttlicher, sondern auch dämonischer Kräfte. Anti-Hexerei Bewegungen wurden zu einem beliebten Mittel, um gegnerische, den Erfolg verhindernde Kräfte abzuwehren.[12] Es wurden aber auch Schreine aufgesucht, um die – dämonischen – Mächte zu ermitteln, die hinter dem Erfolg eines Konkurrenten, eines Feindes oder eines reichen Familienmitglieds, das sich weigerte, seinen Reichtum in einer erwarteten Form zu teilen, standen, um spirituelle Waffen in Anspruch zu nehmen, um diese »niederzumachen«. In zeitgenössischen westafrikanischen Gesellschaften ist dieses Misstrauen sehr lebendig. Populäre, in »Nollywood«, der nigerianischen Filmindustrie produzierte Filme bieten reichliches Anschauungsmaterial für dieses spirituelle Wirklichkeitsverständnis und entsprechende Strategien, sich mit wirtschaftlichen Ungleichgewichten auseinanderzusetzen: Der Erwerb von Reichtum ist ambivalent, einerseits attraktiv, andererseits dem Verdacht ausgesetzt, dass *Juju* – westafrikanische lebensschädigende Magie – dabei eine Rolle gespielt haben könnte. Im westafrikanischen Neo-Pentekostalismus im allgemeinen und im Neo-Prophetismus im besonderen setzen sich die Befasstheiten und Strategien traditioneller afrikanischer Religion fort, die materiellen und spirituellen Bedürfnisse von Menschen zu bedienen, die den sozialen Um-

[11] ÄhnlicheDynamikeninPapuaNeuguineabeschreibtTheodorAhrens,vgl.ders,Hexereibeschuldigungen und Hinrichtungsbündnisse im Kontext – pastoraltheologische Überlegungen, in diesem Band: »Wenn die Erwartungen der Menschen an den Vorteilen wirtschaftlicher Entwicklung beteiligt zu werden, enttäuscht werden, wenn gleichzeitig die alten Verpflichtungsverhältnisse nicht mehr recht funktionieren, wenn soziale Abstände sich vergrößern, dann wird dies moralische Debatten freisetzen, die entweder in der traditionellen Sprache des Okkulten oder im Kontext einer modernen Ideologie ausgetragen werden können. Traditionelle Plausibilitätsannahmen werden neu ins Spiel gebracht. Hexereianklagen und Sündenbockmechanismen greifen auch darum um sich, weil soziale und wirtschaftliche Diskrepanzen den Eindruck nähren, dass die Dinge auseinander fallen. Die Revitalisierung des Hexenwahns hat politische Dimensionen. Und die Bekämpfung des Hexenunwesens schließt die Aufgabe ein, die sozialen und politischen Ursachen der Ängste, die Menschen erfahren, zu benennen und zu beheben.«

[12] J.M. Assimeng, Salvation, social crisis and the human condition, Accra: Legon Press, 1995; M. Fortes, The Ashanti Social Survey: A Preliminary Report, in: Rhodes-Livingston Journal 6, 1948, 1–36; J. Goody, Anomie in Asante, in: Africa 27 (1957), 356–363; B. Meyer, »Delivered from the Powers of Darkness.« Confessions of Satanic Riches in Christian Ghana, in: Africa 65, 1995, 236–255; B.E. Ward, Some Observations on Religious Cults in Asante, in: Africa 26, 1956, 47–61.

brüchen der Modernisierungsschübe im Kontext einer globalisierten Wirtschaft geschuldet sind.[13]

In den oben zitierten Gebeten äußert sich das dringliche Bedürfnis nach »Prosperität«, d.h. wörtlich »Wohl« (Twi: *yie*). Das Ausbleiben von »Wohl« wird spirituellen Feinden zugeschrieben, insbesondere als Familienmitgliedern getarnten Hexen. Jesus wird als die letztinstanzlich zuständige und kompetente spirituelle Macht angerufen, um diese Feinde zu überwinden, sie zu verletzen oder zu töten. Es liegt auf der Hand, dass in diesem Zusammenhang reale Personen nicht von den Geistern unterschieden werden, die sie besetzt halten; denn die Feinde stellt man sich als Hexen vor, die physische und spirituell vernichtet werden müssen. In den diesbezüglichen Gebeten kommt ebenso die Anschauung zum Tragen, dass Armut und Härten des Lebens dem Wirken böser Geister zuzuschreiben sind wie auch die Sehnsucht, sich mit diesem Geschick nicht abzufinden, sondern alle Hindernisse, die sich einem Erfolg im Leben entgegenstellen, zu überwinden. In einer westafrikanisch-neo-pentekostalen Perspektive ist Armut wortwörtlich ein *Fluch* und sich damit abzufinden, liefe darauf hinaus, vor dem Wirken des Teufels einzuknicken. Es liegt auf der Hand, dass für viele Westafrikaner Leben ein Krieg ist. »Life is War« sagt ein in Ghana populärer Aufkleber. Im Kontext eines in traditioneller Religion gegründeten Wissenssystems konnotiert dieser »Krieg« nicht zuerst organisatorische Schwierigkeiten der Lebensgestaltung, sondern vor allem den spirituellen Krieg, der von den Leben bedrohenden Mächten ausgelöst wird, deren Wirkung sich dann in realen Lebenssituationen manifestiert. Um im Leben Erfolg zu haben, gilt es mithin sich auf einen »spirituellen Krieg« einzulassen – ein Thema das im Zentrum neo-pentekostaler Dienstleistungen in dieser Region steht. Die in manchen Versionen des westafrikanischen Christentums so weit verbreitete spirituelle Gewalt reflektiert den Überlebenskampf, den viele Menschen tagtäglich zu bestehen haben. Das gilt nicht nur in Westafrika, sondern auch für westafrikanische Migranten im Ausland.

[13] J.K. Asamoah-Gyadu, »Taking Territories & Raising Champions«: Contemporary Pentecostalism and the Changing Face of Christianity in Africa 1980–2010, Accra: Trinity Press, 2010, bes. 36–41.

Jesus und die bösen Geister

Neo-pentekostale Pastoren in und aus Westafrika berufen sich für ihre spirituellen »Befreiungsaktivitäten« (*deliverances*) auf die Beschreibungen exorzistischer Handlungen Jesu, wie sie in den synoptischen Evangelien erzählt werden. Dort wird in der Tat ein Antagonismus zwischen Jesus einerseits und Satan bzw. dem Teufel und bösen bzw. unreinen Geistern oder Dämonen andererseits vorausgesetzt. Im Folgenden werde ich unter Bezugnahme auf einige Erzählungen des Markusevangeliums einige besondere Merkmale und Implikationen dieser spirituellen Auseinandersetzung herausarbeiten.

Es gibt im Markusevangelium vier bzw. fünf Erzählungen, in denen von Menschen die Rede ist, welche von einem unreinen bzw. krankheitsverursachenden Geist besetzt werden:

Mk 1,23–28: Der Besessene in der Synagoge von Kapernaum
(Mk 1,29–31: Die fiebernde Schwiegermutter des Petrus)
Mk 5,1–20: Der Besessene in den Gräbern von Gerasa
Mk 7,24–30: Die besessene Tochter der Syrophönizerin
Mk 9,14–29: Der taubstumme besessene Junge

In der Mehrzahl der Fälle (1,23; 5,2.8.13; 7,25; 9,25) wird der Geist als »unrein« qualifiziert, nicht als »böse« und selten als dämonisch. Die Konjunktion mit dem Geist wird unterschiedlich umschrieben: mittels des Verbs »haben« (7,25; 9,17) und mittels der griechischen Präposition für »in« (*ev*, 1,23; 5,2). Letzteres zeigt einen Zustand an, allerdings im Sinne einer bestimmten Zuordnung: Nicht der Geist ist Teil des Menschen, sondern der Mensch ist Teil des Geistes bzw. eines Zustands, welcher den Menschen übersteigt (vgl. auch die Umschreibung des Zustands des Blutflusses in Mk 5,25). Tatsächlich wird hier ein Weltwissen transparent, das Menschen der westlichen Moderne mit ihrer Fokussierung des Individuums fremd ist. In der Antike erscheint der Mensch hingegen bezogen auf das Wirken numinoser Geistmächte. In den Jesuserzählungen des Neues Testaments wird vorausgesetzt: Menschen sind hineingezogen in einen kosmischen und dualistischen Machtkampf. Dieser dualistische Kampf göttlicher versus widergöttlicher Geistmächte beginnt nach dem MkEv mit der Ausstattung Jesu mit dem Geist aus dem Himmel bei seiner Taufe durch Johannes. Dieser Geist fährt nach Mk 1,10 in Jesus hinein (*eis*, anders die synoptischen Seitenreferenten: der [heilige: Lk] Geist [Gottes Mt] setzt sich auf [*epi*] Jesus). Und dieser Geist »wirft ihn (Jesus) hinaus (*ekballei*) in die Wüste (1,12; anders die synoptischen Seitenreferenten). Selbst in Bezug auf Jesus wird im MkEv also davon ausgegangen, dass von ihm spirituell Besitz ergriffen wird; allerdings, so will es Markus verstanden wissen, handelt es sich hierbei um den Geist *Gottes*. Sicher historisch ist in diesem Zusammenhang der in Mk 3,21–22 wiedergegebene Eindruck seiner Familie und seiner Gegner, wonach er »verrückt« (*exestē*) und »einzufangen« (*kratēsai*) sei (3,21; die Seitenreferenten lassen diese Notiz aus), bzw. (3,22) dass er »den Beelzebul hat und im (*en*) Obersten der Dämonen die Dämonen hinauswirft (*ekballei*). Letzteren Vorwurf führt Jesus ad absurdum (3,23ff.), interessanter Weise argumentativ strukturell identisch mit der Verteidigungsrede des Sokrates nach Platon, der sich übrigens positiv auf seinen »Dämon« (als Inspirationsquelle) beruft.

Jesus gilt im MkEv als der mit Gottes Geist Besessene und er wird als solcher von den bösen Geistern als »Heiliger Gottes« (1,24) erkannt, anerkannt und gefürchtet. Denn die in ihm wirkende Gotteskraft (*dynamis*) lässt ihn mit Autorität (*exousia*) auftreten, angesichts derer die widergöttlichen Geistmächte entfliehen müssen. Diese Überwindung der unreinen Geister ist exemplarisch vorweggenommen in Mk 1,12–13, der nur angedeuteten Versuchung Jesu durch den Satan (ausgeführt durch die Seitenreferenten), der er offensichtlich widerstanden hat, denn im direkten Anschluss daran beginnt Jesus die Königsherrschaft Gottes (*hē basileia tou theou*) zu verkünden, als deren Repräsentant er also in Erscheinung tritt. Und diese Herrschaft Gottes wird manifest im Auftreten Jesu, das dadurch gekennzeichnet ist, dass die unreinen Geister vertrieben werden und Menschen wieder eingegliedert werden in die Gottesbezogenheit und in menschliche Beziehungsnetze. Die Bezeichnung der Geister als »unrein« ruft nämlich die Ausgrenzung jener Besessenen in der antik jüdischen Gesellschaft auf, und zwar sowohl von der Gottes- als auch der Menschenbeziehung. Deshalb haust der Besessene in Gerasa auch in den Gräbern außerhalb der menschlichen Besiedlung, in der Nähe von Toten und von Schweinen (5,1–20). Seine »Unreinheit« zeigt seine Distanz zu Gott und seine Todesnähe an. Deshalb ist er zu meiden. Innerhalb der Enzyklopädie der Bewohner jener Gegend gilt: Die Besetzung durch unreine Geister macht beziehungs- und kommunikationsunfähig (vgl. den taubstummen Besessenen in Mk 9,14–29). Der Subtext von Mk 5,1–20 legt freilich nahe, dass es jene Bewohner nicht vermochten, den Besessenen in ihre Lebensbeziehungen zurückzuholen. Und sie sind es, die die Beziehung zu »Jesus, dem Sohn Gottes« (5,7) ablehnen: Jesus, der für den vormals als besessen Geltenden Dinge wieder in Ordnung gebracht hat, wird vertrieben (5,17).

Die Präsenz von unreinen Geistern in einem Menschen bewirkt Zerstörung von Gesundheit und von Beziehungen. Beide Mängel werden durch Jesu souveränes Auftreten behoben. In den Erzählungen geht es um die Wiederherstellung eines relativen Äquilibriums, welches thematisch gebunden ist an Krankheit versus Heilung bzw. fundamentaler an die Opposition Tod versus Leben.[14] Die Notlage eines von einem unreinen Geist besessenen Individuums hat spirituelle wie soziale Bezüge. Die Überwindung der Mangelsituation involviert entsprechend diese wie jene. Das sei anhand zweier mk Erzählungen illustriert:

Mk 1,21–28: Jesus erlöst einen Man von einem unreinen Geist

Jesus lehrt in der Synagoge in Kapernaum. Die Menschen, die dabei sind, sind überaus erstaunt über die Autorität (*exousia*), mit der Jesus lehrt (V.22). Der Leser wird jedoch nicht überrascht sein, denn er oder sie weiß bereits ab Mk 1,1ff, wer Jesus ist! Bis zu diesem Punkt *innerhalb* der Erzählung weiß nur der unreine Geist, der in dem Mann wohnt, über die Identität Jesu Bescheid. Und er weiß auch, dass die Anwesenheit des »Heiligen Gottes« für ihn als unreinen Geist die Zerstörung bedeuten kann (24). Folgerichtig bedroht (*epitimaō*: terminus technicus in Exorzismus-Erzählungen) Jesus den Geist und befiehlt ihm zu verstummen und auszufahren: *phimōthēti kai exelthe ex autou* (25). Der Geist folgt dem Befehl (26). Die Menschen sind wiederum überrascht und von Furcht erfüllt, denn sie erkennen Jesu Macht und möchten gern wissen, was das bedeutet (27).

In dieser Erzählung wird die Überzeugung der ersten Christen ausgedrückt, dass Jesus die Macht hat, Geister zu überwältigen, die in Menschen eindringen und sie unrein machen. Man sollte auch beachten, dass dieses Ereignis in einer Synagoge stattfindet, an einem Ort, an dem Menschen Gott gegenübertreten, und zwar in einem Zustand ritueller Reinheit. Der Exorzismus ausgerechnet an diesem Ort deutet an, dass Jesus in der Lage ist, die *Reinheit* des besessenen

[14] Vgl. dazu insgesamt W. Kahl, New Testament Miracle Stories in their Religious-Historical Setting. A Religionsgeschichtliche Comparison from a Structural Perspective (FRLANT 163), Göttingen 1994. Vgl. auch die wichtigen Beobachtungen von Ch. Strecker, Jesus und die Besessenen. Zum Umgang mit Alterität im Neuen Testament am Beispiel der Exorzismen Jesu, in: W. Stegemann, u.a. (Hg.), Jesus in neuen Kontexten, Stuttgart 2002, 53–63; Robert R. Beck, Nonviolent Story. Narrative Conflict Resolution in the Gospel of Mark, Maryknoll, NY 1996.

Menschen wiederherzustellen, indem er den unreinen Geist austreibt. Der Leser, die Leserin versteht: *Die Reinheit Jesu, des Heiligen Gottes, ist ansteckender als die Unreinheit von Geistern.*

Mk 1,29–31: Jesus befreit die Schwiegermutter von Simon Petrus vom Fieber

Die Erkrankung der Schwiegermutter von Simon Petrus wird so geschildert, als ob sie von einem Geist verursacht wurde. Das ergibt sich daraus, dass das Fieber als ein aktives Subjekt dargestellt wird, wobei die Heilung dadurch erfolgt, dass das Fieber und die Frau voneinander getrennt werden. Das Fieber wird zur Aktion des Verlassens gezwungen durch Jesu physischen Kontakt mit der Frau, indem er ihre Hand ergreift. *Lukas* stellt diese Episode deutlich als Geisterbefreiung dar, denn nach seiner Version (4,38–39) *bedroht* Jesus das Fieber (*epitimaō*).

Es ist auch bedeutsam, dass Jesus die Frau *berührt*, obwohl sie einen Fiebergeist hat; das heißt, dass er sich nicht scheut, mit einer Person, *die als spirituell ansteckend angesehen wird*, in physischen Kontakt zu treten. Er nimmt sie als Mitmenschen ernst, als einen Menschen, der nicht nur Heilung braucht, sondern auch menschlichen Kontakt, Aufmerksamkeit und Zuwendung. Man sollte auch beachten, dass Jesus sie *aufrichtet*, was durch das griechische Wort *egeirein* ausgedrückt wird. Das ist nicht zufällig das gleiche Verb, welches in Mk 16,6 verwendet wird, wo die Auferweckung Jesu von den Toten mitgeteilt wird. Die Wunderheilungserzählung in 1,29–31 kann daher als eine kleine Wiederauferstehungsgeschichte verstanden werden, die auf die grundlegende Wundererzählung des Neuen Testaments hinweist, nämlich auf die Auferweckung Jesu durch Gott.[15]

Hermeneutisch kann das bedeuten: Der Wille Gottes wird offenbar, wenn Menschen aufgerichtet werden, wenn sie wieder aufrecht gehen können, wenn zerbrochene soziale Beziehungen wieder hergestellt werden. In V. 31 wird berichtet, dass die Frau *ihnen* diente. Aus form-kritischer Perspektive bedeutet das, dass die erfolgreiche Wiederherstellung der Frau durch dieses Motiv veranschaulicht wird. Innerhalb traditioneller Rollenzuschreibungen der antik-

[15] Zur Bedeutung dieser grundlegenden Wundererzählung des Neuen Testaments, vgl. die beiden wichtigen Veröffentlichungen von St. Alkier, Die Realität der Auferweckung in, nach und mit den Schriften des Neuen Testaments (NET 12). Tübingen u.a. 2009; ders., Neues Testament (UTB basics 3404), Tübingen u.a. 2010.

mediterranen Lebensorganisation kann sie wieder ihre Funktion im Haushalt ausüben. In einem semantischen Universum, in dem Krankheiten auf die Aktivitäten von unreinen Geistern zurückgeführt werden können, erhält der letzte Satz der Episode jedoch eine *zusätzliche Bedeutung*, die etwa aus melanesischer oder westafrikanischer Sicht unmittelbar verständlich ist: *Dass* die Frau die Gäste mit Speisen bewirtet, bedeutet, dass sie gesellschaftlich wieder integriert worden ist in dem Sinne, dass die Gäste ihre Dienste auch annehmen. Dadurch kommt nämlich zum Ausdruck, dass sie sich *nicht* davor fürchten, vom Geist, der in ihr wohnt, infiziert zu werden. Sie vertrauen darauf, dass Jesus den Fiebergeist effektiv vertrieben hat und deshalb können sie auch ihren Dienst akzeptieren.

Im Vergleich zu neo-pentekostalen deliverance Performanzen fallen einige entscheidende Unterschiede zu den entsprechenden Jesuserzählungen auf: In den mk Austreibungserzählungen wird niemals ein »Kampf« oder *power-struggle* zwischen Jesus und den unreinen Geistern ausgeführt. Allein die Nähe, Befehl oder die Berührung Jesu resultiert *sofort* (*euthys*) darin, dass diese Geister ausfahren. Das Ausfahren des Geistes kann dramatisch damit einhergehen, dass die besessene Person zusammenbricht (vgl. Mk 9,20–26). Niemals aber kollabiert eine solche Person unter der Berührung Jesu. Im Gegenteil: Jesu Berührung bewirkt ein sofortiges Ausfahren des Geistes und eine unmittelbare Aufrichtung der Person (vgl. neben Mk 1,30f. auch Lk 13,10–17).

Insofern erscheinen die so genannten Befreiungshandlungen westafrikanischer Pastoren entgegen ihrem Anspruch weniger als Re-Inszenierungen neutestamentlich beschriebener Handlungen Jesu, als vielmehr als Imitationen afrikanisch traditioneller Performanzen, wie sie etwa durch »Juju men« oder traditionelle Heiler an den Tag gelegt werden. Es kann mehr gesagt werden: Nicht das Wohl der als dämonisch besessen deklarierten Person steht im Mittelpunkt der Austreibungsperformanz, sondern allzu oft die Inszenierung eines gewalttätigen Pastors als »powerful man of God«. Darüber gehen wesentliche neutestamentliche Implikationen der Nähe des Reiches Gottes verloren.

Ausblick

Mit der Ankunft in Europa haben westafrikanische Migranten nur scheinbar Gewalterfahrung und Leid hinter sich gelassen. Für viele setzt sich der Leidensweg fort – in einer fremdkulturellen und oft genug feindlich gesinnten

Umgebung. Viele existieren hier nicht nur in unwürdigen und unsicheren Verhältnissen, die Gewalttätigkeit in aktiver wie passiver Hinsicht eher begünstigen als abschwächen; sie fühlen sich darüber hinaus auch durch spirituelle Attacken bedroht, sei es aus der alten Heimat oder auch im neuen Umfeld und hier oft genug durch als Hexen verunglimpfte brothers oder sisters: S/he is a witch! Neo-pentekostale Gemeindeleiter aus Westafrika haben das materielle und spirituelle Wohl ihrer Mitglieder im Blick. Allerdings agieren sie in dieser Hinsicht auf eine Art und Weise, die den letztlich nicht befreienden und somit lebenshinderlichen Glauben an die Macht von Hexen, Flüchen und bösen Geistern noch verstärken.

Angesichts vergangener und gegenwärtiger Gewalterfahrungen von westafrikanischen Migranten in der alten *und* in der neuen Heimat und der durch sie ergehenden Interpretation dieser Erlebnisse scheint es angeraten, dass Räume für qualifizierte Begegnungen zwischen den Alteingesessenen und den Neuhinzugezogenen kreiert werden. Aufgrund dieser Begegnungen können neue Strategien von Lebensbewältigung eröffnet und erkundet werden, die im hiesigen Lebenskontext effektiver und lebensförderlicher sind als die Anwendung spiritueller Strategien, wie sie in Westafrika ungebrochen plausibel erscheinen. In dieser Hinsicht haben die Volkskirchen des Westens eine gewisse Verantwortung; sie haben, was Friedensarbeit und die Begleitung von Heilungsprozessen im Großen und Kleinen anbetrifft, aber auch eine besondere Kompetenz vorzuweisen.

Zwischen den Christen so unterschiedlicher kultureller und konfessioneller Prägungen wie volkskirchlich-deutsch und neo-pentekostal-westafrikanisch gibt es – bei allen Unterschieden im Einzelnen – immerhin eine inhaltliche Glaubensübereinstimmung, nämlich der Glaube daran, dass das Evangelium relevant ist für die konkrete lebensfördernde Gestaltung der Existenz im Hier und Jetzt. Die Ansage einer überfließenden Fülle des Lebens (Joh 10,10b) ist nicht auf ein Leben nach dem Tod zu projizieren. An diese Übereinstimmung ist anzuknüpfen und auf dieser gemeinsamen Grundlage wären Strategien der Deutung und der Aufarbeitung von, sowie des Umgangs mit Gewalttätigkeit zu erkunden, die dem Zeugnis des Neuen Testaments entsprechen.

Eine grundlegende Mentalitäts- und Existenzveränderung wird sich allerdings erst ergeben mit der heranwachsenden zweiten Generation. Die Kinder der Migranten aus Westafrika werden in den Schulen der neuen Heimat ausgebildet, sie sprechen die hiesige Sprache und zumindest nähern sie sich in kreativer, aushandlungsfähiger, nicht-destruktiver Weise der hier vorherrschenden nicht-spirituellen Enzyklopädie an. Für viele von ihnen ist es nicht mehr plausibel, unter Rückgriff auf spirituelle Strategien Ziele in der Gesellschaft zu erreichen, und sie fühlen sich frei von Forderungen und spirituell imprägnierten Drohungen von Seiten der Großfamilie im fernen Westafrika. Diese Disposition der Kinder von Migranten aus Westafrika führt zu tief greifenden Irritationen in ihren Familien und in den Gemeinden der Eltern. Es gibt keine Alternative für die damit in Gang gesetzten, auf allen Seiten als schmerzhaft empfundenen Aushandlungsprozesse. Sie bergen aber die einzige Chance, in dieser Gesellschaft anzukommen, ihrer – einzigen – Heimat.

ABSTRACT

The author describes and discusses a new trend in Neo-Pentecostal Christianity in – and from – West-Africa which has been coined Neo-Prophetism by Ghanaian scholars of religion. He starts off by recounting a recent experience in a West-African migrant church in Hamburg where a visiting preacher from Ghana had the congregation pray to effect the reversal of spiritual arrows sent to the church attendants by family members back home, resulting in the death of »that witch« – »in the powerful name of Jesus«. Kahl argues that this act of spiritual aggression is due to the experience of enormous stress and frustration by many West-African migrants in Germany. It recalls African traditional strategies to deal with evil. In this perspective, Jesus is perceived as »more powerful« than adverse spirits which are being made responsible for misfortune of any kind. The author contrasts this problematic application of New Testament traditions with exorcism narratives in the Gospel of Mark. Here Jesus is being presented as divine agent whose holiness overrides the power of unclean spirits effecting the establishment of new relationships with those who had been pushed to – and beyond – the margins of ancient society.

Gewaltunterbrechung durch religiöse Verbundenheit?

Zum Gespräch mit Hans-Martin Gutmann

Theodor Ahrens

Die These, um die es geht

Hans-Martin Gutmann hat für diese Tagung* mit seinem Buch *Gewaltunterbrechung durch religiöse Verbundenheit. Ein Einspruch* eine programmatische Vorgabe gemacht.[1] Religiöse Verbundenheit, gestützt durch Bilder und Erzählungen *guter* Reziprozität, vermag Gewaltbereitschaft zu unterbinden. Der Einspruch setzt auf das Potential der Religionen im Allgemeinen und protestantischer Versionen des Christentums im Besonderen, aus dem Reservoir ihrer jeweiligen Tradition Motivationen freizusetzen, die dazu beitragen, Gewaltbereitschaft stillzulegen. Die These überrascht – wird doch landläufig das Gefahrenpotential betont, das aus religiöser Verbundenheit für Gewaltbereitschaft erwachsen kann.

Gutmann weiß, dass ›wilde‹ Gewalt, physische und psychische Gewalt ihren Impetus aus sehr unterschiedlichen Konstellationen beziehen, die Einhegung von Gewalt daher ein komplexes Unternehmen ist, das der Aufklärung, der Bildung, der Toleranz, nicht zuletzt der Ausbildung eines demokratisch kontrollierten Rechtswesens bedarf. Aber, so Gutmann, die Eindämmung von Gewalt mit rechtsstaatlichen Mitteln erweist sich immer wieder als unzureichend, weil sie die Ebene der Emotionen, aus der Gewalt ihre Energie gewinnt,

* Ein Beitrag zum Symposium After Violence veranstaltet vom Institut für Praktische Theologie der Universität Hamburg, 2.–4. Dezember 2010, im Warburg Haus, Hamburg.

[1] Hans-Martin Gutmann, Gewaltunterbrechung. Warum Religion Gewalt nicht hervorbringt, sondern bindet. Ein Einspruch, Gütersloh 2009.

nicht erreicht. Auf dieser Ebene kann religiöse Verbundenheit Gewalt mindernd greifen. Die Unterbrechung des Verlangens nach Vergeltung bedarf nicht nur der Unterstützung durch Religion, sondern findet diese auch.

Um auszuloten, was christliche Tradition und Frömmigkeitspraxis zur Minimierung von Gewalt beitragen könnten, führt Gutmann – mit Berufung auf Forschungen insbesondere von René Girard und Marcel Mauss – zunächst die *Gabe* ein: Leitmetapher *guter*, im Unterschied zu *schlechter*, d.h. gewaltträchtiger *Reziprozität* und verortet das Gabeereignis in einem sozialen Zusammenhang, den er als *religiöse Verbundenheit* bezeichnet. Er konstituiert also zunächst die Metapher, um sie dann an Felder sozialen Handelns heranzutragen und die empirische Fundierung der Metapher zu sichern.

Im Blick auf dieses Vorgehen legt sich eine Vorfrage nahe: Wie stehen der Mythos, die Erzählung, die Metapher zur sozialen Realität? Ich sehe, grob gesprochen, zwei Möglichkeiten, das Verhältnis zu bestimmen: Ein Mythos oder eine religiöse Großerzählung werden wie Prägestempel der sozialen Realität verstanden, als Ursprungsgeschichten, die nicht nur sagen, wie die Verhältnisse geworden sind, sondern auch, wie sie sein sollten. Kurz, Mythen machen Ordnungs-, Sinn- und Handlungsvorgaben. Als Vertreter dieser Auffassung sei B. Malinowski zitiert: »[M]yth is not only looked upon as a commentary of additional information, but it is a warrant, a charter ... by which the present life, fates, and activities of mankind are determined ...«[2] So gesehen scheint es nahe liegend, aus der Binnensicht einer religiösen Tradition Determinanten zu erschließen, die auf der Handlungsebene Gewalt fördernd oder Gewalt minimierend zum Tragen kommen. Doch die Beziehung des Mythos zur Ebene sozialen Handelns ist reziprok. In den Umbrüchen, Abbrüchen und Neuanfängen gesellschaftlichen Lebens werden mythische Überlieferungen der aktuellen Lage immer wieder angepasst,[3] sozusagen umgebaut. Daher lassen sich aus der Binnenrationalität religiöser Traditionsbestände, jedenfalls in einer modernen Gesellschaft,[4] wohl idealtypische Vorgaben, aber kaum Determinanten sozialen Handelns ableiten.[5]

2 Bronislaw Malinowski, Magic, Science and Religion and Other Essays, Prospect Heights, Ill. 1992 [1948], 107f.

3 Theodor Ahrens, Unterwegs nach der verlorenen Heimat. Studien zur Identitätsproblematik in Melanesien, Erlangen 1986, 11ff.; James F. Weiner, Myth and Metaphor, Companion Encyclopedia of Anthropology, hg. v. Tim Ingold, London/New York 1994, 591–612, 603.

4 Anders z.B. in Konflikten traditionaler Gruppen. Vgl. dazu meinen Beitrag Gabentausch als Gewaltunterbrechung in diesem Band.

Trotz dieses Caveats folge ich, um Gutmanns These auszuloten, in diesem Beitrag dem Pfad, den er in seiner Untersuchung eingeschlagen hat,[6] und diskutiere folgende Fragen: Was sagen empirisch gestützte religionswissenschaftliche Untersuchungen zum Stellenwert *religiöser Verbundenheit* hinsichtlich Gewaltbereitschaft oder Versöhnungskompetenz? Was trägt die auf dem Wege der Literaturkritik erarbeitete Theorie der Religion René Girards zum Verständnis von religiöser Verbundenheit, von Reziprozität sowie Opfer/Gabe bei? Es folgt ein Seitenblick auf den Einspruch, den Roberto Calasso gegen Girards Kritik des Opfergedankens geltend gemacht hat. Dieser Einwand führt zu einer Besinnung auf das Gabeereignis als Überraschungsmoment im Tausch. Abschließend stelle ich einige aus dieser Umschau gewonnene Anregungen für eine pastoraltheologische Reflexion auf religiöse Verbundenheit, Reziprozität und die Gabe im Horizont der Gewaltproblematik zur Diskussion.

Religiöse Verbundenheit als Risikofaktor

Eine Durchsicht empirisch orientierter Arbeiten, etwa der Beiträge von W. Sofsky,[7] Hans G. Kippenberg,[8] M. Juergensmeyer[9] und P. Stewart/A. Strathern[10] ebenso wie der religionstheoretischen Beiträge von R. Girard[11] ergibt, dass keiner der genannten Autoren religiöse Verbundenheit als Potential, das zur Einhegung oder Unterbrechung von Gewalt beitragen könnte, verbucht. Zwar behaupten Kippenberg und Juergensmeyer nicht, dass zwischen religiöser Verbundenheit und Gewaltbereitschaft ein zwingender Zusammenhang

5 Richard Friedli, Konfliktpotenzial und Versöhnungskompetenzen der Religionen, in: Mariano Delgado/Guido Vergauwen (Hg.), Interkulturalität. Begegnung und Wandel in den Religionen, Stuttgart 2010, 161–177, 162.

6 Es wäre, methodisch gesehen, nahe liegend, *zunächst* von konkreten lebensweltlichen Zusammenhängen auszugehen, in denen gegeben und vergolten, gegenseitige Anerkennung praktiziert oder verweigert wird und dabei – ergebnisoffen – auf die Metaphern, Erzählungen und Mythen zu achten, die in solchen Interaktionen ins Spiel gebracht werden, sowie auf die institutionellen Zusammenhänge, in denen dies geschieht. Diesen Weg schlage ich in meinem Beitrag *Gabentausch als Gewaltunterbrechung* ein – in diesem Band.

7 Wolfgang Sofsky, Traktat über die Gewalt, Frankfurt/M. 1996.

8 Hans G. Kippenberg, Gewalt als Gottesdienst. Religionskriege im Zeitalter der Globalisierung, München 2008.

9 Mark Juergensmeyer, Die Globalisierung religiöser Gewalt. Von christlichen Milizen bis al-Quaida, Hamburg 2009.

10 Pamela Stewart/Andrew Strathern, Violence: Theory and Ethnography, London/New York 2002.

11 René Girard, Das Ende der Gewalt. Analyse eines Menschheitsverhängnisses, Freiburg et al. 1983 [franz. 1978]. René Girard, Der Sündenbock, Zürich 1988 [franz. 1982]. René Girard, Das Heilige und die Gewalt Frankfurt/M. 1994 [franz. 1972].

bestünde, beurteilen religiöse Verbundenheit diesbezüglich allerdings als Risikofaktor. Rezente Formen religiöser Vergemeinschaftung können als Gewalt fördernde Faktoren dann leicht zum Tragen kommen, wenn Menschen, die sich von der neuen gesellschaftlichen Komplexität überfordert fühlen und auf der Verliererstraße sehen, auf ein Weltbild zurückfallen, das ihnen die Illusion einer zukunftsfähigen Identität vermittelt und ihnen erlaubt, den säkularen Staat (Juergensmeyer) oder ›den Westen‹, die Aufklärung etc. als Feind auszumachen und der Relativierung und Kritik des Religiösen in der modernen Gesellschaft entgegenzutreten. Vor diesem Hintergrund wird jüngeren Formen religiöser Gemeinschaftsbildung von diesen Autoren *per saldo* durchaus ein Gewalt förderndes Potential zugeschrieben. Dies zusammenfassend vorweg. Einige Details der Diskurslage seien hervorgehoben:

Zunächst zu Wolfgang Sofsky: Was sagt Sofsky zu religiöser Verbundenheit? »Glaube, Religion oder Ideologie … halten das soziale Kollektiv zusammen, durch gemeinsame Überzeugungen, Maßstäbe und Leitbilder. Die Autorität der Ideen stiftet soziale Einheit. Ein jeder glaubt, was der andere glaubt; und er glaubt, dass alle anderen an dasselbe glauben wie er selbst. Auf den Inhalt kommt es dabei weniger an. Es ist ganz unerheblich, ob die Menschen an Götter oder Dämonen, an die Vernunft oder die Tugend, die Nation oder das Volk, die Zivilisation oder die Revolution glauben. Entscheidend ist nicht der gemeinsame Glaube, sondern die Gemeinsamkeit des Glaubens. Zwar ist dieser Glaube eine Fiktion, aber er ist eine wirkungsträchtige Fiktion. Er stützt die Illusion der Gleichheit und erhebt Geltungsansprüche, die keinen Einspruch dulden.«[12] Religiös oder ideologisch verbrämte Verbundenheiten sind potentiell gefährlich. In Ausnahmesituationen, dem Tumult, dem Fest, der Massendemonstration kann es zur Entladung kommen. Dabei geht es, meint Sofsky, nicht um Inhalte, sondern um rituelle Abläufe.[13]

Auswege aus der Gewalt sieht Sofsky nicht.[14] In Sofskys apokalyptischer Sicht menschlicher Geschichte ist Gewalt nicht das Andere menschlicher Kultur, sondern Teil unseres kulturellen Erbes, »das Schicksal der Gattung«; der »Glaube an die Zivilisation« hingegen »ein eurozentrischer Mythos, in dem sich die Moderne selbst anbetet«.[15]

12 Sofsky (wie Anm. 7), hier: 220f.
13 Wolfgang Sofsky, Wie kommt es zur Gewalt?, FAS 1. Juni 2007, Nr. 22.
14 Sofsky (wie Anm. 7), hier: 225.
15 A.a.O. 224.

Mark Juergensmeyer rückt die Rivalitäten und gegebenenfalls Konfrontationen zwischen Religionen und säkularem Nationalstaat als Ordnungsideologien ins Zentrum seiner Analyse.[16] In der Vielzahl der von ihm untersuchten Konfliktszenarien handelt es sich in der Regel nicht um originär religiöse, sondern um soziale und territoriale Konflikte, nicht zuletzt um Konflikte von Teilgruppen innerhalb einer Gesellschaft mit dem säkularen Nationalstaat, Konflikte allerdings, in deren Verlauf Religion irgendwann – mit den bekannten verheerenden Wirkungen – als Legitimationsverstärker ins Spiel gebracht wurde.[17] Religion und säkularer Nationalismus stellen »moralische und spirituelle Bindemittel« bereit und stehen als »Ordnungsideologien ... potentiell in Konkurrenz zueinander«.[18]

Desillusionierung mit den Versprechen sozialen Fortschritts und zu erwartenden Freiheitsgewinnen führt zu Legitimationskrisen des säkularen Nationalstaats.[19] Sofern sich Regierungen in der nichtwestlichen Welt zur Idee des säkularen Nationalstaates bekennen, werden diese zum Feind der religiös motivierten Traditionalisten[20] und – insoweit säkularer Nationalismus mit dem vermeintlich christlichen Westen gleichgesetzt wird – werden der Westen bzw. die westliche Zivilisation zum Feind[21] und verantwortlich gemacht für moralischen Niedergang und das Scheitern der Versprechen politischer Freiheit und sozialen Fortschritts.[22]

Sobald es um politische Gegenrezepte geht, kann religiöse Verbundenheit ins Spiel gebracht werden: Für die Option, die Idee des Nationalstaats religiös aufzuladen, nennt Juergensmeyer im Blick auf die USA fundamentalistische evangelikale Gruppen, für den Iran einen kämpferischen Islamismus und für Indien die faschistoiden Hindutva Bewegungen. Jeweils wird gegen die Idee eines weltanschaulich neutralen Staates eine religiös fundierte nationale Verbundenheit ins Feld geführt.[23] Eine andere Form religiöser Verbundenheit zeigt sich in Bewegungen, die die Idee des Nationalstaats hinter sich lassen und in »transnationalen Begriffen denken«, wie dies etwa in den Dschihad Bewegungen geschieht.[24] Die islamistischen Netzwerke, die zur Globalisierung von Ge-

[16] Juergensmeyer (wie Anm. 9), hier: 44ff.
[17] A.a.O. 26ff., 397ff.
[18] A.a.O. 47.
[19] A.a.O. 69.
[20] A.a.O. 61ff., mit Bezug auf Indien und Sri Lanka.
[21] A.a.O. 60.
[22] A.a.O. 66f.
[23] A.a.O. 57ff., 70ff.
[24] A.a.O. 72.

walt beitragen, stellen ebenfalls eine Form religiöser Verbundenheit dar,[25] sozusagen eine ökumenische Bewegung *sui generis*. Dass religiöse Verbundenheit Gewalt minimiert, versteht sich jedenfalls nicht von selbst. »Obwohl so gut wie alle Religionen die Vorzüge der Gewaltlosigkeit predigen, ist es die Fähigkeit, Gewaltanwendung zu legitimieren, die ihnen politische Macht verschafft.«[26]

Was die Befriedung derartiger Konfliktfelder angeht, setzt Juergensmeyer, anders als etwa Hans Küng, auf dessen Thesen zu einem religiös fundierten Weltethos Hans-Martin Gutmann verweist,[27] *nicht* auf religiöse Ressourcen, sondern darauf, dass politische Vernunft religiös genährte Illusionen schließlich zähmen wird. Es gelte, die Konflikte auf ihre realen Ursachen zurückzuführen und den religiösen Faktor herauszufiltern, indem die religiösen Netzwerke in politische Parteien überführt werden. Das ist leichter geschrieben als im Gemeinwesen umgesetzt. Der moderne Verfassungsstaat, postuliert Juergensmeyer, findet Lösungen für Minderheitenrechte, garantiert den Schutz des Individuums, bindet die Religionen ein und verzichtet darauf, religiös kolorierte Feindbilder aufzubauen.[28] Eine auch im Blick auf die Vereinigten Staaten, die offensichtlich das Modell für diese Hoffnung abgeben, optimistische Sicht!

Auch Hans G. Kippenberg behauptet – trotz des suggestiven Titels seiner Untersuchung *Gewalt als Gottesdienst* – keineswegs einen zwingenden Zusammenhang zwischen Religion im Allgemeinen und speziell monotheistischen Religionen im Besonderen mit Gewaltbereitschaft.[29] Gewalt habe ihre Ursache »selten allein« in religiösen Differenzen, sondern »meistens« in Interessengegensätzen zwischen Gruppen.[30] Verschärfen sich diese Interessengegensätze, kann es geschehen, dass die Akteure auf religiöse Ressourcen zurückgreifen, um ihre Situation zu definieren. Der religiöse Faktor ist nur einer unter anderen in einem komplexen sozialen und politischen Drama.[31] Allerdings wird der Machtzuwachs religiöser Vergemeinschaftungen in vielen Re-

[25] A.a.O. 308ff.

[26] A.a.O. 345, vgl. 99ff, 113ff., 172ff., 290ff., 345ff.

[27] Gutmann (wie Anm. 1), hier: 176ff. Zur Auseinandersetzung mit Hans Küngs ›Projekt Weltethos‹ vgl. Gerd Neuhaus, Kein Weltfrieden ohne christlichen Absolutheitsanspruch. Eine religionstheologische Auseinandersetzung mit Hans Küngs ›Projekt Weltethos‹, Freiburg et al. 1999.

[28] Juergensmeyer (wie Anm. 9), hier: 366ff.

[29] Kippenberg (wie Anm. 8), hier: 19ff, 207.

[30] A.a.O. 23.

[31] A.a.O. 27, vgl. 23ff.

gionen der Welt auch von Kippenberg als potentiell Konflikt fördernder, daher ernst zu nehmender Faktor veranschlagt.[32]

Anders als Sofsky meint Kippenberg, dass es in solchen Konfliktsituationen durchaus darauf ankommen kann, was Leute glauben. Heilsgeschichtliche Deutungsrahmen und Handlungsskripte[33] sowie eine Gesinnungsethik, die den Kampf und das Martyrium idealisiert, können in sozialen und politischen Konflikten handlungsleitend zum Tragen kommen.[34] Es sei allerdings »nicht richtig«, zu meinen, dass eine heilsgeschichtliche Deutung »immer Konflikt verschärfend und daher schlecht« sei.[35]

Bei Stewart/Strathern hingegen wird der Stellenwert heilsgeschichtlich-apokalyptisch kolorierten Auftragsbewusstseins eindeutig negativ bestimmt.[36] Die Vorstellung, dass Gewalt einem göttlichen Heilsplan entspricht und ein Mandat hat, das der Herstellung einer göttlich sanktionierten Ordnung als *telos* der Weltgeschichte dient, spielt individueller und kollektiver Gewaltbereitschaft in die Hände. Das ›gute‹ Reich kann nur durch Kampf (*struggle*), Einsatz, ja Opfer des eigenen Lebens vorangebracht werden. Martyriumsbereitschaft ist notwendig, um eine Welt hervorzubringen, in der die religiöse Wahrheit und damit Friede herrschen. Täter und Zuschauer bleiben in ihrer Rahmenerzählung gefangen.

Die durch solche Freitode ausgelösten Emotionen werden auf einer rituellen Ebene ausgetragen.[37] In den Trauerriten werden die Täter bzw. Attentäter zu Vorbildern, Heroen bzw. Märtyrern transformiert. Die Toten, die ihr Leben als Opfer für die Nation, den Klan, für das von Gott der Wir-Gruppe gegebene Land, die heilige und die gerechte Sache gaben, werden mit dem Status eines Märtyrers, ihre Angehörigen gegebenenfalls durch die Fürsorge der religiösen Gemeinschaft entschädigt.[38] Diese Gegengabe stiftet eine religiöse Verbundenheit, die Lebende und Tote umgreift.

Kippenberg unterstreicht den Stellenwert der so hergestellten religiösen Verbundenheit mit dem Hinweis, dass Selbsttötungen, etwa im islamischen Kontext »der Zustimmung der religiösen Autoritäten und Glaubensgenossen, [bedürfen] andernfalls wäre es kein Märtyrertod, sondern schlicht Selbst-

32 A.a.O. 28ff.
33 A.a.O. 199.
34 A.a.O. 22.
35 A.a.O. 206.
36 Stewart/Strathern (wie Anm. 10), hier: 35ff., 176ff.
37 Stewart/Strathern (wie Anm. 10), 172; Kippenberg (wie Anm. 8), hier: 92ff., 136ff.
38 Vgl. Kippenberg (wie Anm. 8), hier: 96f.

mord«. Erst die Autorisierung durch Geistliche und die Zustimmung der Glaubensgenossen machen aus einer Gewalttat »eine heilige Handlung«.[39] Die Gewalt ist eine Tat der Individuen *und* der religiösen Bezugsgruppe.

Was die Unterbrechung religiös motivierter Gewalt angeht, unterbreitet Kippenberg ähnliche Empfehlungen wie Juergensmeyer. Vorsichtiger als dieser hält er es allerdings für »wenig wahrscheinlich, dass die religiösen Gemeinschaften in absehbarer Zeit ihre Rolle als zivilgesellschaftliche Akteure ablegen und sich aus den Konfliktfeldern wieder zurückziehen«.[40]

Zwischenbilanz: Religiöse Verbundenheit wird, sobald religiöse Traditionen und Motivationen zur Deutung und Bearbeitung eines originär sozialen oder politischen Konflikts funktionalisiert werden, empirisch betrachtet, zu einem ernst zu nehmenden Risikofaktor. Das Konfliktpotential, das in der religiösen Vorstellungswelt als solcher liegt, wird unterschiedlich gewichtet. Ein pastoraltheologischer Ansatz, der auf das Gewaltbereitschaft minimierende Potential religiöser Vergemeinschaftung setzt, wird sich mit diesen Befunden auseinandersetzen.

Befreiung aus religiöser Verbundenheit: René Girard

Girard sieht an der Wurzel jeder Kultur bzw. eines jeden Systems von Zeichen Hinweise auf mimetische Rivalitäten, eine unendliche Kette von Konflikten zwischen Bruder und Bruder, z.B. Romulus und Remus, Kain und Abel etc. Gewalt steht am Anfang aller menschlichen Kulturen und ist »fest mit der Kollektivbildung des Menschen verbunden«, ja konstitutiv für die Anfänge menschlicher Gesellschaft.[41] Begierde, *concupiscentia*, ist Girards wichtigster anthropologischer Grundbegriff. Die Schwelle zum Menschlichen ist überschritten, sobald das instinktgesteuerte Begehren der Hominiden mimetischen Charakter gewonnen hat. Das menschliche Begehren orientiert sich am Begehren des Anderen. Aus der Bindung an das begehrte Objekt und an das Modell des Begehrens ergeben sich konfliktträchtige Rivalitäten. Sie werden vorerst durch eine Praxis der Reziprozität, die gegenseitige Verpflichtungen und damit auch Unterschiede einschärft, in Schach gehalten.

[39] A.a.O. 94.

[40] A.a.O. 206.

[41] Ralf Miggelbrink, Der Mensch als Wesen der Gewalt. Die Thesen René Girards und ihre theologische Rezeption, ÖR, 49. Jg., H. 4, 431–443, 431.

Wenn es nicht mehr gelingt, die Rivalitäten des Begehrens abzufangen, ist die gesellschaftliche Krise da, eine Krise der geltenden Regelungen und Abgrenzungen, ein »Gefühl eines radikalen Verlustes des eigentlich Sozialen«.[42] Die in dieser Phase drohenden Aggressionen aller gegen alle werden erst zur Ruhe gebracht, wenn sie zur Gewalt aller gegen eine(n) gebündelt werden. Die Ausstoßung und Hinrichtung eines mehr oder weniger willkürlich ausgewählten Opfers beendet die drohende Anarchie. Die Gesellschaft glaubt, dass sie ein Übel beseitigt hat, und sieht in dessen Beseitigung eine Wohltat. Der Sündenbock ist daher sowohl schuldig als wegen des Effektes seiner Hinrichtung auch ›heilig‹. Die Meute feiert das Ereignis ihrer wunderbar wiederhergestellten Verbundenheit auf dem Grab der Hingerichteten. Die Einhelligkeit der Menge im Akt der Hinrichtung ist grundlegend. Das ist, Girard zufolge, die Grundform religiöser Verbundenheit. Hier wurzelt der Ansatz für seine Theorie der Kultur.[43] Das Theorem der mimetischen Begierde dient Girard dazu, die Funktion des Religiösen im Zusammenhang des Sozialen, und zwar nicht nur in archaischen Kulturen, zu erklären.[44]

Die Struktur der Gesellschaft beruht auf Opfern. Opfer ist ein soziales und ein religiöses Phänomen. Wirkliche Gewalt, wie sie in der sozialen Krise zwischen Menschen ausbricht, wird in die Gewalt des Opfers verwandelt, den Göttern zugeschrieben und damit zu angeblich guter Gewalt. Der Gedanke der Umpolung chaotischer Ursprungsgewalt und ihre Kanalisierung durch Ausstoßung bzw. Hinrichtung eines Opfers bezeichnet Girards Fiktion eines Gesellschaftsvertrages.

Gesellschaftliche Ordnung ist davon abhängig, dass Religion die Transzendenz des Opfers herstellt (›Es hat einen Sinn zu opfern.‹). Die Mystifikation der sozial gesehen vorderhand positiven Effekte der Sündenbockprozeduren markiert den *point of departure* für die Entstehung von Religion.[45] Die kulturelle

[42] Girard 1988 (wie Anm. 11), hier: 24.

[43] William Schweiker, Heilige Gewalt und der Wert der Macht. René Girards Opfertheorie und die Theologie der Kultur, in: Bernd Janowski/Michael Welker (Hg.), Opfer. Theologische und kulturelle Kontexte, Frankfurt/M. 2000, 108–125, 116ff.

[44] Religiöse Gewalt ist »*der* Schlüssel zum Verständnis der gesellschaftlichen Ordnung schlechthin«, »Opfer ist ... die generative Kraft menschlicher Kultur«. Schweiker (wie Anm. 43), hier: 109.

[45] Jean Greisch hat gegen René Girards Erklärung zum Zustandekommen von Religion und Kultur u .a. folgende Bedenken geltend gemacht: Die Vielfalt religiöser Phänomene wird auf ein einheitliches Erklärungsprinzip, den Sündenbockmechanismus zurückgeführt. (28f.) Greisch fragt: Ist die Schwelle der Hominisierung erst erreicht, wenn die Aneignungsmimesis, die man erst bei den höheren Säugetieren findet, in die Mimesis des Gegenspielers ausartet, sodass die Menschheit nicht mit ›Adam und Eva‹, sondern mit ›Kain und Abel‹ beginnt? Sie wird sich ihrer selbst in einem Blutbad bewusst. (39) Wieso wird der Mensch »gerade durch diesen Vorgang« zu einem *homo*

Leistung der Opferriten besteht darin, dass sie Gewalt kanalisieren und sublimieren – um den Preis, dass sie den Stachel der Gewalt tief ins Gottesbild hineintreiben (›Opfer müssen sein.‹). Die Mythen der Religionen ebenso wie die Tragödien der griechischen Klassiker bezeugen *und* verschleiern, was tatsächlich geschah und immer wieder geschieht. In Mythos und Ritus wird die Erinnerung an den gemeinschaftlichen Gründungsmord – gefährlich – präsent gehalten. Anders, so Girard, das Christentum. Das Christentum verfüge über die Ressourcen, die Verkennungen des Opferbetriebes zu durchschauen.

Girard gewinnt sein Verständnis des Christlichen vor allem aufgrund seiner Lektüre der Passionsgeschichte der Evangelien, aber auch alttestamentlicher Texte.[46] Im Unterschied zu den Mythen besteht das Evangelium auf der Unschuld des hingerichteten Opfers. Der Gehalt der Offenbarung besagt: Gott tritt auf die Seite des unschuldigen Opfers, und nur das unschuldig verfolgte Opfer erkennt den wahren Gott. Die Evangelien gewähren den Blickwechsel auf Gott, der das unschuldige Opfer rechtfertigt – »*die Umwertung der religiösen Macht*«.[47] Das ist Girards »Kanon im Kanon …, der den Boden bereitet für die Kritik der Religion und der Gesellschaft«.[48] Fällig und notwendig ist eine Kritik der Religion, speziell eines Christentums, das sich seiner opferkultischen Verfälschung nicht bewusst geworden ist. Ein sakrifizielles Christentum täuscht sich über sich selbst.[49]

Die nicht-sakrifizielle Bedeutung des Todes Jesu habe das Christentum immer wieder beiseite geschoben und selbst gigantische Sündenbockmechanismen etabliert.[50] Doch zugleich, mitten in der Ambiguität kirchlicher Praktiken, so Girard, ist es der Paraklet, der Geist, der die Selbstaufklärung der Religiö-

symbolicus? (40) Greisch, Homo Mimeticus. Kritische Überlegungen zu den anthropologischen Voraussetzungen von René Girards Opferbegriff, in: Zur Theorie des Opfers, hg. v. Richard Schenk, Collegium Philosophicum, Bd. 1, Stuttgart 1995, 27–63.

46 Girard 1988 (Anm. 11), hier: 148ff.; vgl. auch René Girard, Hiob. Ein Weg aus der Gewalt, Zürich 1990.

47 Schweiker (wie Anm. 43), hier: 123.

48 A.a.O. 120.

49 Im Gespräch mit der Befreiungstheologie wendet sich Girard allerdings gegen Hugo Assmanns radikale Kritik des Christentums als Opferreligion und rät, den Opfergedanken nicht ganz wegzuschieben. Ein »übertriebener nichtsakrifizieller Purismus« laufe Gefahr, in die Opferlogik zurückzufallen. Es gelte, die Tür zur Volksreligion nicht ganz zuzuschlagen. Girard hält die Option offen, neu über einen Begriff der Religion nachzudenken, der als Resonanzboden des Christlichen nicht nur negativ registriert wird, und erleichtert so das Gespräch mit der katholischen Theologie. Hugo Assmann (Hg.), Götzenbilder und Opfer. René Girard im Gespräch mit den Befreiungstheologien, Münster 1996, 295.

50 René Girard, Wenn all das beginnt … Ein Gespräch mit Michel Treguer, Münster 1997 [franz. 1994], 113.

sen bewirkt,[51] indem er immer neu in den Kirchen und gegen die Kirchen aufmerksam macht auf Jesus, der das ›Wort des Vaters‹ festhält und mit der Bitte »Vergib ihnen, denn sie wissen nicht, was sie tun« (Luk. 23,34) jenen Abgrund überschreitet, der die Menschen von dem Gott gewaltloser Liebe trennt. Das Wirken des Parakleten wird konsequent auf den Gedanken der Aufhebung religiöser Verkennung als den Punkt bezogen, an dem es zur Transzendierung der Gewalt kommt.[52] Die Verfolgermentalität, nicht zuletzt kirchlich gepflegte Verfolgermentalität, mithin religiöse Verbundenheit, wird durchbrochen, sobald die Verkennung hinsichtlich dessen, was gemeinhin für ein notwendiges Opfer gehalten wird, sich selbst durchsichtig wird.[53]

»Christ zu werden bedeutet, sich *seinen persönlichen Beitrag zur Vertreibung Gottes einzugestehen.*«[54] Girard betont scharf die Freiheit der Einzelnen, den Anruf des Geistes zu erkennen und zu beherzigen oder aber dies nicht zu tun. Gott offenbart sich nicht »ohne die menschliche Freiheit zu verletzen. Die *Einzelnen* kommen in den Blick und zwar als Subjekte einer *mimesis* Gottes. Es gilt sich einzulassen auf das »Wort, das von Gott kommt, das Wort, das auffordert, niemand anderen *nachzuahmen* … als diesen Gott, der sich aller Vergeltungsmaßnahmen enthält«.[55] Kommunitäre religiöse Verbundenheit wird getauscht gegen eine verinnerlichte Gottesbeziehung der Einzelnen und eine Ethik der Beziehungen.

Girard schiebt die Quelle des Unheils nicht ab in die Strukturen.[56] Destruktivität, Übel, Gewalt, das Böse wurzeln in der Selbstbezüglichkeit der Einzelnen, ihrer mimetischen Begierde und kommen in zerbrochenen sozialen Beziehungen zum Tragen. Girards Theorie des Mimetischen weist hin auf die Wirklichkeit einer radikalen Entfremdung, wendet sich gegen die »Verlogenheit einer rein positiven Anthropologie«.[57] Seinem Urteil zufolge hat die praktische Theologie »keine sachgerechte Sprache …, um das Böse anzugehen«.[58] Dies sagt Girard in eine europäische Front. Wenn Girard den Befreiungstheologen in Lateinamerika die mimetische Theorie anbietet, weist er auf einen Projekti-

[51] Girard 1988 (wie Anm. 11), hier: 281ff.

[52] Girard 1988, 281; Girard 1994 (wie Anm. 11), hier: 459.

[53] Girard 1994 (wie Anm. 11), hier: 459, vgl. 457ff.

[54] Girard 1997 (wie Anm. 50), hier: 140.

[55] Girard 1983 (wie Anm. 11), hier: 213, vgl. 222f.

[56] Die Theorie des Mimetischen geht von einem Gesamtgefüge von Beziehungen aus und stellt das »Kleine … die konkreten menschlichen Beziehungen in den Mittelpunkt«. Girard bei Hugo Assmann (wie Anm. 49), hier: 287.

[57] Miggelbrink (wie Anm. 41), hier: 441.

[58] Girard bei Assmann (wie Anm. 49), hier: 290.

onsmechanismus hin, der sich in der Sprache der Gerechtigkeit in die Anklage eines anderen Systems kleidet.[59] Girard hält dagegen: Alles menschliche Miteinander ist bestimmt durch das Begehren, gestört durch den mimetischen Konflikt. Ein jeder übt Gewalt aus und erleidet Gewalt, ist zugleich Verfolger und Verfolgter.

John Milbank urteilt, Girard habe das zentrale Moment des Opfergedankens verfehlt, nämlich, dass Hingabe die einzig mögliche Weise sei, um am Sein Gottes beteiligt zu sein.[60] Mittlerweile hat Christine Janowski herausgearbeitet, dass Girard schon in *Das Ende der Gewalt* einen modifizierten Opferbegriff vorbereitet hat. Sie eruiert in genauer Analyse, dass Girard seine rationalistische, alles ausschließende hermeneutische Hypothese, dass am Anfang der Hominisierung die mimetische Krise und der Gründungsmord stehen, ergänzt und revidiert, indem er auf den schöpferischen, gewaltlosen Logos Gottes rekurriert, der am Anfang die Welt nicht in einem Götterkampf, sondern durch das Wort schafft.[61] Der inkarnierte Logos des gewaltlosen Gottes vom Anfang lässt sich von der Gewalt der Menschen ans Kreuz vertreiben[62] – kein Opfer, wohl aber Hingabe, die Gewalt absorbiert und verzeiht. Er »offenbart sich, indem er die Gewalt *über sich ergehen lässt*«[63] – eine Umwertung religiöser Macht, die Girard als Kern des Evangeliums bezeichnet.[64]

Das Opferwesen versteht sich nicht mehr von selbst. Das sieht Girard als entscheidenden zivilisatorischen Fortschritt.

Aufbau der Welt durch das Opfer. Eine Gegenprobe

In seinem Buch der *Untergang von Kasch*[65] stimmt der italienische Kulturkritiker Roberto Calasso Girard jedenfalls in einer Hinsicht zu: Das Christentum und die moderne Gesellschaft sind blind geworden für die Wahrheit der Riten

59 A.a.O. 284ff.

60 John Milbank, Stories of Sacrifice: From Wellhausen to Girard, in: Theory, Culture and Society. Explorations in Critical Social Science 12 (1995), No. 4: Special Issue on French Social and cultural Theory, 15–46, 32ff., 40ff. Vgl. Ders., Can a Gift be Given? Prolegomena to a Future Trinitarian Metaphysic, Modern Theology 11, H. 1, 1995, 119–161.

61 Christine J. Janowski, Cur deus homo crucifixus. Zu René Girards kritischer Apologie des Christentums, in: FS Eberhard Jüngel, hg. v. I.U. Dalferth et al., Tübingen 2004, 259–290, 276ff.; vgl. Girard 1983 (Anm. 11) 142f., 284–287. Vgl. auch Anm. 49.

62 Girard 1983 (wie Anm. 11), hier: 284f.; Janowski (wie Anm. 61), hier: 284.

63 Girard 1997 (wie Anm. 50), hier: 141.

64 Schweiker (wie Anm. 43), hier: 123.

65 Roberto Calasso, Der Untergang von Kasch, Frankfurt/M. 1997 [ital. 1983].

und des Opferwesens. Auch Calasso hält diese Erblindung für fatal. Ansonsten sieht er Girard auf einem Irrweg. Die einzige große Sache, die Girard verstanden habe, sei der Sündenbockmechanismus; vom Opfer hingegen verstünde er nichts.[66] Girard habe nämlich schlicht übersehen – und darin komme seine größte Schwäche zum Vorschein –, dass »die Verfolgung nie weitere Verbreitung gefunden hat als im neuzeitlichen Abendland, das vom Opfer nichts wissen will und es als Aberglauben hinstellt«.[67] In dem – seit der Französischen Revolution in Mode gekommenen – Wahn absoluter Autonomie und Selbstbezüglichkeit meine die westliche Gesellschaft, die Riten fallen lassen zu können. Seither wäre das Opferwesen wild geworden und wüte in den Gewaltorgien, die der Französischen Revolution folgten – bis hin zu den faschistischen und stalinistischen Vernichtungslagern und den Tierversuchen in den Laboratorien der Wissenschaft. »Ist das Opfer abgeschafft, wird die ganze Welt wieder, ohne es zu merken, zu einer riesigen Opferwerkstatt.«[68]

Demgegenüber hätten die Seher der Veden und später die Brahmanen tiefer gesehen. Im Opfer tritt der Opfernde der Gottheit ein kleines Stück Welt ab, damit die Gottheit ihr den Rest der Welt überlässt. Für jedes Blatt, das genommen wurde, muss gegeben werden. Das Opfer ist die menschliche Anwendung der Naturgesetze durch den Kunstgriff des Ersetzens.[69] Sein Ziel ist »der Aufbau der Welt, damit man in ihr leben kann«[70] – eine Regelung der Beziehungen zu Göttern und Menschen, eine Ordnung eben. Gerät das Opfer »in Vergessenheit«, ergibt sich als erste Konsequenz die rückhaltlose Benutzung der Welt, bei der kein Teil mehr etwas anderem geweiht wird.[71] Im Geben und Empfangen wird das Göttliche erfahren. Calasso meint wie die Brahmanen, dass die Opferriten das Scharnier bilden, das die soziale Welt im Einklang mit den kosmischen Prozessen hält. Das Gesetz ist »stets doppelt«, nämlich »Gesetz als Regel der Welt und Gesetz als Regel der Menschen untereinander«.[72]

[66] Calasso, 190f. Ähnlich scharf urteilt Marcel Hénaff: Lynchhandlungen und Hinrichtungen »sind keine Opfer«. Girard verkenne, dass das Opfer »vor allem Opfergabe … an einen unsichtbaren Adressaten, dessen Antwort es notwendig hervorzurufen gilt«, sei. Der Preis der Wahrheit. Gabe, Geld und Philosophie, Frankfurt/M. 2009 [franz. 2002], 305, Anm. 94.

[67] Calasso (wie Anm. 65), hier: 192.

[68] A.a.O. 167, vgl. 9, 33f., 57, 160, 179ff.

[69] A.a.O. 162ff.

[70] A.a.O. 216.

[71] A.a.O. 167.

[72] A.a.O. 208. Marcel Hénaff deutet die Opferweisheit der Brahmanen ähnlich, urteilt aber, dass das ›Zeitalter des Opfers‹, das mit der Welt der Hirten und Ackerbauern aufkam, in der modernen Gesellschaft nicht einfach vergessen oder in einem Anfall von Leichtsinn fallen gelassen wurde, sondern notwendigerweise und unwiederbringlich zu Ende gegangen ist. Der Opferritus, der das

Girard habe, urteilt Calasso, wie E. Durkheim, das Religiöse auf das Soziale reduziert. Es verhalte sich aber umgekehrt: »Das Soziale ist das Religiöse.« [73] Jede Einzelheit des gesellschaftlichen Zusammenhangs lässt sich, Calasso zufolge, auf einen »zur Wolke des Religiösen gehörenden Bereich zurückführen, in dem die Kräfte hausen, mit denen der gesellschaftliche Zusammenhang irgendwie hatte zurechtkommen wollen: die Kunst des Kompromisses, des Gebens und Nehmens, des Opfers. Hier geht es, wie auch sonst immer, um die Frage, ob diese Kräfte anerkannt werden sollten oder nicht … Obwohl die Götter samt ihren Namen verschwunden sind, bleibt die Wolke zurück. Diese Wolke ist der unbekannte Gott«.[74]

Während Girard meint, das Christentum habe den Zyklus der ewigen Wiederkehr des Opferwesens »für immer« [75] aufgelöst, damit eine Öffnung unserer Geschichte gebracht, »die nicht mehr kreisförmig ist«, und diese Öffnung sei »unsere Freiheit«[76], welchen Gebrauch auch immer die Menschen von ihr machen, urteilt Calasso, dass soziale Verbundenheit, die nicht mehr im Einklang mit dem Rhythmus kosmischen Lebens steht, destruktiv wird.[77] Das ist der Kern des *Untergangs von Kasch.*

Ein von den Veden inspiriertes Verständnis des Opfers, eine Verinnerlichung der Wahrheit des Opfergedankens dürfte, Calasso zufolge, mehr dazu beitragen, eine weniger gewalttätige Welt hervorzubringen als die Verabschiedung des Opfergedankens im Verein mit dem Girard'schen Anspruch, die Evangelien würden einen einzigartigen Beitrag zur Aufhellung der Gewaltproblematik leisten. Vorderhand billigt Calasso dem Christentum im Allgemeinen und Girard im Besonderen keinerlei Kompetenz zu, die Opfer- bzw.

Gegebene und die von Menschen hervorgebrachte Welt verschränkte, kann nicht mehr das ›totale symbolische Phänomen‹ sein, »insofern es auf mehreren Ebenen gleichzeitig funktioniert und mehrere Bereiche betrifft«. Hénaff (wie Anm. 66), hier: 306–307, vgl. 262ff.

73 Calasso (wie Anm. 65), hier: 195. Girard hingegen beteuert, er lehne es ab, »das Soziale zu unserem wahren Gott zu machen«. Girard 1997, (wie Anm. 50), hier: 101.

74 Calasso (wie Anm. 65), hier:195f.

75 Girard 1997 (wie Anm. 50), hier: 103, vgl. 102.

76 A.a.O. 103. Calasso zieht aus einer analogen Beobachtung die gegenteilige Schlussfolgerung: »Mit der christlichen Zeitrechnung verschwindet das Blutvergießen aus dem Ritus, was seinerseits eine Voraussetzung ist für die Zersetzung des Ritus selbst. Der nächste Schritt verlangt eine weltliche Gestalt des Opfers, nämlich den Königsmord, und so bilden Karl I. und Ludwig XVI. das Doppelsiegel: Auch hier vermag ein unumkehrbares Einzelfaktum – nämlich die Tötung dieses bestimmten Opfers – ein Zeitalter einzuleiten …« (Calasso 206).

77 Zu den philosophischen Implikationen vgl. Guiseppe Fornari Dionysos, die Natur und die evangelische Differenz. Naturverstehen und Opfer: Calasso, Anaximander und Nietzsche, in: Das Opfer – aktuelle Kontroversen. Religions-politischer Diskurs im Kontext der mimetischen Theorie, hg. v. Bernhard Dieckmann, 37–58; sowie Raimund Schwager, Schöpfung und Opfer. Roberto Calasso und René Girard, ebd. 19–35.

Gewaltproblematik zu erhellen. Eine Opferkritik »von einem opferfremden Standpunkt aus geübt, kann ... dem Tötungszwang nie etwas anhaben« ... Der »einzig angemessene Widerstand gegen das Opfer geht aus der Opferung selbst hervor«.[78]

Vor dem Hintergrund einer brahminisch inspirierten Kosmologie macht Calasso dann aber doch ein Gesprächsangebot an das Christentum, gibt einen Hinweis darauf, wie die Relevanz des Opfergedankens zurückzugewinnen wäre. »Bei Christus geschieht das Unerhörte, daß er – wie am Ursprung – Priester und Opfer zugleich ist, wodurch er die beiden Wege in sich wiedervereinigt.« Der Offiziant ist selbst der Geopferte. Das göttliche Opfer wäre dann die Brücke zwischen dem Seinsprinzip Gott, *Brahman* und dem kosmischen Werden, der Dualität, dem Auftreten des Risses, *Varuna*,[79] eine Perspektive, die mit Girards modifiziertem Opferbegriff und vielleicht auch mit Gutmanns Sicht kompatibel ist.

Soweit bewegen sich diese Überlegungen auf der Ebene religiöser Vorstellungswelten. Von dort führt kein direkter Weg zur Ebene sozialen Handelns im Gemeinwesen. Für Girard ist entscheidend, dass die Einzelnen aus religiöser Verkennung erwachen und sich für eine Mimesis des gewaltlosen Gottes entscheiden; für Calasso, dass Menschen zur Erkenntnis ihrer Seinsschuld erwachen und wissen, dass für alles, was empfangen oder genommen wurde, wiederum gegeben werden muss. Religiöse Vergemeinschaftung, wie sie Hans-Martin Gutmann an dieser Scharnierstelle interessiert, kommt in *diesem* Zusammenhang bei beiden nicht in den Blick. Gutmann beruft sich denn auch für seine These, Religionen, nicht zuletzt evangelische Religion, stellten Motivationsressourcen und Kommunikationsmuster bereit, die geeignet sind, die gewaltträchtige Logik des Opferzwanges zu unterlaufen – er spricht in diesem Zusammenhang von *guter* Reziprozität – auf die Forschungen von Marcel Mauss zu Gabe und Tausch[80] sowie die Rezeption, die Mauss seit einiger Zeit in franz. Sozialphilosophie z.B. bei Alain Caillé und Marcel Hénaff erfährt.[81]

[78] Calasso zitiert als Beispiel tatarische Nomaden, die dem Donnergott ein lebendes, weißes Pferd zu opfern pflegten. Sie beten an der Opferstelle, nehmen dem Tier den Zaum ab und lassen es laufen. »Von diesem Augenblick an ist es frei und unberührbar.« Calasso (wie Anm. 65), hier; 263, vgl. 264.

[79] A.a.O. 177.

[80] Marcel Mauss, Die Gabe. Form und Funktion des Austauschs in archaischen Gesellschaften, in: Soziologie und Anthropologie, Bd. 2, Frankfurt/M. 1989.

[81] Alain Caillé, Anthropologie der Gabe, Frankfurt/M./New York 2008 [franz. 2000]; Marcel Hénaff (wie Anm. 66); Frank Adloff/Steffen Mau (Hg.), Vom Geben und Nehmen. Zur Soziologie der Reziprozität, Frankfurt/M. 2005; Frank Adloff/Steffen Mau, Zur Theorie der Gabe und Reziprozität, in: Dies. (Hg.), Vom Geben und Nehmen. Zur Soziologie der Reziprozität, Frankfurt/M. 2005, 9–57;

Das Gabeereignis als Überraschungsmoment im Tauschgeschehen

Marcel Mauss stellt den ›Gabentausch‹ in den Zusammenhang der Veränderung von Beziehungen zwischen Menschen sowie zwischen Menschen und den Göttern. Vor dem Tausch steht die Gewalt. Der Tausch transformiert gewaltanfällige oder gewalttätige Beziehungen in positive wechselseitige Verpflichtungsverhältnisse.[82] Mauss notiert[83] – Annette Weiner hat dies aufgegriffen[84] und Maurice Godelier ins Zentrum seiner Überlegungen gerückt[85], dass die Prozesse des Gebens, Nehmens und Erwiderns sich innerhalb eines Netzes von Fixpunkten vollziehen, eben den Dingen, die in der Regel nicht gegeben werden dürfen, sondern behalten werden sollten, weil sie die Identitätsmarker einer Wir-Gruppe sind, *Sacra*, die die Götter gegeben haben – seien dies mythische Überlieferungen einer Gruppe, nicht zuletzt das geheime Wissen, das den Riten Effektivität verleiht, die Reliquien der Ahnen eben – im wörtlichen und im metaphorischen Sinne –, sodann die Landrechte einer Gruppe, der Familienschmuck, die Kronjuwelen einer Dynastie, schließlich, etwa in einer modernen Gesellschaft deren demokratische Verfassung. Der Besitz derartiger Güter symbolisiert nicht Gleichheit oder gar Zusammengehörigkeit der Tauschpartner, sondern Abgrenzungen und Unterschiede. Soziale und eventuell in eins damit auch religiöse Verbundenheit ruht vorderhand im gemeinsamen Bezug auf die Dinge, die nicht gegeben werden dürfen, sondern behalten werden müssen. Diese Identitätsmarker sind also jenseits der Reziprozität angesiedelt und können nicht Gegenstand einer Verhandlung sein.[86] Diese Beobachtung ist von theologischem Interesse. Dazu unten. Wir halten vorerst fest: Im Geben der Dinge, die für ein Geben zur Verfügung stehen, und im Behalten der Dinge, die behalten werden sollten, werden Status und Gruppenidentität überhaupt erst hergestellt.[87]

Frank Adloff/Christian Papilloud, Alain Caillés *Anthropologie der Gabe*. Eine Herausforderung für die Sozialtheorie?, in: Alain Caillé, Anthropologie der Gabe, Frankfurt/M. 7–39.

82 »Die Gaben an die Menschen und die Götter haben auch den Zweck, den Frieden zu erkaufen.« Mauss (wie Anm. 80), hier: 34.

83 A.a.O. 81ff.

84 Annette Weiner, Inalienable Possessions. The Paradox of Keeping – While Giving, Berkeley 1994, 23ff., 145ff. und passim.

85 Maurice Godelier, Das Rätsel der Gabe. Geld, Geschenke, heilige Objekte, München 1999, 51ff.

86 A.a.O. 55.

87 Weiner (wie Anm. 84), hier: 10ff., 43ff

Um das Mysterium zu lüften, warum ein Annehmen so regelmäßig in das Empfinden mündet, erwidern zu sollen, bringt Mauss das »Hau«, den Geist der gegebenen Sache, ins Spiel,. Das »Hau«, der Geist, in dem ein Geber gibt, manifestiert sich in Dingen, denen Zeugungskraft eignet, bezeichnet ein Vermögen, das behalten oder auch eingesetzt werden kann, um den Fluss des Lebens in Gang zu halten. Wir könnten diese Vorgänge mit Kenelm Burridge als ›sozialen Prozess des Heils‹[88] oder mit Hans-Martin Gutmann als religiöse Verbundenheit bezeichnen. Doch genau an dieser Weichenstellung, urteilt Godelier, wäre Mauss »aus der Bahn« geraten,[89] habe sich in eine unnötige Spiritualisierung der Beziehung zwischen Geber und gegebener Sache verirrt, die sich hinreichend und angemessen in rechtlicher Begrifflichkeit diskutieren lasse.[90] Demzufolge könnte der Ursprung der Religion in der Bezogenheit einer Gruppe auf die Gegebenheiten vermutet werden, die dem Tausch entzogen sind.

Gewiss ist, wie Godelier unterstreicht, das Moment der Verlässlichkeit in den Verpflichtungsverhältnissen zu beachten. Das Geben, Nehmen und Erwidern der archaischen Gesellschaften mündet schließlich in den Vertrag. Aber löst der Vertrag das Rätsel der Gabe? Mauss hat den Unterschied zwischen Gabe und Tausch nicht scharf markiert.[91] Wir kommen weiter, wenn wir den Blick von der Gabe auf das Geben richten. Das Verb ist wichtig. In jedem Geben steckt mehr als die Gabe, nämlich ein Anruf und in jedem antwortenden Verhalten schon mehr als ein Wiedererstatten. Im Geben kann ein Überschuss ins Spiel kommen, ein Moment der Überraschung, des Unvorhersehbaren, Hinweis auf offene Möglichkeiten im sozialen Miteinander. In unvorhergesehenen Notlagen oder in unübersichtlichen Anspruchsfeldern kommt es immer wieder zu einem ungeschuldeten Geben, das die Regeln der Reziprozität durchbricht. Man gibt sein Wort, ein Geschenk, das auf nichts aus ist, das nicht kalkuliert und doch viel versprechend ist, verzeiht, ohne durch vorlaufende Entschuldigungen dazu gedrängt worden zu sein, gibt spontan – aus Freude am Geben oder angerührt von der Notlage eines Anderen. Das außerordentliche Geben, die Gabe, die nicht auf ein Vergelten abstellt, der Geist, in dem gegeben wird, rüttelt an der Alleingeltung des Vertrags, unterminiert die Logik, die den Kreislauf des Gaben*tausches* regiert. Das Überraschungsmoment, das in die-

[88] Kenelm Burridge, New Heaven New Earth. A Study of Millenarian Activities, Oxford 1996, 44ff.

[89] Godelier (wie Anm. 85), hier: 68.

[90] A.a.O. 69, 72ff.

[91] Bernhard Waldenfels, Das Un-ding der Gabe, in: Ders./ H. Gondeck (Hg.) , Einsätze des Denkens. Zur Philosophie des Jacques Derrida, Frankfurt/M. 1997, 385–409, 390.

sem Geben für einen Empfänger liegt, verweist auf ein ›es gibt‹, das noch keinen Geber kennt.[92] Waldenfels sistiert die Eliminierung des spirituellen Potentials im sozialen Miteinander, die Godelier vornimmt. Ungeschuldetes Geben, Uneigennützigkeit, Vertrauensvorschüsse, Caritas und Barmherzigkeit sind grundlegend in jedem Sozialgefüge und immer zu pflegende Korrektive einer strikt utilitaristischen Sicht auf das soziale Miteinander, Felsen der Moralität in der modernen Marktökonomie[93] ebenso wie in weltweiter kirchlicher Wohlfahrtspolitik.[94] Ohne spontane Offenheit für das Gute würde sich jedes Sozialgefüge heiß laufen und fest brennen – etwa so wie ein laufendes Getriebe ohne Öl. »Die Rolle der Gabe, die ihr Noblesse und normativen Wert verleiht, besteht darin, Rivalität und Feindseligkeit zu transzendieren. Doch den Antagonismus zu mildern bedeutet nicht, ihn zu überwinden oder ganz zu beseitigen.«[95]

Geben, Annehmen und antwortendes Verhalten bleiben ein ambivalenter Prozess. Immer kann er Rivalitäten aufleben lassen, insbesondere wenn das Geben in eine Statusminderung der Empfänger mündet. In der Regel jedoch wird das Gewaltpotential sozialer Beziehungen nicht zuletzt dadurch begrenzt, dass Menschen dazu angehalten werden, Verpflichtungsverhältnisse einzugehen, diese zu respektieren und lebendig zu halten. Der bei Girard so sehr unterschätzte Rechtsgedanke rückt ins Blickfeld. Zugleich weist jedes Geben über die Regeln der Verpflichtungsverhältnisse hinaus auf offene Möglichkeiten im sozialen Miteinander. Nicht nur das Soziale macht das Symbolische möglich, sondern eben auch umgekehrt: »Das Symbolische macht das Soziale möglich.«[96]

Zwischenbilanz: Girard zufolge gilt es, aus dem religiös verbrämten Wahn, dass Opfer sein müssen, um Ordnung in der Gesellschaft herzustellen, zu erwachen. Befreiung aus dem Opferzwang konkretisiert sich im Lebensvollzug der Einzelnen in einer Mimesis des gewaltlosen Gottes als freie Hingabe und Verzeihen. Auf religiöse Vergemeinschaftung reflektiert Girard in diesem Zusammenhang nicht. Calasso hingegen urteilt, es gelte, die Wahrheit des Opfergedankens neu auszuloten, um dem Wahn der Autonomie und Selbstbezüg-

[92] Bernhard Waldenfels, Antwortregister, Frankfurt/M., 1994, 586–662, 616ff.

[93] Adloff/Mau, Zur Theorie der Gabe etc. 2005 (wie Anm. 81), hier: 44ff.; Adloff/Papilloud (wie Anm. 81), hier: 16ff.

[94] Justus Freytag, Das Gabeereignis im Kirchlichen Entwicklungsdienst, in: Amélé Adamavi-Aho Ekué/Michael Biehl (Hg.), Gottesgabe. Vom Geben und Nehmen im Kontext gelebter Religion, FS Th. Ahrens, Frankfurt/M. 2005, 61–71, 67f.

[95] Caillé 2008 (wie Anm. 81), hier: 208.

[96] Adloff/Papilloud (wie Anm. 81) in ihrer Einleitung zu Caillé 2008, 32.

lichkeit der Menschen entgegenzutreten. Das Gesetz sozialen Miteinanders entspricht dem kosmischen Gesetz. Reziprozität ist unaufhebbar – es sei denn, der Offiziant wäre selbst der Geopferte, stellte sich in den kosmischen Riss. Das wäre ein Gaben*tausch*, der metaphysische Gewalt stilllegt. Was nun die Ebene sozialen Handelns angeht, arbeiten Caillé, Hénaff und andere im Anschluss an M. Mauss heraus, dass das soziale Miteinander nicht nur von der Einlösung bestehender Verpflichtungen lebt, sondern entscheidend auch davon, dass diese immer wieder von einem freien, ungeschuldeten Geben unterbrochen werden. Vielleicht lassen sich diese Anstöße, Calassos Insistieren auf der bleibenden Bedeutung des Opfergedankens, Girards modifizierte Opferkritik und Caillés Insistieren auf dem Stellenwert, den ein freies, ungeschuldetes Geben im sozialen Miteinander hat, mit Hans-Martin Gutmanns These verbinden, Religionen, insbesondere das protestantische Christentum stellten Kommunikationsmuster bereit, die geeignet sind, die gewaltträchtige Logik des *do ut des* sowohl auf der Ebene religiöser Vorstellungswelten als auch auf der Ebene sozialen Handelns zu durchbrechen. Gutmann verweist in diesem Zusammenhang auf das sinnstiftende Potential der christlichen Großerzählung, wie sie im evangelischen Gottesdienst zur Darstellung kommt.

Pastoraltheologische Reflexionen in interkultureller Perspektive

1. Reziprozität, Opfer und Gabe

Ist das Opfer »die Krankheit, an der wir leiden« und von der wir befreit werden müssen, wie Mark S. Heim in seinem Entwurf einer Kreuzestheologie unter Berufung auf Girard urteilt?[97] Zielen die Evangelien darauf, die Logik der Reziprozität aufzuheben, zu unterbrechen, umzuformen oder gar zu bestätigen? Darüber sind sich Christen im Allgemeinen und die Protestanten im Besonderen nicht einig. Wir schlagen uns immer noch herum mit den Problemen der Reziprozität, der Gabe und des Opfers. Das lässt sich an den gottesdienstlichen Liturgien ablesen. In vielen Gottesdiensten ist die Situation »verwirrend unklar«.[98]

[97] Mark S. Heim, Saved from Sacrifice. A Theology of the Cross, Grand Rapids 2006, XII.

[98] Klaus Peter Jörns, Religiöse Unverzichtbarkeit des Opfergedankens? Zugleich eine kritische Relecture der kirchlichen Deutung des Todes Jesu, in: Bernd Janowski/Michael Welker (Hg.), Opfer. Theologische und kulturelle Kontexte, Frankfurt/M. 2000, 304–338, 328.

Erzählen die Passionsgeschichten der Evangelien nur etwas gröber, was die Veden subtiler zu sagen wussten? Das dürfte die Stoßrichtung des Gesprächsangebotes sein, das Calasso unterbreitet, wenn er darauf hinweist, dass in Christus das Opfer und der Opfernde wieder zusammengeführt werden.

Wird Girard im Sinne einer radikalen Opferkritik gelesen, dann wäre es geboten, alle satisfaktionstheologischen Momente aus der liturgischen und homiletischen Sprache zu tilgen. In dieser Perspektive wären jene Versionen des Christlichen zu favorisieren, die statt eines Altars nur einen Tisch, ein Lektionar und eine Kanzel vorn im Kirchenschiff platzieren – also die Kirchen des linken reformatorischen Flügels. Lauschen wir aber den dort gesungenen Liedern, insbesondere der angelsächsischen Erweckungsbewegungen, dann ist die ganze Opfermetaphorik inkl. der Anselmschen Satisfaktionstheorie wieder präsent – wie ja auch in den Passionsliedern des evangelischen Gesangbuchs.[99]

Folgen wir hingegen Girards Hinweis auf den Logos des gewaltfreien Gottes vom Anfang, der sich als Inkarnierter menschlicher Gewalt aussetzt und damit ans Kreuz verdrängen lässt,[100] dann wäre damit die Unterscheidung dessen, was unbedingt behalten, und dessen, was gegeben werden kann, von Gott her auf den Kopf gestellt[101] und das mimetische Verlangen – *eritis sicut Deus* – gegenstandslos geworden. Mit seiner Menschwerdung verschenkt Gott nicht irgendetwas, sondern sich selbst, und das umsonst. Dem kann keine menschliche Gegengabe entsprechen.[102] Wie der Reformator in seiner Freiheitsschrift sagt: Glaubst du, so hast du! (vgl. WA 7,23,24–24,20)

Wenn Alain Caillé und Marcel Hénaff uns nun sagen, dass die Gabe, absichtsloses Geben ein Moment jeder Sozialität sind, kann der Gottesdienst dann mehr sein als ein kognitives Zentrum einer ansonsten auch zugänglichen Wahrheit? Der Gottesdienst – eben im strikten Sinne des Wortes, der Dienst Gottes am Menschen – ist ein oder gar das wichtige Erkenntniszentrum für diese Wahrheit. Es geht allerdings nicht nur um Bekräftigung allgemein zugänglicher Erkenntnisse. ›Nimm hin und iss!‹ Geist soll verleiblicht werden,

99 Hermann Eberhardt, Zur Frage der Passionstheologie heute, www.dekanat-hof.de, o.J.

100 Girard 1983 (wie Anm. 11), hier: 142ff.

101 Die Wege des Opfernden und des Geopferten werden, um Calassos Gedanken aufzunehmen, in der Selbsthingabe Gottes zusammengeführt.

102 Hans Joas, Die Logik der Gabe und das Postulat der Menschenwürde, in: Michael Gabel/Hans Joas (Hg.), Von der Ursprünglichkeit der Gabe. Jean-Luc Marions Phänomenologie in der Diskussion, Freiburg/München 2007, 143–158, 153f.

alle Sinne des Leibes, eben menschliche Kommunikation erneuern, Charakter und Moralität formen.[103]

Das wahre Leben, Leben aus Gott, das Jesus in Liebe und Vergebungspraxis zugunsten der Menschen zu leben gewagt hat und dessentwegen er ans Kreuz gebracht wurde, wird in der Abendmahlsliturgie vergegenwärtigt. Alle sind beteiligt als die, die das Gute, das von Gott kommt, immer wieder verraten, sich so an der Vertreibung Gottes beteiligen, zugleich als die, denen der Glaube gewährt wird, dass die Liebe weiter trägt als das Vergelten, und denen damit verziehen ist. So sind sie mit allen ihren Sinnen am wahren Leben Gottes beteiligt. Die Abendmahlsliturgie vergegenwärtigt dies, ohne die Gläubigen in ein Gewaltgeschehen hineinzuziehen.

Damit geraten die Kirchen in den Blick, die einen Altar im Kirchenschiff ins Zentrum stellen. Das sind die römisch-katholische Kirche, die die Eucharistie in den Mittelpunkt stellt, und die reformatorischen Kirchen, die – traditionell jedenfalls – die Relation Wort und Glaube zentral stellen, damit den Sakramentscharakter der Liturgie indirekt abwerten, aber doch das Abendmahl und die Taufe hochhalten.

Die katholische Bearbeitung der Abendmahlstradition versteht die Eucharistie nicht (mehr) als Opfer, hält gleichwohl das Opfermotiv im Hochgebet immer noch präsent.[104] Der Opfertod Christi wird vergegenwärtigt. In der Messe werden Brot und Wein, also Nahrungsmittel transformiert in Speise für die Seele. In den Spendeformeln bleibt, wie im protestantischen Abendmahl, die Opfermetaphorik präsent.[105] Die Transformation der Opfergabe führt zu einer Transformation der Teilnehmenden.

Ein Seitenblick auf die Pfingstkirchen: Wenn im Gottesdienst der Pfingstler – nach der Wortverkündigung – die Gläubigen aufgefordert werden, nach vorn zu treten, ihre Sünden zu bekennen und ihr Leben Christus zu übergeben, und zwar als Antwort auf dessen Lebensopfer, das er anstelle der Menschen erbracht hat, die dies zu erbringen schuldig gewesen wären, wird diese Aufforderung mit der Verheißung verbunden, dass ein Leben aus solcher Umkehr

[103] Oswald Bayer, Ethik der Gabe, in: Veronika Hoffmann (Hg.), Die Gabe. Ein ›Urwort‹ der Theologie?, Frankfurt/M. 2009, 99–123, 105ff.

[104] Otto Hermann Pesch, Katholische Dogmatik. Aus ökumenischer Erfahrung, Bd. 2: Die Geschichte Gottes mit den Menschen, Ostfildern 2010, 489f., vgl. 485ff. und 554ff.

[105] Der Vorschlag von K.P. Jörns, das liturgische Schema des Abendmahls zu verlassen und nach dem Vorbild von Joh. 13 durch ein Gemeinschaftsmahl mit Fußwaschung zu ersetzen (Jörns, wie Anm. 98), hier: 333 – dürfte, abgesehen von Fragen der Durchführbarkeit – ein Feld ökumenischer Kontroversen öffnen.

gesegnet und reich sein wird. Prediger, die sich auf die Seite des *prosperity gospel* geschlagen haben, verknüpfen die Verheißung eines gesegneten Lebens gern mit dem nötigenden Hinweis, nun auch reichlich zur folgenden Kollekte beizutragen. ›Gott wird es lohnen, ebenso bald wie greifbar.‹ Die Verheißung gelingenden Lebens kann so richtig wie irreführend sein. Was ein gutes Leben miteinander in Wahrheit ausmacht, ist strittig und wäre von den Gläubigen ›unterwegs‹ im Lichte von Gal. 1,6f. und 1. Kor. 1,18ff. auszuloten. So aber wird mit der Substitution des Abendmahls durch diesen Ritus die Logik der Reziprozität wieder zur Basis des Gottesverhältnisses und die Gläubigen mit dem Missverständnis des Christlichen als Glückreligion auf den Weg geschickt und damit um das Evangelium geradezu betrogen.[106]

In der Tradition der Reformationskirchen ist das Moment der Aufhebung der Reziprozität tief verankert. Mit dem Fokus auf Christus, dem Wort gewordenen Leben Gottes zugunsten aller Menschen, wird eine Beziehung jenseits der Reziprozität geltend gemacht. Das Wort gewährt den Glauben an Gott, Schöpfer und einzigen Geber des Lebens; an den Versöhner und Vollender, von dem her niemand – weder gegenwärtig noch künftig – auf die Summe seiner Taten oder Untaten reduziert wird – eine rechtfertigungstheologische Begründung der Freiheitlichkeit und Würde, die jedem Menschen eignen. Diese doppelte Vor-Gabe – des Lebens und der In-Wert-Setzung von Gott her – ist unentgeltlich und schließt alle ein. Daher gilt es, den anderen nicht zuerst als Partner reziproker Verpflichtungsverhältnisse wahrzunehmen, sondern als von Gott in gleicher Weise beschenkte und begnadete Person, deren Würde und Freiheitlichkeit damit außerhalb jeden sozialen Tauschverhältnisses stehen.[107] Das sind, evangelisch gesehen, die Fixpunkte nicht verhandelbarer *sacra*, innerhalb derer sich soziales Handeln vollzieht.

Was zurückgegeben wird, ist weniger eindeutig identifizierbar als in zwischenmenschlichen Aktionen des Gebens, Nehmens und Erwiderns. Option eins, die protestantische Vorlieben in der Sache bedient: Der menschlich gesehen unerschwinglichen Gabe des Glaubens kann keine menschliche Gegen-Gabe entsprechen. Das Inkarnationsmotiv führt Reziprozität, was das Gottesverhältnis angeht, *ad absurdum*. Option zwei hält an einer asymmetrischen Reziprozität fest: Dankbarkeit als antwortendes Handeln tastet den reinen Gabecharakter des Glaubens nicht an, ist aber eine angemessene Antwort, die sich

[106] Mit Michael Press, in: Ders., Kokosnuss und Kreuz. Geschichten von Christen im Pazifik, Neuendettelsau 2011, 96–98.

[107] Freytag (wie Anm. 94), hier: 69; Joas (wie Anm. 102), hier: 157.

auch als Gegengabe verstehen lässt,[108] der Gottesdienst mithin ein wechselseitiges und damit auch ein gewaltanfälliges Geschehen.

So oder so – der Gottesdienst mit seinen Schritten Gotteslob, Sündenbekenntnis, Hören des Wortes, Memoria, bzw. Anamnesis, Anrufung des Geistes und eschatologischem Ausblick lädt die Teilnehmenden ein, das je eigene Leben nicht primär im Lichte sozialer Verpflichtungsverhältnisse und Abgrenzungen zu sehen. Die christliche Gemeinde unterbricht ihre kirchliche und soziale Geschäftigkeit, dessen eingedenk, dass der Quellgrund alles Guten, damit auch des ungezwungenen Gebens, von dem her und auf den hin alle immer schon leben, ohne ihren Geber zu kennen, der unauffindbare Ort des Verzeihens, sich in Jesus zu bestimmter Zeit an bestimmtem Ort einen Namen gegeben und einen schöpferischen Anruf freigesetzt hat – eine viel versprechende Eröffnung, die alle angeht. Die weltweite Verbundenheit der Christen ergibt sich, wo die Aufmerksamkeit, die andere an ihrem Ort, in ihrer Zeit diesem Anruf widmen, den jeweils anderen als Antworten auf das Wort gewordene Leben des Guten Hirten zugunsten aller Menschen anschaulich, verständlich und glaubhaft werden.

Dies ist gewiss eine Zeit- und Standort bedingte Perspektive, deren ökumenische Reichweite auszuloten wäre. In den Liturgien, Katechismen und Gesangbüchern, kurz, in den Glaubenswelten vieler Partnerkirchen des Südens, denen evangelische Kirchen in Deutschland – manchmal allerdings vor allem auf der Ebene gemeinsamer Projektarbeit – verbunden sind, ist das Satisfaktionsmotiv fest verankert, die Reziprozitätslogik regiert in Homiletik und Seelsorge. Wie kommt das?

Girards These, der entscheidende Beitrag des Christentums zu einer entstehenden planetarischen Zivilisation liege darin, dass es die Vorstellung, Opfer würden den Gleichklang des sozialen mit dem Rhythmus des kosmischen Prozesses gewährleisten und daher notwendig sein, »für immer« aufgelöst habe,[109] ist von missionsgeschichtlichem Interesse und relevant im Blick auf die Kontextualisierungsproblematik. Ich konkretisiere dies mit Bezug auf Melanesien,

[108] Bayer (wie Anm. 103), hier: 115.; Jürgen Werbick, Gottesgabe. Fundamentaltheologische Reflexionen zum Gabe-Diskurs, in: Veronika Hoffmann (wie Anm. 103), 15–32, 21. Diese Sicht scheint auch Veronika Hoffmann zu favorisieren: vgl. Dies., Ambivalenz des Gebens. Das Phänomen der Gabe aus philosophischer und theologischer Perspektive, Herder Korrespondenz 63, 6/2009, 304–308; Veronika Hoffmann, Rechtfertigung als Gabe der Anerkennung, ÖR 60, 2/2011, 160–178.

[109] Girard 1997 (wie Anm. 50), hier: 103, vgl. 90ff.; vgl. Gianni Vattimo, Jenseits des Christentums. Gibt es eine Welt ohne Gott? München/Wien 2004, 155ff.

wo wir in gleichzeitiger Ungleichzeitigkeit Entwicklungen beobachten können, wie sie sich ansonsten nur Kirchenhistorikern im Längsschnitt zeigen.

2. Opferkultische Repräsentanz des Christlichen als Durchgangsphase eines Kontextualisierungsprozesses?

Das Motiv des unüberbietbaren, ein-für-alle-Mal erbrachten stellvertretenden Opfers, das Christus anstelle der Menschen, die dies Opfer eigentlich hätten erbringen müssen, mit seinem Leben für Gott erbringt – ein zentrales Element protestantischer wie katholischer Missionspredigt – dürfte doppelt gewirkt haben: Meine These: Die Opferlogik wurde bestätigt, eine Fortdauer der Opferpraxis hingegen überflüssig. Zur Begründung in Kürze Folgendes: Die opferkultische Interpretation des Todes Jesu ließ sich aus Sicht der indigenen Rezipienten nahtlos mit dem zentralen Motiv melanesischer Mythologie und traditioneller Opferpraxis verbinden: Tötung des Urmenschen, aus dem die Gesellschaft einst hervorging, und Vergegenwärtigungen dieser Tötung in periodisch an den Gräbern der Ahnen wiederholten Schweineopfern, um durch deren Blut Lebenskraft im Gemeinwesen und im Kosmos zu erneuern.[110] Mit der Botschaft vom einmaligen, endgültigen und unüberbietbaren Opfer Jesu Christi wurde die Logik des traditionellen Opferwesens und die Geltung der Reziprozität, theologisch gesprochen, die Geltung des Gesetzes, letztinstanzlich bekräftigt. Zugleich zerbrach die Vorstellung, die alten Opferriten wären unverzichtbar. Derartige Opfer mussten nun nicht mehr sein.

Girard würde einen derartigen Bruch als Freiheitsgewinn und als Bestätigung seiner These vom epochalen kulturellen Umbruch, den das Christentum ›für immer‹ mit sich gebracht hat, feiern; Calasso hingegen als Beginn eines fatalen kulturellen Zerfalls, Hénaff als Indiz des Übergangs von einer agrarischen zu einer modernen Gesellschaft, in der das Opferritual seine Funktion verloren hat, verbuchen. So oder so – die großen, von Zeit zu Zeit veranstalteten Schweinefeste im Hochland von Papua-Neuguinea wurden innerhalb we-

[110] Protestantische Missionare haben sich, soweit ich sehe, in ihrer Christuspredigt nicht explizit auf die Mythen bezogen, die von der Tötung eines Urmenschen oder Kulturheroen erzählten. Dieser Brückenschlag erfolgte auf der Seite der indigenen Rezipienten. Die katholischen Theologen Ennio Mantovani und Maria Dlugosz machen dies umstandslos zur Grundlage ihrer Inkulturationspragmatik im Sinne des alten Schemas von Anknüpfung und Erfüllung. Ennio Mantovani, A Fundamental Melanesian Religion, in: Theodor Ahrens/Jim Knight (Hg.), Christ in Melanesia, Point Series, Goroka 1977, 154–165.; Ders., Celebrations of Cosmic Renewal. Point Series No.6, Goroka 1984; – dazu meine Kritik: On Grace and Reciprocity. A Fresh Approach to Contextualization with Reference to Christianity in Melanesia, in: Mission nachdenken, Frankfurt/M. 2002, 179–197.

niger Jahrzehnte nach der Christianisierung eingestellt. So wenig wie wir dem Asklepios noch einen Hahn opfern, stechen Melanesier noch Schweine auf den Gräbern der Toten ab oder tun dies jedenfalls viel seltener als früher. Die Opferriten, die im Verbund des Klans ihren Kontext und in der Lebenskraft des Klans ihren Zweck haben, wurden entscheidend geschwächt.

Allerdings bleiben in der Gemeindefrömmigkeit der traditionellen Missionskirchen und der Pfingstkirchen die opferkultische Interpretation des Todes Jesu und, was das Gottesverhältnis angeht, die Logik der Reziprozität fest verankert. Das Selbstopfer Jesu Christi egalisiert die Negativbilanz bisheriger Schuldgeschichte. Von jetzt an gilt sein Weisungswort, konkret, die zehn Gebote. Gott ist wie ein strenger Vater. Übertretungen werden – manchmal postwendend – geahndet, ablesbar an Krankheit, Unglück, Verarmung. Wer hingegen sein Leben den Geboten entsprechend in Ordnung bringt, wird gesegnet sein. Enttäuschungen sind damit vorprogrammiert. Sie finden Ausdruck in den berühmt-berüchtigten melanesischen Cargo-Kulten. Diese können, sofern sie mit einer Rückkehr zur Religion der Ahnen einhergehen, vorderhand als *Vergeltung* für die Enttäuschung der Glückserwartungen und Aufstiegshoffnungen verstanden werden, die einst mit der Wendung zum Christentum verbunden wurden. In einem tieferen Sinne vollzieht sich in ihnen eine Rückkehr aus der Offenheit geschichtlicher Bewährung des Glaubens in die Traumwelt der Mythen. Soviel zur Ebene der religiösen Vorstellungswelt und religiöser Praxis.

Hinzu kommt, dass in den schweren sozialen Verwerfungen, die in der mehrheitlich christianisierten, am Abgrund einer Kleptokratie schlingernden Gesellschaft aufbrechen, harte Kämpfe um die Güter des Lebens, heutzutage vor allem Land, Rohstoffvorkommen und Geld, ausgefochten werden. Der Zusammenhalt traditioneller Gruppierungen wird mürbe. Gruppenzugehörigkeiten verschwimmen. Ab- und Ausgrenzungen werden unscharf, Verpflichtungsverhältnisse neu ausgehandelt. Ein Gefühl, dass das eigentlich Soziale in eine fundamentale Schieflage geraten ist, macht sich breit. In solchen Krisenerfahrungen belebt sich die Versuchung, auf traditionelle Verfahren zurückzugreifen, mit deren Hilfe die für derartige Schieflagen vermeintlich Verantwortlichen ebenso leicht wie willkürlich stigmatisiert werden. Verfolgermentalitäten werden religiös unterfüttert, um die Ausgrenzung der vermeintlich Schuldigen zu legitimieren.[111]

Dazu sollten die Kirchen etwas zu sagen haben. Aber meist schweigen sie. Eine theologische Debatte über Sühne, Opfer und den strafenden Gott findet nicht statt. Die gehört zum Kernbestand kirchlicher Verkündigung. Eine Debatte über die Retributionslogik im Gottesverhältnis, wie sie m.E. besonders von den Pfingstkirchen massiv ausgebeutet wird, ist fällig. Eine solche Debatte kann nicht von außen her angestoßen werden. Sie muss von innen her aufbrechen. Solange historisch-kritische Theologie keinen festen Platz in den theologischen Ausbildungsstätten gefunden hat, wird man auf diese Debatte warten müssen. Was aber in einer mehrheitlich christianisierten Gesellschaft nicht nur fällig und geboten wäre, sondern auch möglich sein sollte, wäre – auf der Basis der geteilten Überzeugung, dass wegen des einmaligen, unüberbietbaren Opfer Jesu Christi Opfer nicht mehr sein sollen – eine theologische Kritik der zum Teil schrecklichen Ausgrenzungsprozesse, die sich infolge der gesellschaftlichen Verwerfungen vollziehen. Diese Debatte bahnt sich vielleicht an.[112] Die Bearbeitung von Ausgrenzungsprozessen wäre ein wichtiges Thema für die Tagesordnung nationaler Kirchenräte sowie theologischer Nord-Süd Dialoge. ›Wie geht ihr, wie gehen wir mit sozialen Schieflagen um? Wie mit dem Opfertheorem?‹

Es mag ja sein, dass Verfolgermentalitäten in jeder Gesellschaft virulent bleiben. In einer modernen, pluralistischen und demokratisch verfassten Gesellschaft sollte es allerdings sehr viel schwieriger geworden sein, sich leichthin darüber zu einigen, wer denn die Sündenböcke oder Störenfriede nun eigentlich sind: korrupte Politiker, internationale Konzerne, die Rohstoffe abbauen oder Wälder abholzen und die Landeigner leer ausgehen lassen, die Politiker, die sich von diesen Konzernen bestechen lassen, die Migranten, die in die Städte fluten und die Straßen unsicher machen, oder die Bildungspolitiker? Und, was Europa angeht, die Bürokraten in Brüssel, die Banken, die Schuldenmacher in der Politik oder die Bürger, die ihre Schulden auf die nächsten Generationen abschieben? Die Auswahl ist groß.

Vor dem Hintergrund der Girard'schen Doppelthese, dass zwischen Identitätskonstruktion und religiösen Riten nicht nur in archaischen Gesellschaften ein Zusammenhang besteht, und der Behauptung, dass der Kreuzestod Jesu nicht als Opfer missverstanden werden sollte, stellt sich die Frage, wie eine

[111] Vgl. dazu meine Studie Hexereibeschuldigungen und Hinrichtungsbündnisse im Kontext, in diesem Band.

[112] Einen verdienstvollen Anfang macht ein pastoraltheologisches Handbuch, das Franco Zocca und Jack Urame herausgegeben haben: Sorcery, Witchcraft and Christianity in Melanesia, Goroka 2008.

Gesellschaft, in der ein nichtsakrifizielles Christentum zu gesamtgesellschaftlicher Wirkung kommt, überhaupt zusammenhalten kann. Zunächst doch wohl nur so, dass das Problem der Gewaltkontrolle aus dem religiösen Bereich herausgenommen und den demokratisch legitimierten und demokratisch kontrollierten Instanzen des Rechtsstaates übertragen wird. Girard unterschätzt den Stellenwert eines demokratisch kontrollierten und von den einzelnen bejahten Rechtswesens,[113] das – wie Juergensmeyer und Kippenberg hervorgehoben haben – darauf gerichtet ist, den Risikofaktor ›religiöse Verbundenheit‹ einzuhegen. Integrations- und Ausschlussprozesse werden demokratisch und rechtstaatlich kontrolliert. Statt in religiös fundierter gesellschaftlicher Verbundenheit konstituiert sich Gesellschaft als Verantwortungs- und Rechtsgemeinschaft. Es gilt, die Abständigkeit nicht zuletzt protestantischer Kirchen im Süden zum Gedanken eines demokratisch kontrollierten und legitimierten Rechtsstaates zu problematisieren. Auch das wäre ein Thema kontextueller Theologie ebenso wie für einen theologischen Nord-Süd Dialog.

3. Das Umsonst im sozialen Miteinander lebendig halten

Kirchen tragen zur Unterbindung von Gewalt bei, indem sie Einzelne, Gruppen und nicht zuletzt Kirchengemeinden dazu anhalten, Verpflichtungsverhältnisse einzugehen, zu pflegen, zu achten und gleichzeitig offen zu halten für das Überraschungsmoment freien, ungeschuldeten Gebens. Das gilt im Nahbereich ebenso wie für das weite Feld ökumenischer Beziehungen.

Das Schenken im Geben macht zweierlei deutlich. Lex iam adest – ein Sinn für Verpflichtung ist immer schon da. Geben und Nehmen, Annehmen und Erwidern, kurz, Reziprozität, sind wichtig für den Erhalt der Solidarität unter Menschen. Gleichzeitig gilt es, das Moment des Umsonst im sozialen Miteinander, lebendig zu halten. Auf der Ebene individueller Lebensführung werden Christen in einer Gesellschaft, in der Zuwendung, Anteilnahme und Anerkennung ansonsten weitgehend von Leistungen und Gegenleistungen abhängig gemacht werden, Gegenzeichen für ein Miteinander setzen, das nicht mehr auf die Verbundenheit der Glaubenden bzw. der Religionsgemeinschaft beschränkt ist, nämlich Güte und Freundlichkeit, Treue und Dankbarkeit als Durchbre-

[113] Jörg Dierken, Gott und Gewalt. Ethisch-religiöse Aspekte eines zentralen Phänomens von Vergesellschaftung, ZMR 83, H. 4, 1999, 277–291, 286.

chungen geregelter Verpflichtungsverhältnisse.[114] Sie achten auf die Kleinen, die im Gefüge gesellschaftlicher Verpflichtungsverhältnisse nicht mithalten können, und stehen ein für deren Würde und Lebensrechte.

In der *kirchlichen Wohlfahrtspolitik* werden die Kleinen, Verdrängten, Gekränkten, die Schwachen, die für ihren Rechtsanspruch auf soziale Fürsorge nicht auf vorher von ihnen erbrachte Leistungen für das Gemeinwesen verweisen können, nicht nur als bedürftig, sondern als dazugehörig betrachtet. *Seelsorge* und das *diakonische Handeln* der Kirche sind wichtige Bewährungsfelder für die Einbeziehung der Schwachen und damit der Unterbrechung von Gewalt. Dies bleibt ein wichtiges Kriterium, von dem her alle Ebenen sozialer Beziehungen ihre Innovationskraft und christliche Legitimation beziehen. »Eine Theorie der Gabe kann eine Theorie der Hilfe nicht ersetzen; eine Theorie der Hilfe aber wird immer Anleihen machen müssen bei einer Theorie der Gabe.«[115]

Christliche Mission schließlich, d.h. das christliche Glaubenszeugnis, ist wie jede missionierende Religion unausweichlich mit der Machtfrage konfrontiert. Die Weiter-Gabe des Evangeliums erfordert einen Stil, in dem die Achtung vor der Integrität der Anderen zum Tragen kommt. Christliches Zeugnis verzichtet darauf, die Schwäche der anderen auszunutzen. Wenn in der Pastoralarbeit zunächst einmal nicht die Fragen an die anderen, sondern die Fragen der Anderen aufgenommen werden, ergibt sich ein wechselseitiges Geben, das zwar gewaltanfällig bleibt, aber jedenfalls die Ambition, den Einfluss religiöser Institutionen zu mehren und zu sichern, hinter sich gelassen hat. Gleichwohl geht es in christlicher Mission nach wie vor um die Eröffnung des Glaubens. Ohne Zweifel enthält das Evangelium eine Zumutung an seine Empfänger. »Eine Mission, die keine Zumutung darstellen will, ist weder von sich überzeugt noch für andere überzeugend. Mit weniger Zumutung als der Umkehr von eigener Gewalt ist das Evangelium nicht zu haben; insofern ist es nach wie vor ein Zivilisierungsschritt Christ zu werden, zu bleiben und für beides zu werben.«[116]

[114] Giancarlo Collet, Einstehen für die eigene Überzeugung. Bemerkungen zum christlichen Glaubenszeugnis, ZMiss 37, 1/2011, 8–18.

[115] Rüdiger Volz, Die Gestaltung wechselseitiger Angewiesenheit im ›Geben-Nehmen-Erwidern‹, in: Udo Hahn et al. (Hg.), Geben und Gestalten. Brauchen wir eine neue Kultur der Gabe?, Münster 2008, 13.19, 17.

[116] Hans-Joachim Sander, Mission und Religion – unentrinnbar ein Diapositiv der Gewalt? Von der Not und dem Segen einer missionarischen Kirche, in: Deutschland – Missionsland, hg. v. Matthias Sellmann, Freiburg 2004, 121–145, Zitat 136. So auch Collet (wie Anm. 113), hier: 8f.

4. Macht und Machtmissbrauch in ökumenischen Beziehungen

Es sei abschließend als ein Bewährungsfeld für die Unterbrechung von Gewalt – die Problematik von Macht und Machtmissbrauch in ökumenischen Beziehungsfeldern angesprochen. Die Beziehungen zwischen den evangelischen Kirchen in Deutschland bzw. ihren Missionswerken mit den sogenannten Partnerkirchen in der nichtwestlichen Welt sind nicht weniger komplex und spannungsvoll als es die Beziehungen zwischen Staaten sind. In den ökumenischen Beziehungsfeldern geht es nicht um physische Gewalt gegen Personen oder Sachen, sondern um ideologische Gewalt – ›Wer entscheidet über die im ökumenischen Miteinander zu verhandelnde Tagesordnung?‹ – und um strukturelle Gewalt: ›Wer verschafft der aktuellen Projektsprache Geltung?‹ und schließlich: ›Wer bestimmt die Vergabekriterien und Modalitäten für finanzielle Transferleistungen?‹[117]

Wenn die Gabe als Leitmetapher in das spannungsvolle Miteinander und Gegeneinander ökumenisch zusammenarbeitender Kirchen eingezeichnet wird, ist damit kein sachfremdes Kriterium für die Beurteilung der Qualität partnerschaftlicher Zusammenarbeit geltend gemacht worden. Die Zentralstellung der Gabemetapher leugnet nicht die politischen und ekklesiologischen Differenzen, Interessenkonflikte und Machtungleichgewichte, sondern hilft, diese genauer zu erfassen. Durchleuchten wir die ökumenischen Beziehungsfelder vom Gedanken der Gabe her, dann tritt die Polarität folgender Motivationen in den Blick: *Verpflichtung und Freiheit* sowie *Interesse und Uneigennützigkeit*. Sie bleiben gleichzeitig im Spiel,[118] in unterschiedlicher Gewichtung, je nachdem, auf welchen Ebenen kirchlicher Vernetzung gegeben, angenommen und erwidert wird. Das Geben, Annehmen und Erwidern, kurz, Reziprozität findet ihre je kontextuellen Gestaltungen im Spannungsfeld dieser Motivationen. Die Uneigennützigkeit widersetzt sich dem Interesse; die Freiheit und spontane Hilfsbereitschaft der Verpflichtung und der Verrechtlichung der Beziehungen. Uneigennützigkeit, absichtsloses Geben bleibt ein eigenständiges Motiv in der ökumenischen Beziehungsarbeit. Das Potential struktureller Gewalt in ökumenischer Beziehungsarbeit wird eingehegt, wenn im Spannungsfeld der genannten Polaritäten das Überraschungsmoment spontanen Gebens und die Autonomie der Geber, so viel zu geben und zu behalten, wie sie möch-

[117] Zum Umgang der ev. Missionswerke mit der Korruptionsproblematik: Theodor Ahrens, Wenn Gaben fehlgehen. Korruption als Problem ökumenischer Beziehungen, in: Vom Charme der Gabe. Theologie interkulturell, 41–142.

[118] Caillé (wie Anm. 81), hier: 204.

ten, ebenso im Spiel bleiben wie die Autonomie der Empfänger, Empfangenes unter Berücksichtigung örtlicher Verpflichtungsverhältnisse selbstbestimmt zu verwenden. Die grundlegende Bedeutung des Gabemotivs für ökumenische Beziehungen leugnet nicht das jeweilige institutionelle Eigeninteresse, nicht einmal das Motiv des Eigennutzes. Wohl aber wird uneigennütziges, spontanes Geben immer wieder über die vertraglich geregelten Ordnungen des Gebens und Nehmens hinausweisen und der Verrechtlichung partnerkirchlicher Beziehungen Grenzen setzen.

ABSTRACT

This study probes a thesis which Hans-Martin Gutmann submitted for discussion in his recent book *Gewaltunterbrechung durch religiöse Verbundenheit. Ein Einspruch.* The thesis, briefly, suggests that ›mutual religious commitment‹, nourished by images and narratives of good reciprocity may and even will be instrumental to prevent people from falling prey to the attractions of violence. To support his case, Gutmann refers to research done by René Girard, Marcel Mauss and then introduces the *gift*, key metaphor for positive reciprocity as opposed to bad or negative reciprocity – prone to violence. The event of the *gift* is situated in a social network which Gutmann labels as ›mutual religious commitment‹.

My paper engages in a dialogue with Gutmann beginning with a spot check on what empirically-based religious research has to say about the value and function of ›mutual religious commitment‹ as far as proneness towards violence or competency for reconciliation are concerned. René Girard suggests that ›mutual religious commitment‹ in his theory of religion comes to stand on the pagan side of religiosity. According to Girard it is the individual who is charged and challenged with the responsibility to wake up from a collective delusion of compulsive sacrifices. Roberto Calasso, in his critique of Girard however, argues that Girard has simply not understood the meaning of sacrifice, namely to keep the social process in harmony with the rhythm of cosmic life. To abolish the principle of reciprocity is impossible. Any act of giving is indebted giving. However, a glance at the more recent debate on a theory of the gift and reciprocity – among the heirs of Marcel Mauss' academic work – draws our attention to the fact that free, non-indebted spontaneous giving is present and, as a moment of surprise, in fact indispensable in any social network of reciprocal commitments. To this insight Christianity has something to offer. It is the idea of incarnation which turns commonly-held notions about those things which may be given and other valuables which should definitely be kept, the *sacra* or identity markers respectively, upside down. God gives himself away – everything for nothing. While the idea – ›God is giving himself away‹ is central to the tradition of the Lord's Supper, the liturgical traditions of various denominational persuasions deal quite differently with that notion. What matters, is to keep that vital dimension of gratuity alive – in social interaction as well as in relationship to God. What promise that perspective might hold for our concern with a limitation of violence, is sketched out in a final section, first, in reference to the problem of inculturation, further with regard to social work under the sponsorship of churches and Christian mission, and finally with particular reference to use and misuse of power in networks of ecumenically related churches.

Gabentausch als Gewaltunterbrechung*

Theodor Ahrens

Vorbemerkungen

Statt auf der Regel der Alten zu bestehen, nämlich den Verlust eines Auges mit nur einem Auge und den Verlust eines Zahns mit nicht mehr als einem Zahn zu vergelten und so dem Ausufern von Gewalt zu wehren (Mt. 5,38, vgl. Ex. 21.23–25; Lev. 24,19f; Dtn. 19,21), empfiehlt Jesus in der Bergpredigt, denen, die von Höhergestellten mit dem Handrücken der rechten Hand auf die rechte Backe geschlagen wurden, die linke hinzuhalten und so, statt sich demütigen zu lassen, die Aggression des Gegners durch eine gewaltfreie Aktion abzufangen. Mit dem Handrücken der rechten Hand lässt sich auf die linke Backe schlecht schlagen (Mt. 5,43).[1] Der alttestamentlichen Weisung, erlittenes Unrecht *maßvoll*, wenn auch mit gleicher Münze, zu vergelten, wird die Möglichkeit gegenübergestellt, erfahrene Gewalt weder schlichtweg zu verzeihen oder nur passiv hinzunehmen, sondern mit gewaltfreiem Widerstand zu reagieren. Jesus rät mit *anderer Münze* ›heimzuzahlen‹. Wie könnte das aussehen?

In unseren Tagen hat der nigerianische Schriftsteller Wole Soyinka Bischof Tutu, der sich nachhaltig dafür eingesetzt hatte, in den außergerichtlichen Ausgleichsverfahren zwischen Tätern und Opfern im Kontext der südafrikanischen Kommission für Wahrheit und Versöhnung dem Verzeihen Raum zu geben – freilich nach einem Schuldeingeständnis der Täter –, weil es ansonsten »keine Zukunft« für die südafrikanische wie auch für andere von gewaltsamen Konflikten erschütterte Gesellschaften geben könne,[2] entgegengehal-

* Für Paul Paul-Gerhardt Buttler

1 Tim Schramm, ›Pay-back‹-Gesellschaft und der Verzicht auf Gewalt, in: Theodor Ahrens (Hg.), Zwischen Regionalität und Globalisierung, Hamburg 1997, 409–422, 417f.

2 Desmond Tutu, Keine Zukunft ohne Versöhnung, Düsseldorf 2001.

ten, dass es Versöhnung im Sinne einer Wiederherstellung akzeptabler Beziehungen zwischen Tätern und Opfern ohne Entschädigungsleistungen nicht geben kann und soll.[3] Soyinkas Vorschlag verzichtet darauf, christliche Vorlieben zu bedienen, verdient gleichwohl einen zweiten Blick.

Hans-Martin Gutmann hat kürzlich – Anlass wie Hintergrund unseres Kolloquiums – die These unterbreitet, dass Religionen im Allgemeinen und das Christentum im Besonderen Kommunikationsmuster und Räume bereitstellen, die geeignet sind, negative Reziprozität in positive Reziprozität zu transformieren, genauer, die Zirkel der Gewalt, die ein demokratischer Rechtsstaat zwar zurückdrängen, aber nicht endgültig stilllegen könne, zu unterbrechen. Gewalt wird erst wirklich abgefangen, wenn die tief sitzende Gewaltbereitschaft durch »Widerfahrnisse der Fülle des Lebens« aufgehoben werde.[4] Solche Erfahrungen, so Gutmann, werden im Kontext religiöser Verbundenheit gestiftet. Sie hat ihren Ort vornehmlich im Gottesdienst. Dort werden Erzählungen, Erinnerungen und kulturelle Praktiken gepflegt, die geeignet sind, augenblicklich den Geschenkcharakter des Lebens und der Lebenswelt zur Erfahrung zu bringen. Die Gabe wird als Leitmetapher für die Erfahrung des Überflusses göttlicher Güte und Güter in der Lebenswelt eingeführt. Gutmann räumt ein, dass die Reichweite der gottesdienstlich gepflegten Symbolwelt begrenzt ist;[5] gleichwohl gelte es darauf zu vertrauen, dass es bei allen Menschen eine Kraft gibt, die zuvor feindseliges und zerstörerisches Verhalten in Kooperation und Gemeinschaft verwandeln kann.[6] Einerseits *stütze* religiöse Verbundenheit, konstituiert durch die verbindende Kraft von Erzählungen und Ritualen, den Austausch und das freie Geben, wie sie im alltagsweltlichen Feld immer schon mitlaufen.[7] Andererseits postuliert Gutmann, dass die Wirkmächtigkeit nicht zuletzt biblischer Erzählungen »eine Umkehrung und Transformation von gewaltsamer in lebensförderliche Wechselseitigkeit buchstäblich ›zur Welt bringen‹« kann.[8]

Wenn ich Gutmann recht verstehe, interessieren ihn vornehmlich Möglichkeiten, die sich im Nahbereich, in überschaubaren sozialen Zusammenhängen

[3] Wole Soyinka, Die Last des Erinnerns. Was Europa Afrika schuldet – und was Afrika sich selbst schuldet, Düsseldorf 2001, 99ff., 102.

[4] Hans-Martin Gutmann, Gewaltunterbrechung. Warum Religion Gewalt nicht hervorbringt, sondern bindet. Ein Einspruch, Gütersloh 2009, 11.

[5] Gutmann (wie Anm. 4), 62.

[6] A.a.O. 115f., 123.

[7] A.a.O. 50ff., vgl. 10ff., 68ff.

[8] A.a.O. 26.

bieten, die Antriebskräfte der Gewalt aus religiöser Verbundenheit zu sistieren. Sein Blick richtet sich nicht auf den religiösen Faktor in großräumigen Konflikten.[9]

Methodisch gesehen, beginnt Gutmann mit der Metapher der Gabe. Die Metapher wird etabliert, um sie dann in einem zweiten Schritt an die Felder sozialen Handelns heranzutragen. Das von Gutmann avisierte Forschungsvorhaben richtet sich auf eine empirische Fundierung seiner These. Dieses Interesse sei im Folgenden aufgenommen.

Zum Folgenden

Ich möchte, einer methodologischen Anregung I. Dalferths folgend, von konkreten lebensweltlichen Zusammenhängen ausgehen,[10] in denen getauscht, vergolten und heimgezahlt wird. Die Modi und die Strukturen der Interaktionen zwischen Gruppen werden aufgedeckt, um dann den Stellenwert der religiösen Metapher, die Reichweite der »wirkmächtigen Erzählungen« zu beleuchten und für einen konkreten Fall näher zu bestimmen.

Es könnte ja sein, dass wir uns gar nicht für die Logik der Gabe *oder* die Logik der Reziprozität zu entscheiden haben, sondern dass wir Foren und soziale Interaktionsmuster zu entwickeln und zu gestalten haben, »in denen begründet darüber entschieden werden kann, in welchen Bereichen zu welchem Grade welche Logik gelten soll«.[11]

9 Mark Juergensmeyer und Hans G. Kippenberg, deren empirisch fundierte Studien sich auf großräumige Konflikte, in denen Religion zu einem Faktor geworden ist, beziehen, behaupten beide nicht eine zwingende Verbindung von Religion und Gewalt. Wohl aber kommt religiöse Verbundenheit als ein Gewalt fördernder Faktor in Sicht, und zwar dann, wenn Menschen, die sich in einer komplexer gewordenen Gesellschaft als Verlierer vorkommen oder sich überfordert fühlen, auf ein Weltbild zurückfallen, das ihnen Identitätsversprechen vorgaukelt und erlaubt, den säkularen Staat, ›den Westen‹ oder die westliche Aufklärung etc. als Feind auszumachen. Beide Autoren setzen auf politische und rechtsstaatliche Mittel, um Gewalt einzudämmen. Religiöse Verbundenheit wird nicht als Ressource für Gewalteindämmung zitiert. Mark Juergensmeyer, Die Globalisierung religiöser Gewalt. Von christlichen Milizen bis al-Qaida, Hamburg 2009; Hans G. Kippenberg, Gewalt als Gottesdienst. Religionskriege im Zeitalter der Globalisierung, München 2008.

10 Ingolf Dalferth, Alles umsonst. Zur Kunst des Schenkens und den Grenzen der Gabe, in: Michael Gabel/Hans Joas (Hg.), Von der Ursprünglichkeit der Gabe. Jean-Luc Marions Phänomenologie in der Diskussion, Freiburg/München 2007, 159–191, hier: 171.

11 Hans Joas, Die Logik der Gabe und das Postulat der Menschenwürde, in: Michael Gabel/Hans Joas (Hg.), Von der Ursprünglichkeit der Gabe. Jean-Luc Marions Phänomenologie in der Diskussion, Freiburg/München 2007, 157. Joas bezieht sich auf Michael Walzer, Sphären der Gerechtigkeit.

Ich beziehe mich im Folgenden auf das Westliche Hochland in Papua-Neuguinea, ein Konglomerat segmentärer Gesellschaften im Übergang zum postkolonialen Nationalstaat, und beleuchte in einer Fallstudie, dass und wie Forderungen der Tradition ›Leben für Leben‹, kurz, das Recht der Vergeltung physischer Gewalt mit physischer Gewalt in traditionellen Verfahren des Konfliktmanagements, die sich jenseits staatlicher Gerichtsbarkeit vollziehen, abgefangen werden können. Während diese Verfahren das staatliche Rechtswesen gleichzeitig herausfordern und schwächen, entsteht ein Raum für zivilgesellschaftliche Beiträge zur Gewaltbegrenzung.

Die Situation

Als während der 1930er Jahre ›Entdecker‹, Goldsucher, Beamte der australischen Mandatsverwaltung und Missionare in das Westliche Hochland von Papua-Neuguinea vordrangen, stießen sie auf große Bevölkerungsgruppen mit hoch entwickelten Gartenbaukulturen, die dort seit Jahrtausenden gesiedelt hatten. Seither hat die Lebenswelt der Menschen tief greifende wirtschaftliche, soziale, politische und religiöse Umbrüche erfahren. Neben die Gartenbaukultur, die die täglichen Bedarfe abgedeckt hatte, traten neue Wirtschaftsformen wie Kaffee- und Teeplantagen und ausländische Minengesellschaften, die Rohstoffvorkommen vor Ort ausbeuten.

Bevölkerungszuwachs und Migration trugen dazu bei, dass traditionelle Landgrenzen und Landrechte strittig wurden. Generationenkonflikte verstärken sich. Einzelne und Gruppen kämpfen darum, sich in den erweiterten Zusammenhängen des postkolonialen Nationalstaats zu behaupten und neu zu positionieren. Es gibt Gewinner und Verlierer im Wettstreit um den Zugang zu staatlichen ›Entwicklungsgeldern‹. Infolgedessen werden traditionelle Verpflichtungsverhältnisse mürbe. Die alten Kräfte sozialen Zusammenhalts drohen zu bersten. Im Zentrum der Probleme, die die Menschen lösen müssen, steht die Frage, ob es ihnen gelingt, neue, tragfähige Formen des Gemeinschaftslebens zu entwickeln. Überall im Lande finden sich Menschen, die sich ernsthaft und nachhaltig darum bemühen.

Ein Plädoyer für Pluralität und Gleichheit, vgl. Walzer, 31ff. Vgl. auch Paul Ricoer, Liebe und Gerechtigkeit, Tübingen 1990, 43ff.

Gleichzeitig kommt es immer wieder vor, dass derartige Bemühungen scheitern. Alte, scheinbar erledigte Konflikte brechen wieder auf. Neue Konflikte, z.B. im Gefolge einer sich einbürgernden Praxis von Stimmenkauf bei Parlamentswahlen, treten hinzu. Neben den Besonnenen gibt es immer auch andere, die Spannungen gerne schüren. In der Reibungshitze, die dabei entsteht, kommt es immer wieder zu gewalttätigen Auseinandersetzungen zwischen benachbarten Gruppen. Diese oft als *tribal fights* bezeichneten Konflikte werden mittlerweile nicht mehr mit Pfeil und Bogen, sondern mit automatischen Gewehren ausgetragen. Waffen werden von außerhalb geliefert und gern mit vor Ort produzierten Drogen bezahlt. Regelmäßig sind Tote und Verletzte zu beklagen. Nicht selten münden die Konflikte in eine Spirale der Gewalt, die zwischenzeitlich abklingt, um dann, manchmal wegen eines nur kleinen Vorfalls, plötzlich neue Dynamik zu entfalten. Dörfer werden abgebrannt, Kaffeegärten, Schulen und ländliche Gesundheitszentren werden zerstört. Vergeltung wird zum Gesetz des Handelns. Christen – die Mehrheit der Bevölkerung gehört einer Kirche an – können sich dem kaum entziehen.[12] Im Hintergrund des Geschehens sind Politiker, Polizei und Geschäftsleute gelegentlich selbst an den Konflikten beteiligt. Im Verborgenen spielen sie mal so, mal anders mit und heizen, wenn es ihren Interessen dient, die Spirale der Gewalt an, während sie öffentlich für Law and Order eintreten.

Umstrittene Legitimität von Gewalt

Der moderne, demokratisch kontrollierte Rechtsstaat, wie ihn die Verfassung Papua-Neuguineas vorsieht, untersagt jegliche physische Gewalt, die nicht vom Gesetz gedeckt ist,[13] untersagt nicht zuletzt, dass Menschen Vergeltung in Eigenregie betreiben. Der Nationalstaat als Souverän beansprucht das Gewaltmonopol, das die anscheinend wilde Gewalt einer vorstaatlichen und vorrecht-

[12] »Every one must take part in the affairs of the community whether good or bad. If he is not a participant the community will reject him and look down on him as an outcast with no status. He becomes a no body.« Michael Wan Rupulga, How Can a Community Find Lasting Peace solutions to Fight in Papua New Guinea? Paper presented to the Annual PNG Pacific Seminar on ›Traditional Conflicts and Peace Solutions‹ at Breklum May 7th to 9th, 2010, mimeo, 2. Vgl. auch Schramm, (wie Anm. 1), hier: 411f.

[13] Constitution of the Independent State of Papua New Guinea (Consolidated to Amendment No. 22) Government of Papua New Guinea, 15th of August 1975, Preamble.

lichen Situation beenden und in eine demokratisch kontrollierte rechtsstaatliche Ordnung überführen soll.

Das Problem der Gewalt ist von vornherein mit dem der *Legitimität* verknüpft. Was macht Gewalt legitim? In modernen Gesellschaften wird in Eigenregie, jenseits des staatlichen Rechtswesens betriebene Vergeltung als irrational, zerstörerisch und sinnlos angesehen, in den kleinteiligen, vorkolonialen Gesellschaften in Papua-Neuguinea hingegen als normal, sinnvoll und unter Umständen als geboten.[14] »Die zeremonielle Rache der traditionellen Gesellschaften ist bei weitem keine Entfesselung schierer Gewalt, sondern eine Art und Weise, sie ... zu begrenzen.«[15] Vergeltung war *ein* Aspekt einer umfassenden Ideologie der Reziprozität, Kehrseite des Tausches von Wertsachen, wie er periodisch vollzogen wurde, um die Beziehungen zwischen rivalisierenden Gruppen zu stabilisieren und geschmeidig zu halten.

Doch auch im demokratisch legitimierten Rechtsstaat bleibt der »imaginierte vorrechtliche Zustand der Gewalt ... im Recht präsent« und ist konstitutiv.[16] Für die Durchsetzung rechtsstaatlicher Ordnung beansprucht der Staat ein Gewaltmonopol. Die moralische Bewertung von Gewalt bleibt bezogen auf den Index der Kriterien politischer Legitimität – eine delikate Konstellation, die in schwachen Staaten, wie zum Beispiel der postkolonialen Gesellschaft in Papua-Neuguinea, zum Problem werden kann.

Jedenfalls in manchen Teilen des Landes ist dem Souverän das Gewaltmonopol faktisch entglitten. Das Rechtswesen des Staates erweist sich vielfach als unzureichend, um gewaltsame Konflikte zwischen rivalisierenden Gruppen zu entschärfen. Ich nenne einige Faktoren, die dazu beigetragen haben: Es werden Straftatbestände untersucht. Die Gerichte werden Individuen für deren Taten zur Verantwortung ziehen. Einzeltäter werden bestraft oder bleiben – manchmal nur aus verfahrenstechnischen Gründen – straffrei. Es ist unwahrscheinlich, dass ein Gericht den Anteil, den eine traditionelle Gruppe am Ausbruch eines gewalttätigen Konfliktes hat, näher als in sehr allgemeiner Weise bestimmen wollte. Die überindividuellen Wirkzusammenhänge, wie Gerüchte und im kommunalen Gedächtnis abgelagerter Hass, die das Geschiebe der Gruppen gegeneinander und miteinander beeinflussen, sind kaum justitiabel. Fak-

14 Pamela Stewart/Andrew Strathern, Violence: Theory and Ethnography, London/New York 2002, 159.

15 Marcel Hénaff, Der Preis der Wahrheit. Gabe, Geld und Philosophie, Frankfurt/M. 2009, 331.

16 Michael Moxter, Gewalt als Phänomen und Grenze der Kulturtheologie, in: Religion, Politik und Gewalt. Kongressband des XII europäischen Kongresses für Theologie 18.–22. September 2005 in Berlin, Gütersloh 2005, 626–641, 630.

ten, die aus der Sicht der Beteiligten für die Beurteilung einer gewaltsamen Konfliktes ausschlaggebend wichtig sind, werden allenfalls am Rande berücksichtigt oder gänzlich ausgeblendet. Daher bewirkt ein Schuldspruch des Gerichts selten einen Ausgleich zwischen den am Konflikt beteiligten Gruppen. Glaubwürdigkeitsdefizite des Gerichtswesens sind die Folge.

Vor diesem Hintergrund beanspruchen Konfliktparteien Legitimität für ihnen vertraute Formen außergerichtlichen Konfliktmanagements. Diese außergerichtlichen Verfahren der Konfliktregelung gewannen in den Jahren nach Erlangung der politischen Unabhängigkeit rasch breite Akzeptanz. Dabei handelte es sich nicht nur um eine sich einbürgernde Präferenz für ein von zwei parallelen Verfahren des Konfliktmanagements bzw. der Rechtsprechung – und insofern um eine Entlastung staatlicher Gerichte –, sondern durchaus um zwei Verfahren, deren zugrunde liegende Ideologien sich kreuzen oder sogar gegeneinander laufen.[17]

Der kulturelle Rahmen: Tauschen, heimzahlen, Ausgleiche herstellen, heiße Konflikte sistieren

Bis Anfang der 1990er Jahre trugen Tauschbeziehungen zwischen benachbarten Klans dazu bei, relativ stabile Verpflichtungsverhältnisse zu etablieren, ohne dass Gewalt, Tötungen, Zauberwesen etc. völlig eliminiert wurden. In diese Vernetzungen musste ständig investiert werden, um sie lebendig zu halten. Reziprozität ist das regierende Prinzip aller Dimensionen menschlicher Existenz. Jede Handlung berücksichtigt die Erfüllung eigener Verpflichtungen und zielt darauf, andere zu verpflichten. Es geht in jedem Fall um einen Austausch von Leben und Lebenskraft – positiv oder negativ – auf der Ebene zwischenmenschlicher Beziehungen, sodann in der Beziehung zur Natur/Umwelt und nicht zuletzt in Beziehung zu den unsichtbaren Mächten, insbesondere den Toten. Diese Verpflichtungsverhältnisse durchdringen also alle Lebensbereiche. Jedes soziale Handeln, ob lebensförderlich oder lebensfeindlich, erfordert früher oder später eine Antwort entweder in *gleicher Münze* (Gut für Gut, Blut für Blut, Schädigung der Lebenskraft für Schädigung der Lebenskraft oder aber Heimzahlung *in einem anderen Medium* (Güter – traditionell Muscheln,

[17] Andrew Strathern, Compensation: Should there be A New Law? In: Richard Scaglion (Hg.), Homicide Compensation in Papua New Guinea. Problems and Prospects, Law Reform Commission of Papua New Guinea, 1981, 5–24, hier: 11–13.

Schweine, Kasuare, später auch Bargeld für menschliches Leben). Die gegebenen *Wertsachen*, das hat Marcel Mauss zum Angelpunkt seiner einflussreichen Untersuchung über »Die Gabe« gemacht, werden zum Medium, über das soziale Beziehungen verändert werden.[18]

Gift exchange kann – Stewart/Strathern zufolge, auf die ich mich stütze – jedenfalls in Mount Hagen nicht gleichzeitig mit offenen Feindseligkeiten koexistieren. Traditionelle Tauschbeziehungen waren nur dort möglich, wo Rivalitäten und Feindseligkeiten in Allianzen überführt wurden.[19] Vor dem Tausch liegt der Konflikt, liegt die Gewalt. Schon Marcel Mauss hat den Tausch in eine prekäre Ausgangslage situiert. Loyalitäten und gegenseitige Verpflichtungsverhältnisse mögen innerhalb einer Wir-Gruppe einigermaßen stabil sein. Die Ursprungssituation des Tausches liegt an den Rändern der Wir-Gruppe.[20] Diese Ränder sind bestimmt durch Unsicherheiten, Furcht vor dem Fremden, Feindseligkeiten und Rivalitäten. Die Verpflichtungsverhältnisse sind undefiniert – mit der Alternative Kampf oder Bildung einer Allianz. Die Gabe bzw. der Tausch »leistet für segmentäre, was der Staat für moderne Gesellschaften leistet: sie schafft und garantiert Frieden« – urteilt Berking im Anschluss an M. Sahlins.[21]

Mauss scheint mir vorsichtiger zu sein. Er erinnert daran »wie nahe Fest und Krieg beieinander liegen«.[22] Der Tausch stellt eine delikate Balance zwischen den rivalisierenden Gruppen her. Die Beziehungen zwischen den Partnern, die geben, annehmen und erwidern, sind störanfällig und können schnell von positiver in negative Reziprozität umschlagen. Feindseligkeiten explodieren leicht, sobald sich die Vorstellung breitmacht, dass eingegangene Verpflichtungen nicht eingehalten wurden. Diese können Heiratsverträge, Todesfälle oder andere Übergänge in traditionellen Gesellschaften betreffen.

Die Wir-Gruppe steht ein für das Lebensrecht der Einzelnen. Das gilt für die Täter wie für die Opfer. Verlorenes Leben darf niemals unentschädigt bleiben.[23] Beide Konfliktparteien anerkennen die Legitimität der Vergeltung, ungeachtet der mittlerweile etablierten Vorgaben staatlichen Rechts. Vergeltung

[18] Marcel Mauss, Die Gabe. Form und Funktion des Austauschs in archaischen Gesellschaften, in: Soziologie und Anthropologie Bd. 2, Frankfurt/M. 1989.

[19] Stewart/Strathern (wie Anm. 14), hier: 175.

[20] Helmuth Berking, Schenken. Zur Anthropologie des Gebens, Frankfurt/M./New York 1996, 67, vgl. 63ff.

[21] A.a.O. 67, vgl. 72ff.

[22] Mauss (wie Anm. 18), hier: 141.

[23] Henaff (wie Anm. 15), hier: 331.

kann die Form offen ausgetragener physischer Gewalt annehmen oder, wenn es um Konflikte im Nahbereich geht, sich unsichtbar machen und die Schwächung der Lebenskraft der Anderen mit Mitteln der Zauberei (*witchcraft, sorcery*) betreiben. Todesfälle, die auf Zauber zurückgeführt werden, rufen ebenso nach Vergeltung wie die Toten, die während einer bewaffneten Auseinandersetzung ums Leben kamen. Die Geister der Verstorbenen verpflichten ihre Hinterbliebenen, den Verlust des eigenen Lebens oder auch des Lebens anderer Klanangehörige an denen zu vergelten, denen diese Todesfälle zugeschrieben werden. Das Verlangen nach Revanche, Hass und Misstrauen werden in die Symbolwelt der unsichtbaren Mächte projiziert. Damit kommt Religion ins Spiel. Die Toten werden für den Verlust des eigenen Lebens entschädigt, indem ihnen Macht und Autorität zugestanden werden. In der den Toten zugeschriebenen Forderung nach Vergeltung und ihrer imaginierten Sanktionsmacht liegt eine symbolische Gewalt – sowohl gegenüber den Nachgeborenen des eigenen Klans als auch gegenüber den aktuellen Konfliktpartnern.

Anstelle einer Revanche in gleicher Währung, Blut für Blut, Leben für Leben, konnten und können, das wurde schon angesprochen, auch Wertsachen stehen und an Stelle der Verstorbenen angenommen werden. Es wird ›zurück gegeben‹, jedoch in einem anderen Medium als dem des Blutes. Vergeltung und Tausch sind zwei Seiten einer Medaille. Diese unblutigen Transferleistungen, so berichtet schon H. Strauss, vergüteten den Verlust an »Zeugungs-, Wehr- und Wirtschaftskraft« und fanden ursprünglich in einem kultischen Kontext statt. Derartige Vergütungen sollten in angemessener Proportion zu der fehlerhaften Tat stehen.[24] Die Konfliktparteien anerkennen die Logik der Retribution, die mit *zwingender Kraft* handlungsleitend zum Tragen kommt.

Der Tausch wird also zu einem Baustein des Konfliktmanagements.[25] Ein derartiges Verfahren als Versöhnung zu bezeichnen, würde den Vorgang mit Bedeutung überladen. Ein Weg wird gebahnt, um physische Vergeltung abzufangen. Immerhin ließe sich davon sprechen, dass ein Konfliktpartner zu einem Tauschpartner werden kann. Im Ergebnis kommt nicht Versöhnung zustande, wohl aber eine – vorerst – gewaltfreie Koexistenz zweier Gruppen. Indem der Forderung nach Vergeltung auf einer anderen Ebene als der physischer Gewalt, nämlich in einem Tausch von Wertsachen für Lebensverlust Ge-

[24] Hermann Strauss, Die Mi-Kultur der Hagenberg-Stämme im östlichen Zentralneuguinea. Eine religionssoziologische Studie, Hamburg 1962, 251, vgl. 249ff., 238ff.; und Strathern (wie Anm. 17).

[25] Stewart/Strathern (wie Anm. 14) hier: 175.

nüge getan wird und damit Beziehungen neu geordnet werden, erweist sich die Macht der ›Gabe‹.[26]

Es gibt keine Gewähr dafür, dass jeder gewaltsame Konflikt durch Kompensationsleistungen gewaltfrei geregelt werden kann. Dies ist eine Option, nicht mehr und nicht weniger. Denn auch traditionelle Tauschzyklen enthielten immer das Moment der Freiwilligkeit.[27] Beide Seiten haben die Freiheit, sich auf eine Neuordnung ihrer Beziehungen einzulassen oder dies nicht zu tun. Freiheit und Ordnung sind zwei Bausteine der Verhandlungslogik.[28]

Vorstellungen von ›Reue‹, ›Strafe‹ oder ›Sühne‹ spielen, scheint mir, in diesem Zusammenhang keine Rolle. Aus der Perspektive der Beteiligten geht es darum, einen Ausgleich für zuvor eingefangene Schwächung der Lebenskraft eines Klans herzustellen und den ›Schmerz zu stillen‹. So gesehen entsprachen und entsprechen diese Verfahren-des-in-Ordnung-Bringens einem von der *lokalen* Tradition geformten Bedürfnis nach ›Gerechtigkeit‹,[29] einem Bedürfnis, dem Verfahren staatlicher Rechtsprechung, weil sie jenseits der gestörten Gruppenbeziehungen stattfinden, kaum gerecht werden können. ›Gerechtigkeit‹ als Ergebnis derartiger Verfahren ist kein absoluter, sondern »ein relativer Begriff, dessen konkreter Inhalt in Relation steht zu bestimmten Zielen und Sinngehalten«.[30] Die Konfliktparteien sind Subjekte des Verfahrens. Sie teilen ungeachtet ihres Konflikts eine Tradition der Retributionslogik und Retributionspraxis, die Gerechtigkeitsansprüche partikular definiert. Man könnte mit Hahn von einem gerechtigkeitstheoretischen Partikularismus sprechen.[31]

In einer Übergangsgesellschaft hat das System der Kompensationszahlungen für die Regelung von Konflikten zwischen kleinen Gruppen erkennbare Vorteile: An den Verfahren sind viele Menschen beteiligt. Es wird, notiert A. Strathern, klar, wer mit wem im Konflikt liegt und darum, wer mit wem etwas zu regeln hat. Transferleistungen werden von vielen Individuen aufgebracht, dann aber im Namen einer Gruppe an eine andere Gruppe überreicht. Es wer-

[26] »Die Gaben an die Menschen und an die Götter haben auch den Zweck, den Frieden zu erkaufen. Auf diese Weise vertreibt man die bösen Geister, allgemein die bösen Einflüsse …« Mauss (wie Anm. 18), hier: 34.

[27] Strathern (wie Anm. 17), hier: 11.

[28] Dazu Christian Wollmann, Versöhnung in Freiheit und Ordnung. Reflexionen zu einem sozialethischen Handlungsfeld in protestantischer Perspektive, Frankfurt/M. 2007, 173ff.

[29] Stewart/Strathern (wie Anm. 14), hier: 9, 109.

[30] Michael Walzer, Sphären der Gerechtigkeit. Ein Plädoyer für Pluralität und Freiheit, Frankfurt/M./New York 1992 (engl. 1983), 440.

[31] Henning Hahn, Globale Gerechtigkeit. Eine philosophische Einführung, Frankfurt/M./New York 2009, 159ff., Walzer (wie Anm. 30) hier: 30ff.

den also auch innerhalb der Gruppe, die eine Kompensationsleistung aufbringt, neue Verpflichtungsverhältnisse geschaffen und das Maß an Verantwortung und Partizipation, das Einzelne als Mitglieder einer Gruppe bereit sind oder eben auch genötigt werden, einzugehen, ständig neu verhandelt.[32]

Marcel Mauss situiert den Gabentausch in eine zivilgeschichtliche Perspektive. »Sein großes Thema ist die Überwindung einer prekären Ausgangslage: die Beendigung des Krieges aller gegen alle, die Überführung des Hobbesschen Naturzustandes in friedliche, vertraglich regulierte Formen der Vergesellschaftung.«[33] Mauss setzt übrigens auf Vernunft, nicht auf Gefühl oder Religion. »Indem die Völker die Vernunft dem Gefühl entgegenstellen und den Willen zum Frieden gegenüber plötzlichen Wahnsinnstaten geltend machen, gelingt es ihnen, das Bündnis, die Gabe und den Handel an die Stelle des Kriegs, der Isolierung und der Stagnation zu setzen.« Er zieht aus seiner Untersuchung die Folgerung. »Die Gesellschaften haben in dem Maße Fortschritte gemacht, wie sie selbst, ihre Untergruppen und schließlich ihre Individuen fähig wurden, ihre Beziehungen zu festigen, zu geben, zu nehmen und zu erwidern.« [34]

Der Souverän mag derartige Formen des Konfliktmanagements neben den gesetzlich vorgesehenen Verfahren der Rechtssprechung für eine begrenzte Zeit dulden, zumal wenn sie Störungen zwischen kleinen Gruppen betreffen. Auf die Dauer akzeptieren kann er sie nicht, vor allem dann nicht, wenn sich das System auf großräumige Konflikte ausdehnt. Im Übrigen bleibt aus rechtsstaatlicher Sicht zu berücksichtigen, dass Einzeltäter, die sich im Rahmen eines Gruppenkonfliktes eines Tötungsdeliktes schuldig gemacht haben, in diesen Gruppenverfahren faktisch amnestiert werden.

Funktionieren traditionelle Ausgleichsverfahren in der postkolonialen Übergangsgesellschaft?

Im postkolonialen Nationalstaat Papua-Neuguinea sind die Aktionsräume und damit die Arenen, in denen Konflikten ausgetragen werden, großräumiger geworden. An vielen Stellen der Gesellschaft kam es zu bewaffneten Konflikten zwischen benachbarten Gruppen, gelegentlich zu bürgerkriegsähnlichen Zu-

32 Strathern (wie Anm. 17), hier: 12.
33 Berking (wie Anm. 20), hier: 67.
34 Mauss (wie Anm. 18), hier: 141.

ständen. Gleichzeitig ufert das System der Kompensationszahlungen, dessen Prinzipien eben nicht nur neben, sondern z.T. auch konträr zu Prinzipien staatlicher Rechtssprechung stehen, ebenfalls aus, wuchert teilweise ins Maß- und Maßstablose.

Schon 1981 berichtet MacIndoe von höchst fragwürdigen Kompensationspraktiken.[35] Kompensationsforderungen werden für alle möglichen und unmöglichen Dinge und Vorgänge geltend gemacht, z.B. für bislang unstrittige Überquerungsrechte auf dem Land benachbarter Klans, weiter z.B. für Erdrutsche, die öffentliche Straßen für eine Weile unpassierbar machten oder auch für Grundstücke, die der Staat schon vor Jahrzehnten vertraglich erworben hatte. Häufig kommt es zu Kompensationszahlungen, die in Relation zu den diskutierten Sach- oder Personenschäden absurd hoch erschienen. Beispielsweise sieht sich der Klan eines Taxifahrers, dem ein betrunkener Passagier aus dem Auto fällt und dabei zu Tode kommt, Entschädigungsforderungen ausgesetzt, die dazu führen, dass das Schulgeld für Kinder nicht mehr aufgebracht werden kann, dass kleine Geschäfte in Konkurs gehen und junge Mädchen in Eheverträge genötigt wurden, um durch Brautpreise Bargeld zu erwirtschaften. Kompensationszahlungen werden mittlerweile eben auch gern als schnell und leicht gemachter Profit verbucht.

Nicht selten ziehen Kompensationsgeschäfte wiederum gewaltsame Konflikte nach sich, weil einige sich bei der Verteilung der ausgehandelten, um nicht zu sagen, erbeuteten Kompensationsmasse benachteiligt wähnen und Nachforderungen geltend machen. Während meiner Aufenthalte 2003 und 2006 im Westlichen Hochland erfuhr ich, dass Dörfler gelegentlich ihre eigenen Häuser abbrennen, um anschließend bei ihrer Provinzregierung zu berichten, Polizeikräfte hätten ihre Dörfer abgefackelt. Sie verlangen und erhalten aus staatlichen Mitteln Kompensationsgelder. Polizeikräfte vergelten derartige Intrigen wiederum mit nicht autorisierten Strafexpeditionen.

Den Dörflern erscheinen die staatlichen Ordnungskräfte als Feind, der das Leben der Bürger bedroht. Die Schutz- und Abwehrrechte der Bürger vor dem Missbrauch staatlicher Gewalt werden unterminiert. Was sich hier andeutet ist, in den Worten Giorgio Agambens, das »Zutagetreten des Ausnahmezustands als permanente Struktur der juridisch-politischen Ent-Ortung und Verschiebung«, mit der das nackte Leben der Bürger zur Verfügungsmasse des Souve-

[35] T.C. MacIndoe, Tribal Fighting and Compensation in the Simbu Province, in: Homicide Compensation in Papua New Guinea. Problems and Prospects, hg. v. By Richard Scaglion, Law Reform Commission of Papua New Guinea 1981, 25–29, 26.

räns wird. »Vielleicht handelt es sich nicht um einen Rückfall der politischen Organisation in überwundene Formen, sondern um vorwarnende Ereignisse, die wie blutige Boten den neuen *nómos* der Erde ankündigen.«[36]

Das Wahljahr 1997 sah – um ein eklatantes Beispiel herauszugreifen – solche Vorboten, als der damalige Premierminister Julius Chan, erschöpft von vielen ergebnislosen Verhandlungen, die auf eine Beendigung des schon neun Jahre alten Bürgerkriegs in Bougainville zielten, und frustriert durch militärische Fehlschläge der eigenen Truppen, für 46 Mio. US $ etwa 250 südafrikanische Söldner anheuern ließ, um die Aktionen der landeseigenen Truppen effektiver zu machen und einen Blitzkrieg gegen die Führer der Rebellen anzuführen. Im Erfolgsfall sollte die britische Firma Sandline, die die Söldner vermittelt hatte, die wieder zu eröffnende Kupfermine auf Bougainville sichern und an deren Erträgen beteiligt werden. Das Unternehmen scheiterte in einem Wust von Intrigen, Straßengewalt und Wahlkampfpropaganda. Der Ministerpräsident musste zurücktreten. An seine Stelle trat für kurze Zeit der vormalige Minister für Minen John Giheno, dem enge Verbindungen zur Szene der *street gangs* nachgesagt wurden, die mit Plünderungen in der Hauptstadt und Demonstrationen gegen die verbreitete Korruption erheblich dazu beigetragen hatten, die anomische Situation heraufzuführen und zu verschärfen.[37] Der Kollaps von Law and Order ist ein Dauerthema in der Tagespresse. Nicht, dass Gesetzlosigkeit flächendeckend um sich griffe. Aber die Milieus, die sich der Kontrolle staatlichen Rechts entziehen oder durch Staatsversagen rechtsfreie Räume entstehen lassen, dehnen sich aus. Zu dieser Entwicklung trägt der Umstand bei, dass Teile der politischen Klasse von ausländischen Konzernen, die um Lizenzen für die Ausbeutung von Bodenschätzen oder Abholzung von Regenwäldern rivalisieren, kooptiert werden. Infolgedessen brechen neue Konfliktfelder auf.[38]

36 Giorgio Agamben, Homo sacer. Die souveräne Macht und das nackte Leben, Frankfurt/M. 2002, 49, vgl. 19, 68, 197.

37 Asia Yearbook 1998, hg. v. Far Eastern Economic Review Hongkong (= FEER Yearbook) 1997, 180ff.

38 Diese Konfliktfelder brachen schon bald nach der Unabhängigkeit des Landes auf. Vgl. Evangelisches Missionswerk et al. (Hg.), Entwicklung und Umwelt. Ökonomisch-ökologische Entwicklung in Papua Neuguinea. Eine Untersuchung des Starnberger Instituts im Auftrag des Evang.-Luth. Kirche in Bayern, Hamburg 1991, FEER Yearbook 1990, 202ff.; Kathleen Barlow, Regulating the Forest Industry in Papua New Guinea: An Interview with Brian D. Brunton, in: The Contemporary Pacific. A Journal of Island Affairs, Vol. 9, No. 1 1997, 146–156, 150ff. Zur desolaten Wirtschafts- und Sozialpolitik Papua-Neu guineas vgl. Susan Windybank/Mike Manning, Papua New Guinea on the Brink, Issue Analysis 2003, No. 30; und Steven Gosarevski/Helen Hughes/Susan Windibank, Is Papua New Guinea Viable? Pacific Economic Bulletin Vol. 19, No. 1 2004, 134–148.

Der postkoloniale Nationalstaat, der sich in seiner Verfassung auf ein demokratisch kontrolliertes System der Rechtsprechung verpflichtet, hat nach wie vor ein Interesse daran, Privatfehden und dem Austrag von gewaltsamen Konflikten zwischen Gruppen ebenso wie zwischen Ordnungskräften des Staates und Teilen der Bevölkerung in den Arm zu fallen. Der Staat beansprucht das Gewaltmonopol, um gegen ausufernde Gewalt der Herrschaft des Gesetzes Anerkennung zu verschaffen, *violentia* in *potestas* zu transformieren.[39] Doch Interventionen der staatlichen Ordnungskräfte sind in der Regel wenig erfolgreich.

In dieser instabilen Situation hat der Staat die Tradition der Kompensationszahlungen aufgegriffen. Einerseits werden Kompensationen durch das staatliche Rechtssystem kanalisiert. Staatliche Mittel werden eingesetzt, um Gruppen mit berechtigten oder scheinbar berechtigten Ansprüchen zu beschwichtigen. Andererseits wird das Prinzip der Wiedergutmachung in einen hierarchischen Rahmen eingespannt und als ›Strafe‹ definiert, die darauf zielt, die Praxis einer von Einzelnen oder Gruppen wahrgenommenen Revanche stillzulegen. Doch das Konzept von Kompensation als *Strafe* kann die lokal tradierten Vorstellungen von angemessenem Ausgleich nicht befriedigen. Als ›restaurative Gerechtigkeit‹ kommt sie in diesem Zusammenhang nicht infrage.

Als Zwischenbilanz können wir festhalten: Vergeltung und Kompensationen sind *nicht nur* als obsoleter Traditionsüberhang zu sehen, der einen ansonsten vorgeblich stabilen Kontext unterminiert. Im Fall *überschaubarer Konflikte im Nahbereich* eigenen sich traditionelle Formen des Konfliktmanagements vielleicht besser als staatliche Sanktionen, um Konflikte einzuhegen und gegenseitige Anerkennungsverhältnisse einzuüben. Diese Praxis kann als eine Art primitives Rechtssystem zwischen exogamen Klans gesehen werden, das sich zwar abständig zum Rechtspositivismus verhält, aber im Nahbereich nicht unausweichlich zur Anarchie führen muss.[40] Sobald die Konfliktfelder sich ausdehnen, ist das aber häufig doch der Fall.[41] Eine großräumig ausufernde Praxis der Retribution jenseits staatlicher Rechtsprechung bedroht

[39] Zur Problematik Moxter (wie Anm. 16), hier: 627ff.

[40] Stewart/Strathern (Anm. 14), 12; so auch Elmar Klinger, Revenge and Retribution, The Encyclopedia of Religion, Vol. 12, 362–369.

[41] Windybank/Manning (vgl. Anm. 38) sehen die Grundursache der Krise, die zentrale staatliche Institutionen erfasst hat wie z.B. die für die propere Durchführung von Wahlen für das Nationalparlament verantwortliche Electoral Commission oder das für Umsetzung der Sprüche des Ombudsmann verantwortliche Parlament, um nur einige zu nennen, in einem »cultural clash between traditional tribal customs and the institutions of modernity« (9).

die Stabilität des Gemeinwesens und verliert damit Funktion, Wirkung und Glaubwürdigkeit. Die Legitimität und Moralität, die traditionellen Verfahren der Konfliktregelung in kleinteiligen Gesellschaften zugestanden werden mag, werden verspielt.

Es bleibt das grundsätzliche Problem, dass der Herrschaftsanspruch des Gesetzes, jedenfalls was diese Konflikte angeht, von den Konfliktparteien häufig nicht anerkannt wird. Es fehlt die *freiwillige* Selbstbindung an die Idee eines Rechtsstaates, der die Freiheitlichkeit der Einzelnen schützt und begrenzt, indem er wechselseitiger Anerkennung Geltung und Gestalt gibt, sich selbst wie seine Bürger an das Recht bindet und so – notfalls unter Androhung von Gewalt – Gewalt minimiert.[42] Es wird noch lange dauern, bis der Gedanke eines demokratisch kontrollierten Rechtsstaates in Papua-Neuguinea gesamtgesellschaftliche Anerkennung findet.

Die Räume für zivilgesellschaftliches Engagement, um diese kleinteiligen Konfliktfelder zu bearbeiten, werden bislang nur von wenigen Akteuren genutzt. Die Kirchen und andere Nichtregierungsorganisationen (NGOs) haben hier eine Aufgabe,[43] und zwar auf zwei Ebenen: Die im Nationalen Kirchenrat vertretenen Kirchen engagieren sich in öffentlichen Erklärungen für die in der Verfassung verbrieften Menschenrechte.[44] Sodann haben sie aufgrund ihrer Basisverbundenheit, vielleicht noch mehr als andere Nichtregierungsorganisationen, besondere Möglichkeiten, im Fall von regional begrenzten Konflikten zur Eindämmung von Gewalt beizutragen. Dafür gibt es, was die kirchliche Präsenz im Hochland von Papua-Neuguinea angeht, Beispiele. Es gibt auch historische Vorbilder.

42 Jörg Dierken, Gott und Gewalt. Ethisch-religiöse Aspekte eines zentralen Phänomens von Vergesellschaftung, in: Ders., Selbstbewusstsein individueller Freiheit, Tübingen 2005, 435–451, 447ff.

43 Volker Böge, Friedenskonsolidierung in Nachkriegszeiten. Der Fall Bougainville, Universität Hamburg, Forschungsstelle Kriege, Rüstung und Entwicklung, Arbeitspapier Nr. 3, 1999; Ders., Konfliktpotentiale und Gewaltkonflikte im Südpazifik. Optionen für den Zivilen Friedensdienst, Universität Hamburg, Forschungsstelle Kriege, Rüstung und Entwicklung, Arbeitspapier Nr. 1/2001; Theodor Ahrens, Chancen und Grenzen der Kirchen im Umgang mit Gewalt, Lernort Gemeinde, H. 1, 2006, 9–12.

44 Die Konferenz der katholischen Bischöfe tut das besonders nachhaltig, etwa wenn es um Gewalt gegen Frauen oder HIV-/AIDS-infizierte Patienten geht. Den lutherischen Kirchen und evangelikalen Gruppen hängt ihre traditionelle Abständigkeit zum Gedanken des Rechtsstaates nach. Dazu kommt, dass deren Kräfte so sehr von ihren internen Problemen absorbiert werden, dass sie sich nicht in dem erforderlichen Maße auf diese gesamtgesellschaftliche Problematik einlassen können.

Zivilgesellschaftliche Beiträge der Kirchen – Vergeltet nicht Böses mit Bösem …

1. Historische Reminiszenz

Während der Frühphase der Kolonisierung hat das Christentum, zum Beispiel im östlichen Hochland, durchaus zur Stilllegung des traditionellen Fehdewesens beigetragen.[45] 1936/37 kam es in der Nähe von Kainantu (Eastern Highlands Province) zu einer Friedensbewegung, die breiten Rückhalt in der Bevölkerung hatte und weit ins Umland ausstrahlte. Vorausgegangen waren schwerwiegende Konfrontationen der Einheimischen mit Goldsuchern und Beamten der australischen Mandatsverwaltung, nämlich 1933 in Aiamontina bei Kanantu und im Jahr darauf in Finintugu bei Henganofi. In beiden Fällen waren jeweils 19 Menschen ums Leben gekommen. Diese Vorfälle konnten von der lokalen Bevölkerung nicht mehr als Scharmützel verbucht werden. Es war Krieg. Die Übermacht der Eldoradosucher und der australischen Mandatsverwaltung waren evident. Wenig später organisierten Lokalpolitiker im Verein mit lutherischen Evangelisten, die von ihren Gemeinden an der Küste ins Hochland entsandt und dort seit einigen Jahren sesshaft geworden waren, Zusammenkünfte, bei denen – in einer Adaption traditioneller Friedenszeremonien – Waffen verbrannt, Friedenszeichen ausgetauscht und Vereinbarungen getroffen wurden, um eine neue Ära inter-tribalen Friedens einzuläuten. Die indigenen Evangelisten hatten das Christliche als Friedensmacht und Friedensordnung präsentiert. Während der Frühphase der Kolonisierung konnte sich das Christentum als Friedensmacht und Friedensordnung empfehlen und mit dem Hinweis, das Recht des Schöpfers fordert Frieden zwischen den Stämmen, eine Begründung mit Anspruch auf ökumenische Reichweite beisteuern. Für die emotional aufgewühlte Bevölkerung im östlichen Hochland lag in dieser Botschaft durchaus eine Attraktion. Die anomisch gewordene Situation schien eine entsprechende religiöse Plausibilisierung geradezu abzurufen. Den kulturellen und sozialen Tod vor Augen konnten die vielen Menschen, die an diesen Versammlungen teilnahmen, gemeinschaftlich bewerkstelligen, was Einzelnen zu tun nicht möglich gewesen wäre.[46] Diese emotional stark aufge-

[45] Robin Radford, Burning the Spears. A ›Peace Movement‹ in the Eastern Highlands of New Guinea 1936–1937, in: The Journal of Pacific History 12, 40–54; Theodor Ahrens, Die Verstoßung der alten Götter. Zur Frühgeschichte lutherischer Mission im östlichen Hochland von Papua Neuguinea, in: Ders., Der Neue Mensch im kolonialen Zwielicht, Studien zum religiösen Wandel in Ozeanien, Hamburg 1993, 45–63.

[46] Radford (wie Anm, 45), 45.

ladenen Friedenszeremonien, seither als *das Verbrennen der Speere* im kommunalen Gedächtnis, hatten eine kathartische Wirkung. Das Christliche wurde als Friedensmacht und Friedensordnung rezipiert.

Im Rückblick auf diese Umbrüche darf allerdings nicht übersehen werden, dass die australische Mandatsverwaltung entschlossen war, der *Pax Australiana*, Law and Order allmählich Geltung zu verschaffen – und zwar sowohl gegenüber der einheimischen Bevölkerung als auch gegenüber den australischen Goldsuchern, die das Land unkontrolliert durchzogen. Die australische Mandatsverwaltung legte dem traditionellen Fehdewesen enge Fesseln an. Law and Order wurden von der Kolonialmacht gesamtgesellschaftlich durchgesetzt. Damit verblasste die Wahrnehmung des Christentums als Friedensreligion zu einer Erinnerung an die Erfahrungen der ersten christlichen Generation. Die Pazifizierungspolitik der Kolonialmacht trug dazu bei, das Thema Friedensarbeit von der Mitte an den Rand kirchlichen Zeugnisses zu rücken, und die einsetzende religiöse und soziale Pluralisierung unterminierte den anfänglich noch plausiblen theokratischen Anspruch. Obgleich mittlerweile mehr als 80 % der Bevölkerung Mitgliedschaft in einer christlichen Kirche beanspruchen, kommt es in der postkolonialen Gesellschaft, wie gesagt, wieder vermehrt zu gewaltsamen Konflikten. Die christliche Großerzählung verhindert dies jedenfalls nicht. Sie ist nicht mehr, aber auch nicht weniger als ein Teil des kulturellen und religiösen Bühnenbilds, vor dem sich das alltägliche Leben abspielt.

2. Eine Fallstudie. Friedensarbeit der Melpa Lutheran Church

Seit den 1970er Jahren haben sich christliche Kirchen verschiedentlich als Vermittler in Stammesfehden engagiert. Ein besonders beeindruckendes Beispiel gibt die Melpa *Lutheran Church in Papua New Guinea*, die ihre Basis in der Provinz Westliches Hochland hat. Seit mehr als dreißig Jahren hat der Bischof dieser Kirche, Sanangke Dole, Friedensarbeit vom Rand wieder in die Mitte des Zeugnisses dieser Kirche gerückt und in etwa 20 Fällen bewaffneter Auseinandersetzungen, manchmal erst nach monatelangen Vermittlungsbemühungen erfolgreich zwischen streitenden Parteien vermittelt.[47] Dieses Engagement hat im Regelfall drei klar von einander unterschiedene Phasen, nämlich eine Retreat zur Vorbereitung einer Arbeitsgruppe und einen öffentlichen Gottesdienst zum Abschluss sowie dazwischen Vermittlungsarbeit im Stil traditioneller Lokalpolitik.

Bevor sich der Bischof mit einem Team von 8–10 Pastoren und Gemeindeältesten ins Gelände begibt, auf dem die Auseinandersetzungen wogen, um mit den Konfliktparteien zu reden, kommt das Team zu einer Retreat zusammen. In Bibelarbeiten, durch Eingeständnisse eigenen Versagens (was eigene Friedensbereitschaft angeht) und durch lang anhaltendes Gebet wird *ein Kraftfeld aufgebaut.* Dies soll die Mitglieder des Teams schützen, sobald sie sich in das destruktive Kraftfeld der streitenden Parteien wagen. »*The team prepares for the evil powers that will come against them. They prepare their lives for the spiritual battles as well as physical battles.*«[48] Die sichtbare Welt, mithin auch das menschliche Handeln sind, das wird vorausgesetzt, umgeben und durchwirkt von der unsichtbaren Welt, aus der heraus der Gott der Bibel und die Mächte der traditionellen Religion, nicht zuletzt die Ahnen, jederzeit direkt in den Gang der Dinge eingreifen können.

Sodann rückt das Team aus, um zwischen den Territorien der streitenden Parteien – manchmal für Wochen – zu kampieren. Der Bischof ist in der Region *bekannt und respektiert.* Er *bleibt* mit seinem Team vor Ort. Sein *Zeitkontingent ist unbegrenzt.* Er knüpft an *traditionelle Formen des Konfliktmanagements* an. Der Bischof geht mit seinem Team zwischen den Konfliktparteien hin und her. Zunächst *sucht er Nachdenkliche*, die gesprächsbereit sein könnten. Die lassen sich in der Regel auch finden. Sodann gilt es – auch wenn es sich um einen *Gruppen*konflikt handelt – die *Einzelnen*, die Meinungsmacher und die Entscheidungsträger, die den Konflikt ausschlaggebend betrieben haben, für Gespräche zu gewinnen. Die in besonderem Maße *Verantwortlichen* dürfen sich nicht entziehen. Das mühsame und manchmal viel Zeit beanspruchende Hin- und Hergehen zwischen den Konfliktparteien zielt darauf, direkte Gespräche beider Parteien zustande zu bringen.

An dieser Stelle kommen die *Erzählungen* ins Spiel. Die Konfliktparteien verfügen über keine gemeinsame Erzählung, die für beide Seiten akzeptabel rekonstruieren würde, wie es zu dem Konflikt gekommen ist, wer angefangen hat und worum es eigentlich geht.[49] Die in ihren entscheidenden Perspektiven nicht zu vereinbarenden Erzählungen über den Anteil der jeweils anderen Par-

[47] Melpa Lutheran Church in Papua New Guinea (Hg.), Reconciliation. A Paradigm of Mission, Mt. Hagen 2006, 11ff., 13ff.; Theodor Ahrens, ›Geistliche Säuberungen‹ als Strategie kirchlicher Identitätssicherung?, in: Ders., Gegebenheiten. Missionswissenschaftliche Studien, Frankfurt/M. 2005, 258–291; Theodor Ahrens, Versöhnung als Horizont christlicher Mission, in: Ders., Vom Charme der Gabe. Theologie interkulturell, Frankfurt/M. 2008, 263–282.

[48] Melpa Lutheran Church (wie Anm. 47), 12.

[49] Ahrens (wie Anm. 47), hier: 277ff.

tei am gemeinsamen Konflikt haben komplexe Wirkungen: Sie verstärken gegensätzliche Gruppenidentifikationen und verknüpfen den individuellen und den kollektiven Anteil an Gewalt. Beide Seiten sehen sich als Opfer einer Aggression und das ist ja nicht nur in Papua-Neuguinea so. Die je eigenen Versionen der Konfliktgeschichte erklären und legitimieren Gewalt gegen *alle* Menschen, die der anderen Konfliktpartei zugerechnet werden. So werden die Erzählungen zu einer gefährlichen Waffe. In verstärktem Maße scheint dies in Fällen verborgener Gewalt, z.B. Schadenszauber oder Todeszauber, der Fall zu sein. Nicht zuletzt bilden diese Erzählungen die Brücke zur kulturellen und religiösen Dimension im Gewaltkomplex. Sie legitimieren Revanche, weil die Geister der getöteten Opfer darauf angeblich bestehen. So wird der eigene Hass in das Pantheon der unsichtbaren Mächte projiziert. Gewalt braucht Symbole, um andere einzuschüchtern oder Dominanz zu beanspruchen.[50] Beide Seiten fühlen und handeln aus den unmittelbar zuhandenen Plausibilitäten ihrer Rahmenerzählungen heraus.[51]

Wie steht es mit der ›Wirkmächtigkeit‹ von Gegen-Erzählungen?[52] Während dieser Phase der Vermittlungsarbeit knüpft der Bischof an solche Gegen-Erzählungen noch nicht an. Natürlich laufen – während die dominanten Erzählungen der Konfliktparteien Gewalt und Vergeltung legitimieren – in einer seit einigen Jahrzehnten flächendeckend christianisierten Region gleichzeitig aus der christlichen Katechese und Predigttradition gespeiste Gegen-Erzählungen um, dazu rationalisierende Argumente, die besagen, dass Gewalt zu viel kostet, dass physische Gewalt unvorhersehbare Konsequenzen hat und dass sie nicht zu rechtfertigen ist, weil sie Andere körperlich und seelisch beschädigt und deren Lebensgrundlagen zerstört.

Dem Bischof geht es aber zunächst darum, hinter die unvereinbaren Erzählungen zu den *Tatsachen* vorzustoßen, zu dem, was wirklich geschehen ist, auf die Ebene, auf der der Konflikt eigentlich sitzt. Diese Fakten und die gegensätzlichen Interessen der Konfliktparteien müssen benannt werden. Die Anlässe, an denen Gewalt sich aktuell entzündete, sind selten die wahren Ursachen des Konflikts. Ohne ein Durcharbeiten dieser Fakten ist eine Unterbrechung der Gewalt nicht erreichbar. Im Ergebnis kommt es sicher nicht zu einer

50 Stewart/Strathern (wie Anm. 14), hier: 17ff., 37, 152, 170f.

51 Wenn im Folgenden auf die kulturellen und religiösen Faktoren, die Gewalt einzudämmen geeignet sind, abgehoben wird, sind die sozialen, ökonomischen und politischen Faktoren, die gewaltsame Konflikte befördern, wie Landstreitigkeiten, ungleiche Zugänge zu materiellen Ressourcen, ungleiche Partizipation am politischen Prozess damit keineswegs vergleichgültigt.

52 Gutmann (wie Anm. 4), hier: 68ff.

von beiden Parteien gemeinsam vertretenen neuen Großerzählung des Konfliktes, die sagen würde, wie es nun wirklich gewesen ist. Wohl aber fördert die Konfrontation mit den Fakten, insbesondere ein illusionsloser Blick auf die Folgekosten der Gewalt, so weit Kompromissbereitschaft, dass die Konfliktparteien – um eine Formulierung von Susan Dwyer aufzugreifen – die Versionen der jeweils anderen »wechselseitig tolerieren können«.[53]

Die Melpa Lutheran Church hat im Kontext dieser Friedensarbeit die Tradition der Kompensationszahlungen, früher ›blood payment‹ genannt, aufgegriffen. Wenn ein Friedensschluss vereinbart werden konnte, werden die Angehörigen des Angreifers, bevor die vereinbarte Kompensationsleistung von Gruppe zu Gruppe erfolgt, der Familie des/der Opfer Wertsachen, ein ›Angeld‹ überreichen, um die ›Hitze ihres Grolls abzukühlen‹.[54] In dieser Weise zielt Bischof Sanangkes Arbeit auf eine *Vereinbarung* und führt die Konfliktparteien so an den Gedanken des Rechtes im weitesten Sinne als Garanten *einer einzuhaltenden Ordnung* heran.[55]

Im *Ergebnis* kommt es zu einer *vorerst gewaltfreien Koexistenz.* Die Überreichung von Wertsachen symbolisiert eine Beziehung gegenseitiger Anerkennung. Konfliktparteien haben ihre negative Reziprozität in eine Tauschbeziehung transformiert. Eine gewaltfreie Koexistenz ehemaliger Kriegsgegner ist nicht wenig. Von Versöhnung zu sprechen liefe, je nachdem welche Kriterien man für den Begriff der Versöhnung ansetzen will, m.E. auf eine Überinterpretation hinaus.[56] Aus gewaltfreier Koexistenz kann mehr werden. Die gegen-

[53] Susan Dwyer zitiert bei Stephanie van de Loo, Versöhnungsarbeit. Kriterien – theologischer Rahmen – Praxisperspektiven, Stuttgart 2009, 297.

[54] Melpa Lutheran Church (wie Anm. 47), hier: 13.

[55] Traugott Koch, Der Friede in der Politik, Zeitschrift für evangelische Ethik, 47, H. 3, 2003, 181–192, 181.

[56] Stephanie van der Loo (wie Anm. 53) nennt als konstitutive Elemente sozialer Versöhnungsprozesse u.a.: »Entschuldigung als empathische Anerkennung der Opferperspektive«, weiter »das Stellen der Schuldfrage« und die »Sicherung rechtlicher Maßstäbe mit einer Verurteilung der Taten«. (288) Im Lichte dieser Kriterien wäre es übertrieben, im Blick auf die Ergebnisse der Vermittlungsarbeit der Melpa-Kirche von »Versöhnung« zu sprechen. Andererseits sieht van der Loo durchaus, dass es nicht gut möglich ist, präskriptiv vorzugeben, was unter sozialer Versöhnungsarbeit zu verstehen ist. (319) Sie benennt vier Maximen, die sozusagen im Ausschlussverfahren eine etwas flexiblere Bewertung erlauben: Eine Vermittlungsarbeit, die »eine öffentliche Begegnung mit den geschehenen Verletzungen ausschließt«, die »die faktische Dimension der Wahrheit« sowie »die Frage von Verantwortung und Schuld ausspart«, weiter die Wahrnehmungen und Emotionen der unmittelbar betroffenen Opfer/Täter etc. »ignoriert« und – schließlich – »keine öffentlich wahrnehmbaren Zeichen des Versöhnungswillens setzt«, kann nicht versöhnend wirken. (287) Vor dem Hintergrund dieser Negativfolie kann das Beispiel der Friedensarbeit der Melpa-Kirche m.E. als Versöhnungsarbeit gesehen werden. Mit Wollmann (wie Anm. 28, 193ff.) und Dwyer (vgl. van der Loo, 297ff.) plädiere ich allerdings dafür, derartige Verfahren-des-in-Ordnung-Bringens nicht

seitige Anerkennung selbst hat Gabecharakter.[57] In nicht wenigen Fällen haben diese Friedensschlüsse gehalten. Es bleibt allerdings eine delikate Beziehung, die aus nichtigem Anlass leicht in neue Feindseligkeiten umkippen kann.

Der Friedensschluss wird in einem öffentlichen Gottesdienst auf freiem Feld unter Beteiligung vieler Menschen, manchmal als Abendmahlsgottesdienst, gefeiert. Dieser gottesdienstliche Abschluss ist wichtig, weil *viele Menschen*, darunter die anwesenden Repräsentanten der Provinzregierung und der Polizei, *hören und sehen*, dass dieser von Hass und Vergeltungsdrang getriebene blutige Konflikt nicht durch Gewalt oder Drohung von außen, sondern von den Beteiligten freiwillig beendet werden konnte. Beide Parteien tauschen eine Bibel aus und versprechen einander, dass sie ihre Beziehungen künftig gewaltfrei leben wollen. Ein großes Kreuz wird aufgerichtet – Mahn- und Erinnerungsmal einer denkwürdigen Geschichte!

Die christliche Symbolwelt wird – jedenfalls während dieser besonderen Gelegenheit – dominant gestellt und öffnet den Horizont für die Frage nach einer letzten Sinnquelle jenseits der Logik der Reziprozität. Der Tauschgedanke wird allerdings nicht annulliert. Transferleistungen wurden getätigt und Bibeln werden ausgetauscht. So wird der Gedanke einer freiwillig eingegangenen, einzuhaltenden Ordnung im Gottesdienst verortet.

3. Reflexionen

Der geschilderte Fall hat paradigmatische Bedeutung in und für Konfliktsituationen in kleinteiligen Gesellschaften. In Konflikten, in denen die Ordnungsmächte des Staates nichts auszurichten vermögen, weil sie ihre Autorität verspielt haben, weil die Konflikte sich in zu großer Entfernung von der Zentrale zutragen oder weil Polizei und Politik ihr eigenes Spiel betreiben, können Kirchen, nicht zuletzt Kirchenführer, die vor Ort über viele Jahre hinweg Vertrauenskapital aufgebaut haben, die weiter verstehen, was und wie in der Lokalpolitik gespielt wird, und die schließlich auf der Wellenlänge der Volksreligion kommunizieren, eine konstruktive Rolle spielen, wenn es darum geht, im Verein mit den Besonnenen und Vernünftigen, die es immer auch gibt, die Betreiber destruktiver Gewalt in ihre Schranken zu weisen.

a priori mit Maximalforderungen zu beladen. Es muss der Freiheitlichkeit der Beteiligten überlassen bleiben, gewaltfreie Anerkennungsverhältnisse situationsgerecht auszuhandeln.

57 Henaff (wie Anm. 15), hier: 179.

Die Konfliktparteien und die kirchlichen Vermittler setzen gemeinsam voraus, dass dem Verlangen nach Vergeltung ›in gleicher Münze‹ (›Leben für Leben, Blut für Blut‹) durch Transferleistungen *in einem anderen Medium* Genüge getan werden kann. Von der Möglichkeit, Gewalt zu sistieren und Ausgleiche zu verhandeln, wusste auch die traditionelle Kultur. Die kirchlichen Vermittler sind nicht die exklusiven Eigentümer des Friedensthemas. Die Melpa Lutheran Church, die traditionelle Verfahren-des-in-Ordnung-Bringens aufgreift, hilft zu klären, wer welche Interessen vertritt, und verdeutlicht, wofür sie selbst steht – eine einzuhaltende Ordnung als das größere Gut. Die kirchlichen Vermittler haben ihre eigenen Gründe, sich an der Beilegung gewaltförmiger Konflikte zu beteiligen, aber sie bringen *keine Vorschriften* in den Verhandlungsprozess ein. Die Freiheitlichkeit der Verhandlungspartner wird gewahrt und das allgemeine Interesse an Frieden und Ordnung werden vorangebracht.[58] Der Friede im öffentlichen Raum kann unter den Bedingungen der Neuzeit nicht nur von außen oder von oben durchgesetzt werden. »Er muss von den Beteiligten selbst gewollt sein.«[59] Der Gedanke *kollektiver Verantwortung* steuert das Ritual. Die Betreiber des Konflikts werden an den Verhandlungstisch gebracht. So kommt gleichzeitig das Moment *individueller Verantwortung* zum Tragen.[60]

In der vorrechtlichen Situation waren Lebensordnung und Religion durch das Prinzip der Reziprozität ununterscheidbar vereint. In der postkolonialen Übergangsgesellschaft, deren Verfassung den kolonialgeschichtlich vermittelten Rechtsgedanken aufgenommen hat, treten sie auseinander und lassen einen freien Raum entstehen,[61] in dem dieser Abschlussgottesdienst zu stehen kommt. In diesem Freiraum werden Zeichen dafür gesetzt, dass über die aktuellen Veranlassungen, die Konfliktregelungen erfordern, hinaus alle Beteiligten auf Ressourcen des Verzeihens angewiesen sind. Es wird jener unauffindbare Ort jenseits des sozialen Miteinanders bezeichnet, von dem her und auf den hin alle immer schon leben.

Die Liturgie des Abschlussgottesdienstes greift zentrale Partien der christlichen Großerzählung auf. Sie bietet einen Verstehensrahmen an, der über die unmittelbar zuhandenden Plausibilitäten der Reziprozitätsideologie hinaus-

58 Dazu vgl. Wollmann, (wie Anm. 28), hier: 23ff., 193ff.

59 Koch (wie Anm. 55), hier: 184.

60 Zur Spannung zwischen der Verantwortlichkeit von Einzelnen und der Kollektivverantwortung einer Gruppe in sozialen Versöhnungsprozessen vgl. van der Loo (wie Anm. 53), hier: 250ff.

61 Giorgio Agamben, Die Zeit die bleibt. Ein Kommentar zum Römerbrief, Frankfurt/M. 2006, 134.

weist. ›Von Gott her wird niemand auf die Summe eigener Taten oder Untaten reduziert.‹ Diese *Vor*gabe, so unauffindbar ihr Ursprung auch sein mag, wird im sozialen Miteinander immer schon beliehen. Ansonsten würde sich das Getriebe des menschlichen Miteinanders nicht nur heiß laufen, sondern, was immer wieder vorkommt, schließlich fest brennen. Darum kann ein jeder verstehen, dass Versöhnungsbereitschaft weiter trägt weiter als Vergeltung. Für dieses Vertrauen beansprucht die versammelte Gemeinde letztinstanzliche Legitimation durch Gott. Die »Figur eines einzigen Gebers« führt an die Schwelle des Übergangs von einem zeremoniellen Verständnis des Gabentausches zu einem moralischen, das auf Verinnerlichung setzt.[62]

»Wer ›*sine vi humana, sed verbo*‹ sagt, ersetzt nicht einfach Gewalt durch Gewaltlosigkeit, sondern entwirft im Kontrast zum menschlichen Können und Zwingen einen Begriff der *potestas* mit eigener Kompetenz und Wirkmächtigkeit«, die mit der Gewalt und ihrer Kraft gemein hat, »dass sie etwas auf den Weg bringt, also spezifische Handlungen ermöglicht, die sich von selbst jedenfalls nicht ergeben«.[63] Diese Prämissen finden im Abschlussgottesdienst ihre liturgische Gestaltung. Das ist, was die kirchlichen Friedensvermittler aus eigenen Ressourcen, im Vertrauen auf die Wirkmächtigkeit ihrer Großerzählung zur Begrenzung von Gewalt beitragen können.[64]

Die zu diesem Gottesdienst eingeladene Prominenz der Provinzregierung und der Polizeikräfte hat den Ball an dieser Stelle aufzunehmen. Sie sind mit der Frage angesprochen, wie sie die partikularistischen Gerechtigkeitsvorstellungen traditionellen Konfliktmanagements mit dem Erfordernis, auf dem innerstaatlichen Terrain mit seinen unübersichtlicher Machtkonstellationen eine freiheitliche Rechtsordnung zu sichern, in Ausgleich bringen wollen. Die Wiederbelebung traditioneller Formen des Konfliktmanagements jenseits staatlicher Gerichtsbarkeit bezieht ihre Impulse ja weitgehend aus der Voraussetzung, dass der Staat weder kompetent noch legitimiert ist, sich in Konflikte, die diese Gruppen für ihre ureigenste Angelegenheit halten, einzumischen. Die Vertreter nationalstaatlicher Politik müssen aber darauf bestehen, dass die Nation ein *neues Beziehungssystem* darstellt, innerhalb dessen dem Staat als Souverän die Aufgabe zufällt, inneren Frieden und eine *allgemein* akzeptable

62 Henaff (wie Anm. 15), hier: 168, vgl. 166ff.

63 Moxter (wie Anm. 16), hier: 627, mit Verweis auf CA XXVIII.

64 Die Friedensarbeit dieser Kirche erinnert an die frühmittelalterliche, von der Kirche ausgehende Bewegung für Gottes- und Landfrieden zur Beendigung »sippenhafter Rechtsdurchsetzung.« (Koch (wie Anm. 55), hier: 183)

soziale Ordnung zu gewährleisten, notfalls auch unter Androhung von – an das Recht gebundene – Gewalt, und zwar, weil die Sicherung gegenseitiger Anerkennungsverhältnisse in Freiheit und Ordnung, das Recht auf Schutz des Lebens, das größere Gut sein dürfte.[65] Das sollte allen Beteiligten einleuchten.

Die Melpa Lutheran Church hat also, um Hans Joas' eingangs zitierte Bemerkung aufzunehmen, Foren und Interaktionsmuster gestaltet, in denen begründet darüber entschieden werden kann, in welchen Bereichen und bis zu welchen Grade die Logik der Gabe oder die Logik der Reziprozität gelten sollen.[66]

Mittlerweile allerdings werden, wie Bischof Sanangke mir vor nicht allzu langer Zeit durchaus bedrückt berichtete, Auseinandersetzungen zwischen rivalisierenden Gruppen zunehmend von semiprofessionellen Banden als Stellvertreterkriege ausgetragen (Sanangke Dole mdl. an Vf. Juni 2009). Diese Entwicklung, so seine Einschätzung, schlägt ihm bisher bewährte Mittel seiner Friedensarbeit aus der Hand. Die Möglichkeiten zivilgesellschaftlicher Initiativen zur Eindämmung von Gewalt müssen neu ausgelotet werden.

Für die Ordnungskräfte eines schwachen Staates verstärkt diese Wendung zum Austrag von Gruppenrivalitäten über semi-professionelle Banden die

[65] Oswald Bayer, Ethik der Gabe, in: Veronika Hoffmann (Hg.), die Gabe. Ein ›Urwort‹ der Theologie?, Frankfurt/M. 2009, 99–123, 122.

[66] Es führt über die hier behandelte Gewaltfrage hinaus, ist aber doch im Blick auf die Stichworte *religiöse Verbundenheit* und *Reziprozität* von Interesse, dass die weitgehend zum Erliegen gekommenen traditionellen Tauschzyklen zwischen benachbarten Klans in basisnahen Interaktionen der Kirchen in modifizierter Form wieder aufleben. Zwei Felder, in denen das der Fall ist, seien hervorgehoben: Kirchliche Synoden, Jugendkonvente, Kirchbauvorhaben werden zu Plattformen, auf denen durch gegenseitigen Beistand Verpflichtungsverhältnisse geschaffen oder bekräftigt werden. Dabei kommt es auch zu kulturellen Innovationen: Frauen gewinnen neue Rollen, vor allem in charismatischen Versionen des Christentums, Genderbeziehungen verändern sich. Kurz, traditionelle moralische Codes werden rekontextualisiert. Näheres bei Pamela Stewart/Andrew Strathern, The Great Exchange: *Moka* with God, Journal of Ritual Studies 15 (2), 91–104. Ein weiteres Feld, in dem derartige Adaptionen Gestalt gewinnen, sind traditionelle Verfahren-des In-Ordnung-Bringens etwa im Fall von Erkrankungen, die der bösen Einwirkung von Nachbarn zugeschrieben werden. Traditionelle divinatorische Verfahren, in Pidgin als ›Röntgenverfahren des Dorfes‹ bezeichnet, mit denen das Vergehen ermittelt wird, das Anlass zu einer Verwünschung gab und als Ursache der nachfolgenden Erkrankung angesehen wird, werden im kirchlichen Rahmen manchmal christlich bearbeitet. Traditionell konnte die Haftung der verwünschten und infolgedessen erkrankten Person durch eine Zahlung und/oder ein Opfer eingelöst werden. Im christlich modifizierten Verfahren wird die Situation des Patienten im Beisein der Konfliktpartei sowie eines Gemeindeältesten oder Pastors ausgelotet, Spannungen und Konfliktverhältnisse werden ins Offene gebracht und nach gemeinsamem Gebet wird Gottes Vergebung zugesprochen. Eine gemeinsame Mahlzeit beschließt den Ritus. Der christlich modifizierte Ritus hält die soziale Dimension von Erkrankungen bzw. Störungen fest; die von Gott her zugesprochene Versöhnung befreit den Patienten von der letztinstanzlichen Behaftung oder auch Verurteilung durch die Gruppe. Vgl. Theodor Ahrens, Verfahren des In-Ordnung-Bringens. Seelsorge und Kontrolle in der Verbundenheit der Gruppe. Eine interkulturelle Perspektive, in: Ders., Vom Charme der Gabe. Theologie interkulturell, Frankfurt/M. 2008, 215–237.

Versuchung, sich entweder aus bestimmten Regionen zurückzuziehen oder sich auf bewaffnete Konflikte mit der eigenen Bevölkerung einzulassen, statt den langen und mühsamen Weg der Wiederherstellung von Rechtsstaatlichkeit einzuschlagen. Ansonsten droht der Ausnahmezustand als »permanente Struktur«[67].

Der Durchsetzung einer freiheitlich demokratischen Grundordnung stehen erhebliche Schwierigkeiten entgegen. Zunächst: Die Idee des Verfassungsstaats ist ein Exportgut des britisch-australischen Kolonialismus, das sich erst noch bewähren und breite Akzeptanz in der Bevölkerung noch erwerben muss. Nicht, dass ein allgemeines Chaos herrschte; es herrscht halbwegs Ordnung. Wahlen werden regelmäßig abgehalten – dabei wird immer wieder auch geschmiert –, die Post kommt meistens an; die Hälfte der Kinder geht zur Schule, und es gibt ein mehr schlecht als recht funktionierendes Gesundheitswesen. Die Polizei fängt eine hinreichende Zahl von Verbrechern, um die zur Verfügung stehenden Gefängnisse zu füllen. Die Gerichte urteilen und deren Urteile werden in der Regel anerkannt, wenn auch, vor allem, wenn es um Korruptionsvorwürfe geht, keineswegs immer umgesetzt. Solange führende Politiker sich als Lobbyisten vornehmlich ihrer Herkunftsmilieus verstehen und verhalten, werden sie das Rechtswesen nicht stärken.

Eine Würdigung traditioneller Formen des Konfliktmanagements kann nicht außer Acht lassen, dass Einzeltäter, die für Mord oder Totschlag verantwortlich sind, faktisch amnestiert werden.[68] Wird das billigend in Kauf genommen, dann schadet dies »langfristig der Etablierung eines politischen Systems, das Menschenrechte und verbindliche Rechtsmaßstäbe achtet«.[69]

Es geht in diesem Zusammenhang nicht nur die Anerkennung des staatlichen Gewaltmonopols, sondern auch und nicht zuletzt um eine *Kritik der Kultur.* Solange die Menschen vor Ort sich nicht in Distanz zur Welt ihrer Mythen und deren Retributionslogik bringen können, sondern das Recht auf Vergeltung – so oder so – in eigener Zuständigkeit umsetzen wollen, werden sie das Prinzip der Gewaltenteilung und im Anschluss daran eines demokratischen Rechtsstaates nicht akzeptieren können. Die erforderliche Distanz könnte –

[67] Agamben (wie Anm. 36), hier: 49.

[68] Die Würde der Täter wird nicht zuletzt darin geachtet, dass sie vor einem ordentlichen Gericht zur Rechenschaft gezogen werden. Damit ist nur die Kehrseite des Umstandes bezeichnet, dass sich im »System des Nationalstaats ... die sogenannten heiligen und unveräußerlichen Menschenrechte, sobald sie nicht als Rechte des Staatsbürgers zu handhaben sind, als bar allen Schutzes und aller Realität [erweisen]«. Agamben (wie Anm. 36), 135.

[69] van de Loo (wie Anm. 53), hier: 257.

das wäre ein fälliger Beitrag der Kirchen – einerseits durch Rückbesinnung auf die prophetische Religionskritik gewonnen werden, sodann – allgemeiner – durch zivilgesellschaftliche und damit auch kirchlich getragene informelle Bildungsarbeit. Das bringt uns noch einmal zurück zum religiösen Faktor, den Marcel Mauss, als er den Gabentausch in eine zivilgeschichtliche Perspektive stellte, abgeblendet hat.

Im Evangelium wird das Gesetz der Vergeltung transformiert: Die Zumutung, Böses nicht mit Bösem zu vergelten, damit aus Bösem Gutes werden kann (Mt. 5,38ff, Röm. 12,21), ist in der Missionskatechese durchgängig geltend gemacht worden,[70] kollidiert in der Praxis aber immer wieder mit den unmittelbar zuhandenen moralischen Plausibilitäten. Ein subtiler und auf Langzeitwirkung zielender Beitrag des Christentums, der das Vergeltungsprinzip relativiert, liegt auf der Ebene der religiösen Vorstellungswelt. Im Common Sense der Tradition sind die Toten die Instanz des kollektiven Gewissens.[71] Die Lebenden bleiben auf die von ihnen ererbten moralischen Codes verpflichtet. Zweierlei wäre zu leisten: In der Kirche Räume für ein dankbares und ehrendes Gedenken der Toten zu schaffen – das hat insbesondere die protestantische Mission versäumt. Sodann gilt es, die religiöse Verkennung zu durchschauen, die sich ergibt, wenn der ins Reich der Verschiedenen projizierte Hass als religiös sanktionierter Imperativ ›Zahn um Zahn, Blut für Blut‹ auf die Lebenden zurückfällt. Im apostolischen Glaubensbekenntnis bekennen sich Christen zu einem letzten Gericht über die Lebenden und die Toten. Damit verändert sich der Status der Ahnen in der religiösen Vorstellungswelt. Sie können nicht länger als Agenten des letzten Gerichts fungieren. »›Mein ist die Rache‹ spricht der Herr.« (Röm. 12,19; vgl. 5. Mose 32,35ff.) Alle und alles werden einem letzten Gericht unterworfen und damit der Notwendigkeit enthoben, einander – oder auch sich selbst – letztinstanzlich zu richten. Das Tun der Lebenden ist *individuell* und nicht im Kollektiv von der Verwandtschaft zu verantworten.

Ein letzter Punkt, der klärungsbedürftig ist, wenn das Potential der christlichen Großerzählung postuliert wird, zur Minimierung von Gewalt beizutragen, betrifft die Deutung des Todes Jesu. In der religiösen Enzyklopädie der protestantischen und katholischen Kirchen, die in Melanesien aus der Missi-

70 Garry W. Trompf, Payback. The Logic of Retribution in Melanesian Religions, Cambridge 1994, 393ff.

71 Theodor Ahrens, Christian Syncretism, A Study from the Southern Madang Disctrict, Catalyst Vol. 4, No. 1 Goroka 1974, 3–40.

onsbewegung des 19. Jahrhunderts hervorgegangen sind, ebenso der Pfingstkirchen hat die opferkultische Deutung des Todes Jesu überragende Bedeutung gehabt. Das stellvertretende Selbst-Opfer Christi als Bedingung der göttlichen Vergebung aller menschlichen Schuld erübrigt alle anderen Opfer. Eine opferkultische Deutung des Todes Jesu kann in Milieus, in denen Opfervorstellungen und Opferpraktiken tief in der Tradition verankert sind – für alles, was genommen wurde, muss gegeben werden – einen mächtigen Widerhall auslösen.

Während das Christentum im Süden massiv opferkultisch geprägt ist, verblasst diese Deutung des Todes Jesu im protestantischen Christentum des Nordens. Lässt sich eine Deutung des Todes Jesu als eines Todes zugunsten aller Menschen erarbeiten, die den Stachel der Gewalt aus dem Gottesbild löst? Auch die Bibel enthält Texte mit Phantasien metaphysischer Gewalt. Wird Gewaltüberwindung als eine vordringliche Aufgabe der Kirchen verstanden, dann bedarf es nicht zuletzt einer Reinigung der Gottesbilder. Auch dies wäre zwischen Kirchen, die in Nord und Süd das Thema Gewaltunterbrechung aufgreifen, zu besprechen. Wird die Gewaltproblematik so aufgenommen und nach innen gerichtet, dann ergeben sich Frontstellungen quer zu eingeschliffenen Denkmustern und Perspektiven.

ABSTRACT

This case study discusses conflicts and conflict management among the Melpa-speaking people in the Western Highlands of Papua New Guinea. The transition from a segmented society to the wider arenas of a post-colonial nation state revitalises old and causes new tensions which from time to time turn into violent conflicts between neighbouring groups. The legal system of the state in dealing with such conflicts is often over challenged to provide solutions which the parties in conflict would find acceptable. Hence, traditional modes of conflict management are revitalised. They rival the state's legal system and weaken it. Pre-legal traditional society was aware not only of an obligation to reciprocate in kind – ›blood for blood‹, ›a life for a life‹, but also of the option, to compensate for the loss of a life with a gift of valuables, in other words, to ›repay‹ in a ›different currency‹ - thus interrupting the spiralling effect of violence. The Melpa Lutheran Church – under the leadership of Bishop Sanangke Dole – has made use of that leeway. Traditional forms of conflict management were tied in with resources drawn from Christian tradition and formed into a contextually-relevant model of peace work, which transforms violent reciprocity into non-violent co-existence. Space is being provided and patterns of interaction are established which enable people to decide with good reason in what spheres and to what degree the logic of reciprocity or the logic of the gift shall prevail.

Hexereibeschuldigungen und Hinrichtungsbündnisse im Kontext – pastoraltheologische Überlegungen

Theodor Ahrens

Schlaglichter

- »Zwei ältere Frauen, beschuldigt Zauberei … zu praktizieren, wurden gefoltert und von einer Gruppe von Männern ermordet, die deren Leichen zu einem Flussufer schleppten und verbrannten«, so der Chef der regionalen Polizeidienstelle der Hafenstadt Lae, Papua-Neuguinea. Die Frauen, die aus dem entfernten östlichen Hochland stammten, wurden beschuldigt, den Tod eines jungen Mannes durch Zauberei verursacht zu haben. Sie wurden von den männlichen Verwandten des Verstorbenen konfrontiert, mit Metallstangen geschlagen, gefesselt und zum Fluss geschleppt. Ein Mob häufte alte Autoreifen auf die Körper, goss Kerosin darüber und setzte sie in Brand. Die Polizei bereitete Anklage wegen Mordes vor. (The Australian Feb. 28, 2007, Zugriff 25.06.08. Übers. T.A.)
- Die ABC Korrespondentin Shane McLeod reist von der Hauptstadt Port Moresby ins Landesinnere, um in dem Dorf Womatne mit den Bewohnern zu sprechen, die eine ältere Frau totgeschlagen hatten. »Sie glaubten wirklich, dass die Frau eine Hexe war … Sie machten sie für den Tod eines jungen Studenten verantwortlich, der unerwartet verstorben war« – berichtet Shane McLeod und schließt: »Das Christentum ist in vielen Dörfern länger als ein Jahrhundert eine Macht gewesen, gleichwohl klammern sich viele Dörfer nach wie vor an einen Hexenglauben.« (ABC Broadcast 01/06/2004, 9.30pm, Zugriff 25.6.2008, Übersetzung T.A.)
- Khaleej Times berichtet für AFP am 4. August 2007 aus Mt. Hagen, der Provinzhauptstadt des Westlichen Hochlandes in Papua-Neuguinea ähn-

liche Vorfälle und zitiert Joe Kanekane vom Justizministerium des Landes: »Es hat während des letzten Jahres etwa 500 derartige Attacken gegeben.« (Übersetzung T.A.)

- Der Post Courier, eine der führenden Tageszeitungen in Papua-Neuguinea, berichtet am 28. Februar 2011 als Aufmacher auf der ersten Seite: *Wiederum* wurde in einer der Stadtrandsiedlungen in der Küstenstadt Lae eine aus dem Hochland stammende Mutter von vier Kindern von ihren Verwandten und Nachbarn getötet, anschließend mit Kerosin übergossen und verbrannt. Sie wurde beschuldigt, den Tod ihrer nächtens im Schlaf unerwartet verstorbenen halbwüchsigen Tochter verursacht zu haben. Von den zuschauenden Bewohnern kam der wehrlosen Frau niemand zu Hilfe. (http://www.postcourier.com.pg, Zugriff 28.2.2011, Übersetzung T.A.)

Was zur hier zunächst zur Debatte steht, sind Beschuldigungen von meist willkürlich gegriffenen Frauen und Mädchen, den Tod anderer Menschen durch Hexerei verursacht zu haben und die daran anschließenden Sündenbockjagden. Im Hintergrund stehen differenzierte Vorstellungen von ursächlich auf Schadzauber zurückgeführten Todesfällen und als deren Korrelat traditionelle Verfahren-des-in-Ordnung-Bringens.[1] Die Gewalt, die den Anklagen wegen vermeintlicher oder auch tatsächlicher Hexerei folgt, ist ein *Teilaspekt* einer gesamtgesellschaftlich verankerten Ideologie und Praxis, die Unglück, Erkrankungen und Todesfälle auf das Einwirken anderer Menschen oder unsichtbarer Mächte zurückführen.[2] Vorderhand geht es um Hinrichtungen willkürlich gegriffener Opfer durch einen Mob – eben Hinrichtungsbündnisse. Zeitungen berichten immer wieder von derartigen Vorkommnissen. Aus Südafrika[3] und anderen Ländern wird Ähnliches berichtet. Die Ermordung von

1 Für die Astrolabe Bay in der Madang Provinz Papua-Neuguineas habe ich, um nur ein – gewiss regionalspezifisches Beispiel – zu nennen, die Interdependenz von Schadzauber und Heilungsritualen dargelegt in: Theodor Ahrens, Melanesian Healing and Wholeness, in: Ders., Grace and Reciprocity. Missiological Studies, Goroka 2002, 132–141. Vgl. auch Theodor Ahrens, Volkschristentum und Volksreligion im Pazifik, 51–61, in: Th. Ahrens/Walter J. Hollenweger, Volkschristentum und Volksreligion im Pazifik, Frankfurt/M. 1977, 11–80.

2 Vgl. für eine umfassendere Analyse Reo. F. Fortune, Sorcerers of Dobu, 1932, 133ff. und 284ff.; Kenelm Burridge, Tangu Political Relations, 94–112; und Ronald M. Berndt, Political Structure in the Eastern Central Highlands of New Guinea, 381–423, in: Ronald M. Berndt/Peter Lawrence (Hg.), Politics in New Guinea. Traditional and in the Context of Change. Some Anthropological Perspectives, University of Western Australia 1971.

3 Stephen Hayes, Christian Responses to Witchcraft and Sorcery, in: Missionalia, Vol. 23(3), November 1995, 229–354, zitiert nach: http://hayesfam.bravehost.com/WITCH1HTM. Zugriff 19.1.2011; Isac Niehaus, Perversion of Power: Witchcraft and the Sexuality of Evil in the South African Lowveld, in: James Kiernan (Hg.), The Power of the Occult in Modern Africa. Continuity

Frauen, die der Hexerei beschuldigt werden, ist in Melanesien kein neues Phänomen. Während *diviner* soziale Anerkennung genießen und *sorcerer* jedenfalls nicht ohne Weiteres angetastet werden,[4] kam es in traditioneller Gesellschaft durchaus vor, dass *witches* gejagt und hingerichtet wurden. Ein konstruktiver Umgang der Ordnungskräfte des Staates sowie der Kirchen mit der Problematik steht aus.

Rahmenbedingungen – Hermeneutik

›Gewisse Menschen haben Macht, andere bis zum Tode krank zu machen.‹ Diese Vorstellung ist – nicht nur – in melanesischen Gesellschaften weit verbreitet. In der englischsprachigen Fachliteratur werden *sorcery* und *witchcraft* häufig unterschieden. *Sorcery* arbeitet mit schädlichen Objekten, an denen ein Teil der Seelen- oder Lebenskraft eines prospektiven Opfers haftet, und lädt diese Objekte mit destruktiver Kraft auf. *Witchcraft* mobilisiert das destruktive Potential, das in den Akteuren selber ruht[5], und projiziert dies auf das vorgesehene Opfer.[6] Todeszauber, in Nordostneuguinea als *sanguma* bekannt und gefürchtet, bezieht sich auf die physische Attacke von Außenseitern, die ihr Opfer an einem entlegenen Platz stellen, betäuben, ihm ›lebenswichtige Organe entnehmen‹, den ›Leib wieder verschließen‹ und das Opfer in sein Heimatdorf entlassen, um dort zu sterben.[7] Derartige Vorstellungen über Schad-

and Innovation in the Renewal of African Cosmologies, Münster 2006, 75–111; sowie Véronique Faure, In Pursuit of the Occult. The Investigation of Satanism and Witchcraft in South Africa, in: James Kiernan (Hg.), The Power of the Occult in Modern Africa. Continuity and Innovation in the Renewal of African Cosmologies, Münster 2006, 153–181.

4 Vgl. aber Burridge (wie Anm. 2), 96. – Mit *sorcerer* beziehe ich mich auf Spezialisten für Schadzauber, meist Männer von sozialem Status. (vgl. für Dobu z.B. Fortune (wie Anm.2), hier: 150.) – mit *diviner* bezeichne ich Vermittler, die die mutmaßlichen Verursacher einer Erkrankung identifizieren. Sie diagnostizieren Erkrankungen und Todesfälle eines Individuums vor dem Hintergrund tatsächlicher oder mutmaßlicher Konflikte in den sozialen Zusammenhängen, in denen dieses steht. *Witches* haben angeblich in ihrem Leib ein mystisches Wesen, eine fremde Kraft, das deren Hunger auf die Lebenskraft Anderer ›heiß‹ macht.

5 Michael Unage, Demystification of Sacred Power. René Girard's Theory of Mimesis, Violence and Sacrifice as a Standpoint for Dialogue Between Christianity and Melanesian Culture, (mimeo. Diss.), Graz 1955, 103f.

6 Leonard B. Glick, Art.: Sorcery and Witchcraft, in: Encyclopaedia of Papua New Guinea, Vol. 2, hg. v. Peter Ryan, Melbourne 1972, 1080–1082.

7 Im Fall von *sanguma* setzen die Angreifer auf das Mittel der Hypnose und/oder auf physische Manipulationen. Erzählungen berichten, dass dem Opfer ›lebenswichtige Organe entnommen‹ und dessen Leib dann wieder ›verschlossen‹ wird (Hypnose); andere, dass vergiftete Bambusspitzen in Venen und After des Opfers getrieben werden (physische Manipulation). Neuerdings werden unter den Begriff *Sangguma* eine breite Palette von Phänomenen subsumiert, z.B. auch die eingangs

und Todeszauber werden von allen Mitgliedern der Gesellschaft mehr oder weniger geteilt.

Edward E. Evans-Pritchard hat in seiner Studie über *witchcraft* und *sorcery* bei den Zande den Gesichtspunkt nach vorn geschoben, dass Zauberpraktiken systemimmanent betrachtet – das soziale und moralische System stabilisieren.[8] Deviantes Verhalten wird mit repressiven Maßnahmen beantwortet. Traditionelle Vorstellungen und Praktiken von Schad- und Todeszauber sind Teil der Lokalpolitik und Kehrseite eines umfassenden Systems gegenseitiger Verpflichtungen. Das traf jedenfalls in der Vergangenheit auch für die Astrolabe Bay im südlichen Madang Distrikt Papua-Neuguineas, wo ich gearbeitet habe, in einem gewissen Umfang zu. ›Eigentlich‹, so wurde mir berichtet, wurde die Tötung eines prospektiven Opfers (und Missetäters) durch eine Jury sanktioniert, bevor ein Schad- oder Todeszauber durchgeführt wurden.[9] Oft ging es um nicht eingehaltene Verpflichtungen, um traditionelle Sitte und, wenn man so will, um ein regional begrenztes System der ›Gerechtigkeit‹. Das war jedenfalls eine Seite der Sache. Die Interpretation ›Zauberwesen als Funktion gesellschaftlicher Ordnung‹ hat ein gewissen Recht, sollte aber m.E. nicht überbeansprucht werden. Schadzauber und Ritualmord (*sanguma*) waren und sind Mittel des Konfliktaustrags. In den kleinteiligen Gesellschaften in Papua-Neuguinea funktionierten Hexerei und Hexereibeschuldigungen im Kontext lokalpolitischer *Konflikte* und *Machtspiele* innerhalb von Gruppen und zwischen benachbarten Gruppen.[10] Meist geht es um Interessenkonflikte zwischen Einzelnen und ihrer Wir-Gruppe, um Generationen- und Autoritätskonflikte, nicht zuletzt um Konflikte über Status und Rolle der Frauen. Neid, (*jealousy*), antisoziales Verhalten sind die Standardvorwürfe, die gegen *witches* erhoben werden. Kurz, Hexerei und Hexereianklagen verdanken sich in erheblichem Umfang sozialen Rivalitäten, Eifersucht und böser Nachrede, die im Ergebnis die

geschilderten Hinrichtungsbündnisse. Terminologische Verschiebungen konstatierte schon Rufus Pech, Sanguma in a Madang Mountain Community, 1983 Style, Catalyst, Vol. 14, No. 1, 1984, 76–82. Zu traditionellen *Sanguma*-Vorstellungen (*assault sorcery*) vgl. Georg Höltger, Neue Materialien über den Todeszauber in Neuguinea, Anthropos 58, 1963, 333–371; John F. Mager, Sangguma and its Influence on New Guinea Society, Baitabag, Papua New Guinea, 1949 mimeo; Fortune (wie Anm. 2), 150–157 und 284–287. Das terminologische Äquivalent zu *sanguma* auf Dobu ist *vada*) ; Pamela J. Stewart/Andrew J. Strathern, Sorcery and Sickness: Spatial and Temporal Movements in Papua New Guinea and Australia, Centre for Pacific Studies, School of Anthropology and Archaeology, James Cook University of North Queensland, Discussion Papers Series No. 1, 1997.

8 Edward E. Evans-Pritchard, Hexerei, Orakel und Magie bei den Zande, Frankfurt/M. 1988 [engl. 1976].

9 Ahrens, Kirche, Volkschristentum und Volksreligion in Melanesien (wie Anm. 1), hier: 59.

10 Vgl. Burridge und Berndt (wie Anm. 3).

Beziehungen im Nahbereich *vergiften*.[11] Über die Gesellschaft auf den Dobu-Inseln urteilte R. F. Fortune: »Jealousy of possession is the key note of the culture.«[12]

In der Umbruchsituation der postkolonialen Gesellschaft Papua-Neuguineas bilden neue soziale Machtungleichgewichte, Mangelsituationen, unübersichtliche politische, manchmal an Anomie grenzende gesellschaftliche Zustände, nicht zuletzt die Ausbreitung von HIV/AIDS und die Beunruhigungen, Ängste und Phantasien, die dadurch ausgelöst werden, erweiterte Arenen für Hexereibeschuldigungen. Es ist schwieriger geworden, die Bedeutung der neuen Gegebenheiten, Brüche und Übergänge für das menschliche Miteinander richtig einzuschätzen. Hexereianklagen können als Reflex moralischer Krisen nicht nur im sozialen Nahbereich, sondern auch in regionalpolitischen und neuerdings darüber hinaus in nationalpolitischen Zusammenhängen gesehen werden. In Situationen der Unsicherheit und gefühlter Gefahren blühen Gerüchte und Klatsch. Sie sind ein wichtiger Faktor im Spiel ungleicher Kräfte. Neue Krankheiten und Seuchen schüren neue Ängste. Scheinbar unerklärliche Todesfälle werden unbeteiligten Nachbarn angelastet. Mangel an Informationen und die Schwierigkeit, unübersichtliche Situationen zu deuten, wirken zusammen. Gerüchte interpretieren Stewart/Strathern als Versuche einer Gruppe, eine ›Wahrheit‹ über Ereignisse zu finden oder zu erfinden, die ihnen hilft, Erzählzusammenhänge über soziale Werte und Urteile über die Moralität von anderen zu formulieren. Wenn solche improvisierten Nachrichten auf der Suche nach dem, was der Fall ist, nach außen deuten, dann fördern sie Gewalt[13] und nicht selten Proteste, etwa von Landeignern, die sich bei der Vergabe von Lizenzen an ausländische Konzerne für die Ausbeutung von Rohstoffvorkommen von der politischen Klasse übergangen oder geprellt vorkommen. Anschuldigungen wegen Hexerei/*sorcery*/*witchcraft* zielen auf eine Umkehrung der Machtverhältnisse zunächst auf konzeptioneller Ebene, sodann auch auf der Ebene sozialer Beziehungen. Die konstruierte Erzählung fragt nicht: ›Wie ist das gekommen?‹, sondern: ›Wer hat das getan bzw. verursacht?‹

Aus dem drohenden ›alle gegen alle‹ formt sich ein ›alle gegen eine(n)‹ – ein Hinrichtungsbündnis. Es endet mit der Ermordung eines einigermaßen will-

11 Niehaus (wie Anm. 3) verortet in seiner Südafrika bezogenen Studie Hexereibeschuldigungen in den Arenen familiärer und örtlicher Machtkonflikte, die sich vorzugsweise an deviantem, vom Common Sense nicht gebilligten Sexualverhalten entzünden.

12 Fortune (wie Anm. 2), hier: 135.

13 Stewart/Strathern (wie Anm. 7), hier: 195.

kürlich gegriffenen Sündenbocks.[14] Was soll damit aus der Welt geschafft werden? Die in den sozialen Umbrüchen ausgelösten Ängste und destruktiven Phantasien, »das eigene Zerstörerische, die eigenen magischen Phantasien und die eigenen Probleme mit der Sexualität« werden aus dem eigenen Bewusstsein ausgeschlossen und, wie gesagt, auf willkürlich gewählte Opfer abgeleitet.[15] Die der Hexerei Beschuldigten sind meist schwach. Sie haben keine Alliierten im sozialen Verband. Frauen sind bevorzugte Opfer solcher Attacken. Die Hinrichtung der Beschuldigten ist, in Girard'scher Perspektive, eine Maßnahme, die einer möglichen Ausuferung der Gewalt aller gegen alle zuvorkommt. Die Menge feiert das ihr unfassliche Wunder wiederhergestellten Zusammenhalts auf dem Grab der Hingerichteten. Doch damit ist es nicht getan. Der nächste Konflikt ist absehbar. Siehe oben Schlaglicht eins und vier! W.V. Lindner gibt eine psychoanalytische Erklärung, warum es zu »regelrechten Verfolgungswellen« kommt: Weil in solchen Inszenierungen »Eigenes unbewusst gemacht werden soll, ... muss man diese Inszenierungen wie in der Sucht wiederholen, damit die Wirkung aufrecht erhalten bleibt.«[16]

Hexereianklagen verblassen, wie Peter Geschierre in seinen Studien gezeigt hat, *nicht* mit dem Übergang zur postkolonialen Gesellschaft. Mit den größeren Aktionsräumen, die der kolonialgeschichtlich vermittelte Nationalstaat öffnet, dehnen sie ihre Reichweite auf die Ebene der Nationalpolitik aus und sind in Wirtschaft, Gesundheitswesen etc. präsent.[17] In der postkolonialen Gesellschaft entstehen neue Disparitäten. Mit den vertieften Klüften zwischen Arm und Reich, politischen Eliten und Ohnmachtserfahrungen der Massen nehmen Hexereianklagen anscheinend zu. Wie in den traditionell lokal begrenzten Diskursen über *witchcraft* und *sorcery* geht es auch auf dieser Ebene immer um »power und equality«[18]. Die Tradition des Zauberwesens bietet ein Idiom, um gesellschaftlichen Wandel und die Ungleichheiten, die die moderne Geldwirtschaft mit sich bringt, zu deuten und zu bearbeiten.[19] Die neuen Eliten

[14] Zu den Stereotypen der Verfolgung vgl. René Girard, Der Sündenbock, Zürich 1988, 23ff.

[15] Wulf Volker Lindner, Wie wird man eine Hexe? Psychoanalytische, gruppenanalytische und pastoralpsychologische Anmerkungen, Jahrbuch für Gruppenanalyse 2005, 115–130, 124, vgl. 124f. Vgl. auch Mario Erdheim, Hexenwahn und Kulturzerstörung, in: Psychoanalyse und Unbewußtheit in der Kultur, Aufsätze 1980–1987, 307–318, Frankfurt/M. 1991, 308.

[16] Lindner (wie Anm. 15).

[17] Cyprian Fisiy/Peter Geschierre, Witchcraft, violence and identity: different trajectories in postcolonial Cameroon, in: Richard Werbner/Terence Ranger: Postcolonial Identities in Africa, London 1996, 193–221, 193.

[18] A.a.O. 194.

[19] A.a.O. 194.

werden angeklagt, sich ihre Privilegien mit Mitteln der Hexerei erworben zu haben. Diese wiederum fürchten die Schwachen, die mit Mitteln der Hexerei die neuen Eliten angreifen und so die Legitimität ihres Machtzuwachses hinterfragen.[20] Machtpositionen werden entweder verteidigt oder unterminiert. Die sozialen und die politischen Rahmenbedingungen von Hexereibeschuldigungen sind im Blick zu behalten.[21]

Wenn es, wie berichtet, in afrikanischen Migrationsgemeinden in Hamburg gelegentlich vorkommt, dass Gebete funktionalisiert werden, um vermeintlich auf afrikanische Migranten in Hamburg gerichtete Pfeile der Hexerei umzukehren und mit tödlichem Potential nach Afrika zurückzusenden, ist eine dritte Eskalationsstufe erreicht: Die Globalisierung von *witchcraft* als Mittel traditioneller Lokalpolitik entspricht den Verunsicherungen und Ängsten von Migranten, die aus Afrika nach Hamburg gekommen sind und hier darum kämpfen, ihren Platz und Anerkennung sowie soziale Zugehörigkeit zu finden und sich zugleich aus alten Verpflichtungsverhältnissen jedenfalls ein Stück weit zu emanzipieren.[22]

Pastoraltheologische Reflexionen

1. Wieso ›immer noch‹ Hexereianklagen in einem christianisierten Land?

Eine der einleitend zitierten journalistischen Stimmen äußert Verwunderung darüber, dass in einem Land, in dem die Mehrheit der Bevölkerungen oft schon seit Generationen Mitgliedschaft in einer der christlichen Kirchen beansprucht, Hexereiglaube und Hexenfurcht nach wie vor gang und gäbe sind. Das mag in der Tat verwundern, waren doch *witchcraft* und *sorcery* Praktiken, auf die die

[20] Zu historischen Analogien in der Zeit des Absolutismus vgl. Erdheim (wie Anm. 15), hier: 312ff. Erdheim interpretiert die staatlich legitimierte Hexenverfolgung als flankierende Maßnahme zur Absicherung der Theorie des Gottesgnadentums – eine Strategie obrigkeitlicher Selbstlegitimation, die wiederum »ihre Infragestellung selbst provoziert«, so Lindner (wie Anm. 15), hier: 123. Erdheim folgert: »Als der Herrscher im aufgeklärten Absolutismus seine Macht von seiner Nützlichkeit für das Volk abzuleiten versuchte (›Alles für das Volk, nichts durch das Volk‹), da waren auch die Hexenprozesse verschwunden: Man brauchte den Teufel nicht mehr, um Gott zu beweisen.« (Erdheim, 313)

[21] Fisiy/Geschierre (wie Anm. 17), hier: 211.

[22] Näheres bei Werner Kahl, Spiritual Violence »In the Name of Jesus«. The Case of Neo-Pentecostal Ministries from West-Africa to Germany, in: Andrea Biehler/Christian Bingel/Hans-Martin Gutmann (Hg.), After Violence. Religion, Trauma and Reconciliation, Leipzig 2011, 149–164.

Missionen des 19. Jahrhunderts als vordringlich zu beseitigende Übel zielten.[23] Ist das Christentum dort also ein mehr schlecht als recht geklebtes Furnier, unter dem das Hartholz der Tradition fortlebt?

Das Christentum in Melanesien ist weder ein – leicht ablösbares – ideologisches Furnier noch eine fremde Religion. Es ist vielmehr eine Verbindung mit der Vielzahl lokaler Traditionen eingegangen. Vorchristliche religiöse Vorstellungswelten und Praktiken bildeten den kosmologischen und epistemologischen Rahmen der Konversionen zum Christentum.[24] Die Wendung zum Christentum war pragmatisch geprägt. Als sich gezeigt hatte, dass der Baldachin traditioneller Religion rissig geworden war, galt es gruppeninterne Beziehungen, auch die Beziehungen zu den Weißen neu zu ordnen, potentiell schädliche Kräfte und Mächte zu neutralisieren, Gewalt und Zwist zu kontrollieren und Bedrohungen durch neue, eingeführte Krankheiten abzuwehren, den Ort der Ahnen neu zu bestimmen und neue Grundlagen für das Gemeinschaftsleben zu erarbeiten. Im Ergebnis formte sich, ähnlich wie das im europäischen Mittelalter der Fall gewesen ist,[25] eine Mixtur traditioneller und westlich-christlicher Welt- und Wertvorstellungen – in neo-melanesischem Pidgin *kastam*. Kurz, die traditionelle religiöse Vorstellungswelt wurde nicht, wie Missionare gehofft hatten, durch die von ihnen mitgebrachte ersetzt, sondern wurde umgebaut. Das Ergebnis ist eine christianisierte Volksreligion. Sie wird als alltägliche Spiritualität gelebt und als wirkkräftige Ritualpraxis erfahren.[26] Gleichwohl sind es, so wie es in Europa zwischen dem 11. und dem 17. Jahrhundert der Fall gewesen ist,[27] in der Regel Christen, die sich an derartigen Hexenjagden beteiligen. Die Diskussion über eine angemessene christliche Haltung in dieser Sache ist, wie in Südafrika[28], keine akademische Kuriosität, sondern eine dringende Notwendigkeit.

[23] Theodor Ahrens, ›Satan ist wie ein böser Wind …‹ Wahrnehmungen des Bösen in der protestantischen Mission, in: Ders., Vom Charme der Gabe. Theologie interkulturell, Frankfurt/M. 2008, 161–214.

[24] Ahrens 2002 (wie Anm. 1), hier: 116ff.

[25] Vgl. dazu Aaron Gurjewitsch, Mittelalterliche Volkskultur, München 1987, 68ff.; Ders., Das Weltbild des mittelalterlichen Menschen, München 1972, 380ff.

[26] Ahrens 1977 (wie Anm. 1); und Douglas Bronwen, Christian Custom and the Church as Structure in ›Weak States‹ in Melanesia. Paper given at the international conference, *Civil Society, Religion & global Governance: Paradigms of Power and Persuasion*, 1–2 September 2005, Canberra Australia, mimeo, 5.

[27] Vgl. dazu Lyndal Roper, Hexenwahn. Geschichte einer Verfolgung, München 2007; sowie Georg Schweiger, Das Ende der Hexenprozesse im Zeitalter der Aufklärung, in: Teufelsglaube und Hexenprozesse, hg. v. Georg Schweiger, München 1999, 150–179.

[28] Hayes (wie Anm. 3).

Was die offizielle Haltung der Kirchen und des Klerus angeht, lässt sich zunächst feststellen, dass sie sich, anders als dies im europäischen Mittelalter der Fall gewesen ist, als Organisationen an Hexenverfolgungen nicht beteiligen. Idealtypisch lassen sich zwei unterschiedliche kirchliche Haltungen skizzieren. Auf der Ebene gelebter Religion fließen diese allerdings oft ineinander.

Kirchen, die aus den Missionen des 19. Jahrhunderts hervorgegangen sind, die sogenannten ›*main-line-churches*‹, setzen nach wie vor auf ihr Bündnis mit dem Fortschrittsgedanken und dem Modernisierungsprojekt. Sozialarbeit (›*development*‹), Bildungsarbeit und westliche Medizin profilieren das kirchliche Auftragsbewusstsein. Insbesondere die Bischofskonferenz der röm.-kath. Kirche tritt für den Menschrechtsgedanken ein und führt das Christentum für einen übergreifenden nationalen Wertekonsens ins Feld. Der politischen Klasse empfehlen diese Kirchen für deren Tagesordnung eine christlich inspirierte Sozialpolitik – weitgehend vergeblich. Hexerei und Hexenjagden erscheinen in dieser Perspektive als unzeitgemäße, destruktive und moralisch verwerfliche Überbleibsel einer veralteten Welt. Sie verdanken sich Unkenntnis und Wahnvorstellungen und sind mit dem christlichen Glauben unvereinbar.[29] Aufklärung durch Bildungsarbeit sollte diesem Missstand allmählich beikommen.

Wie es sich mit der ›Wirklichkeit‹ von *witchcraft* und *sorcery* verhält, bleibt umstritten. Anhänger und Bestreiter des Hexenwahns verfügen – jedenfalls vorerst – nicht über eine gemeinsame Auffassung der für die Entscheidung dieses Streits in Anschlag zu bringenden Kriterien. Unstrittig hingegen ist, dass *witchcraft* und *sorcery* Horror verbreiten. Verurteilungen von Schadzauber gehören zum Standardrepertoire dörflicher Predigten jedenfalls in evangelischen Kirchen. Das heißt aber nicht, dass Gemeindeälteste, evangelische oder katholische Pfarrer sich vom Hexenglauben und seinen weltanschaulichen Voraussetzungen freigemacht hätten. Das ist häufig nicht der Fall. Menschen leben und bewegen sich in einem Kraftfeld, in das der Gott der Bibel ebenso wie als Zwischenwesen bzw. nachgeordnete Gottheiten geglaubte oder gefürchtete Dämonen/Schadzauberer jederzeit für oder gegen Einzelne oder Gruppen eingreifen können.

Auf solche Befindlichkeiten richtet sich der Zugriff konservativ-evangelikaler und pentekostaler Kirchen. Diese Kirchen stehen – idealtypisch betrachtet – für einen Ansatz, der Hexerei und den Hexenanklagen die überlegene Gegenmacht Christi als spirituelle ›power‹ entgegenstellt. Die Welt wird als Schlacht-

[29] Franco Zocca/Jack Urame, Sorcery, Witchcraft and Christianity in Melanesia, Goroka 2008, 4ff.

feld guter und dämonischer Mächte gedeutet. In der Hexerei wirkt eine satanische Macht. Mission wird inszeniert als Kampf gegen die Mächte des Bösen bzw. Satans als einer personifizierten Gegenmacht Gottes. Die Vertreter dieses Ansatzes lassen sich sehr weit auf einen kosmologischen und religiösen Dualismus ein. Die – in der Tat formidable – Angst vor der Hexerei kann nur durch die Macht des Gebetes und gegebenenfalls der Exorzismen, in der Christus als der Sieger zu Erfahrung kommt, behoben werden. Todeszauberer und Hexen sind von bösen Mächten besessen und bedürfen daher der Befreiung. Ein vom Geist Gottes bevollmächtigter Beter kann die notwendige Befreiung erwirken.[30] Das Gebet ist ähnlich wie das Handeln der Schamanen darauf abgestellt, private und öffentliche Ziele zu erreichen.[31] Der Bart des hermeneutischen Schlüssels, *den beide Seiten teilen*, hat ein schlichtes Profil: ›*Power*‹, d.h. das geheime Wissen der Zauberer bzw. der Pfarrer/Heilerpropheten, das die wahren Zusammenhänge, das Wirken der unsichtbaren Kräfte durchschaut, wird in einer rituellen Behandlung zum Tragen gebracht – hier durch traditionelle Divination, dort durch Gebet und Exorzismus. Die ›christliche Gegenoffensive‹ sendet ihre Botschaft auf der gleichen Wellenlänge wie die traditionelle Religion. Das macht deren Zugriff leicht verständlich. Der Vorwurf, mit diesem Zugriff würden Hexenglauben und Hexenfurcht letztlich nur bestärkt, trifft m.E. zu, verfängt aber wenig in einem Milieu, dessen Lebensformen von den Sinngehalten magischen Denkens durchwirkt sind und dessen Beziehungsgefüge für die beschriebenen Störungen notorisch anfällig bleiben. Was ist fällig, notwendig und was ist möglich? Eine kognitive, eine moralische und eine religiöse Wende.

2. Zum Stellenwert von Bildungsarbeit und Aufklärung

John Mbiti verurteilt das große Lager der Autoren, »who expose their own ignorance, false ideas, exaggerated prejudices and a derogatory attitude which belittles and despises the whole concept of mystical power. ... Most of the distorted ideas have come through European and American popular writers,

[30] A.a.O. 46ff.

[31] Auch dieser Zugriff geht einher mit politischen Ambitionen. In der Schlacht um ›gut‹ und ›böse‹ gilt es auch, Politiker zu steuern und zu manipulieren, insbesondere während der Wahlkampagnen, etwa durch Gebet und Segen. Gebet hatte und hat bis heute eine grundlegende Bedeutung auch im öffentlichen Leben. Die Rahmung öffentlicher Versammlungen durch Gebet – von Parlamentssitzungen bis zu Einweihungen von öffentlichen Gebäuden ist keine *pro-forma*-Angelegenheit.

missionaries and colonial administrators. Every African who has grown up in the traditional environment will, no doubt, know something about this mystical power which is often experienced, or manifests itself, in form of magic, divination, witchcraft and mysterious phenomena that seem to defy even immediate scientific explanations«.[32] Will Mbiti sagen, dass Magie, Divination, *witchcraft* und *sorcery* Teil einer Weltsicht sind, die nur Afrikaner verstehen und würdigen können?

Melanesier mögen glauben, dass Magie, Schadzauber, Divination oder Fruchtbarkeitszauber auf der Wirksamkeit korrekt durchgeführter Riten beruhen. Gleichzeitig nehmen sie an, dass die Wirksamkeit der Riten durch böse Absichten oder rituelle Gegenmaßnahmen wiederum unterlaufen werden kann. Die Grundannahmen ihres Weltbildes werden so gegen Einwände von außen immunisiert.

Ein Wissenschaftler, der sich auf die Rahmenvorgaben und die Grundannahmen dieser Weltsicht einlässt, wird in der Lage sein, deren Sinnhaftigkeit ein Stück weit nachzuzeichnen und deren systeminterne Logik durchsichtig zu machen.[33] Das heißt aber nicht, dass die Praktiken, die diese Weltsicht legitimiert, auch zustimmungspflichtig wären. Es handelt sich um eine Weltsicht und Lebensform, die von Hygiene, Medizin, physikalischen Prozessen noch nichts weiß. Er wird also seine eigenen Grundannahmen für die Wahrnehmung dessen, was der Fall ist, nicht suspendieren. Alasdair MacIntyre folgert, »dass Anschauungen und Begriffe nicht allein nach den in den Handlungen implizierten Kriterien derer beurteilt werden dürfen, die sie besitzen und anwenden«.[34] Und zwar nicht nur, weil mittlerweile durch das moderne Bildungswesen andere Weltsichten auch in diesen Gesellschaften vertreten werden und mit traditionellen Weltsichten rivalisieren (dazu unten), sondern auch, weil die Kriterien, die in der traditionellen Lebensform und Weltsicht angelegt sind, »nicht notwendig kohärent« sind und »nicht immer *eine* klare und eindeutige Antwort« ergeben.[35] Damit ergeben sich Ansatzpunkte für Gespräche. Wenn es in traditioneller Gesellschaft Dissidenten oder, um das Wort zu ge-

32 John S. Mbiti, African Religions and Philosophy, London/Edinburgh 1971 [1969], 194.

33 So Klaus Neumann, der Evans-Pritchard referiert, in: Ders., Das Fremde verstehen – Grundlagen einer kulturanthropologischen Exegese. Untersuchungen zu paradigmatischen mentalitätsgeschichtlichen, ethnologischen und soziologischen Zugangswegen zu fremden Sinnwelten, Bd. 1, Münster/Hamburg/London, 213.

34 Alasdair MacIntyre, Läßt sich das Verstehen von Religion mit religiösem Glauben vereinbaren?, in: Hans G. Kippenberg/Brigitte Luchesi (Hg.), Magie. Die sozialwissenschaftliche Kontroverse über das Verstehen fremden Denkens, Frankfurt/M. 1978 [1964], 52–72, 59.

35 A.a.O. 60.

brauchen, Häretiker gegeben hat, dann mussten diese, wenn es um Hexereibeschuldigungen ging, in der Regel schweigen. Der homogenisierende Druck des Hexenglaubens ist nach wie vor zwar groß; doch nicht alle Mitglieder einer Gruppe vertreten ihre mit der Sozialisation ererbte Sinnwelt mit gleicher Entschiedenheit.

Magie, Divination und Hexenwahn können von zwei Standpunkten aus kritisiert werden. Zunächst kann gefragt werden, ob die Tatsachenbehauptungen im Rahmen der traditionellen Weltsicht und Lebensformen konsistent sind. Sodann: Halten sie Kriterien stand, die von außerhalb dieser Weltsicht, seien diese aus medizinischer und physikalischer Forschung oder aus der christlichen Tradition gespeist? Wenn diese Fragehinsichten ins Spiel kommen, fangen einige nachdenkliche Menschen möglicherweise an, angenagte Gewissheiten zu ventilieren und ererbte weltanschauliche Grundannahmen in Frage zu stellen.

Es gibt Fälle, in denen wir uns mit der Beschreibung systemimmanenter Plausibilitätsannahmen nicht zufrieden geben dürfen, sondern sie kritisieren müssen.[36] Die gesamtgesellschaftliche Verankerung des Hexenglaubens schafft ein *Klima der Angst* und das hat destruktive Folgen. Dies als Teil einer melanesischen oder afrikanischen Spiritualität zu feiern und damit von vornherein von jeder Kritik auszunehmen, wäre einigermaßen absurd. Ausgrenzungsprozesse, insbesondere Sündenbockjagden bedürfen einer Prüfung, die Fragen stellt und auch Kriterien geltend macht, die außerhalb der Realitätsannahmen und jenseits der moralischen Codes liegen, die eine traditionelle Weltsicht bereitstellt.

Das *Melanesian Institute for Pastoral and Socio-Economic Service* in Goroka, Papua-Neuguinea, hat in diesem Sinne jüngst mit zwei Veröffentlichungen *Sorcery Witchcraft and Christianity in Melanesia* sowie einem *Handbook* für pastoraltheologische Bildungsarbeit dazu beeindruckende Beiträge vorgelegt.[37] Ein Vorzug beider Texte liegt darin, dass sie sich jeder Empfehlung von ›*best practice*‹ Rezepten enthalten. Stattdessen wird die Problematik kenntnis- und facettenreich erschlossen. Die Handbücher bahnen für Lehrende und Studierende Wege zur eigenen Urteilsbildung. Sie geben konstruktive Hinweise, um eigener Hilflosigkeit oder auch Gleichgültigkeit beizukommen. Weltanschauliche und moralische Optionen und deren jeweilige Implikationen wer-

[36] A.a.O. 61.

[37] Zocca/Urame (wie Anm. 29).

den zur Diskussion gestellt. Insbesondere das Handbuch zeichnet sich durch eine von Anfang bis Ende durchgehaltene didaktische Klarheit und Entschiedenheit aus, mit der Lehrende und Studierende zu eigener Urteilsbildung angehalten werden. Das ist eine wichtige Hilfestellung für kirchliche Mitarbeiter, um größere Klarheit zu gewinnen und entschiedene Stellungnahmen kirchenleitender Organe zu forcieren.

Es ist zwar nicht anzunehmen, dass Bildungsarbeit allein dem Hexenwahn und dem Unwesen der Sündenbockjagden beikommt; wohl aber, dass Bildungsarbeit manche Gewissheiten der kindlichen Sozialisation, insbesondere die Distanzlosigkeit zur mythischen Welt zu schwächen, die weltanschaulichen Enzyklopädien zu erweitern und die moralische Urteilskraft zu schärfen vermag.[38]

3. Die soziale und politische Dimension des Hexenunwesens berücksichtigen

Wie kommt es, dass Hexereianklagen in Papua-Neuguinea wie in Südafrika oder Kamerun sich durchhalten oder gar zunehmen? Liegt es daran, dass weite Teile der Bevölkerung sich einer Modernisierung ihrer Lebensformen und Weltbilder verweigern? Oder ist die Zunahme von Hexereibeschuldigungen und Hinrichtungsbündnissen ein Reflex auf die zunehmende Komplexität der sozialen und politischen Verhältnisse? Für diese Vermutungen spricht Folgendes: Zentrale Institutionen des Staates, nicht zuletzt Serviceeinrichtungen des öffentlichen Dienstes verfallen. Gleichzeitig sind politische Eliten offensichtlich in der Lage, immense materielle Vorteile aus dem System zu ziehen. Der Staat Papua-Neuguinea nähert sich dem Zustand einer Kleptokratie. Die Revitalisierung des Hexenwahns hat politische Dimensionen. Hexereianklagen und Sündenbockmechanismen greifen auch darum um sich, weil soziale und wirtschaftliche Diskrepanzen den Eindruck nähren, dass die Dinge auseinanderfallen. Wenn die Erwartungen der Menschen, an den Vorteilen wirtschaftlicher Entwicklung beteiligt zu werden, enttäuscht werden, wenn gleichzeitig die alten Verpflichtungsverhältnisse nicht mehr recht funktionieren, wenn soziale Abstände sich vergrößern, dann wird dies moralische Debatten freiset-

[38] Solche Bildungsarbeit wird über die im Handbuch des Melanesian Institute grundgelegte Kursarbeit hinaus Medienarbeit umfassen, Rollenspiele und Volkstheater, die dörfliche Bevölkerungsgruppen ansprechen, insbesondere Frauen- und Jugendgruppen, die darauf achten, wann und wo Gerüchte zusammengebraut werden, die geeignet sind, Sündenbockjagden auszulösen usf.

zen, die entweder in der traditionellen Sprache des Okkulten oder im Kontext einer modernen Ideologie ausgetragen werden können. Traditionelle Plausibilitätsannahmen werden neu ins Spiel gebracht.[39] Das legt sich besonders dann nahe, wenn konkurrierende religiöse oder ideologische Deutungsmuster nicht zur Verfügung stehen. Die Bekämpfung des Hexenunwesens schließt die Aufgabe ein, die sozialen und politischen Ursachen der Ängste, die Menschen erfahren, zu benennen und zu beheben. Allerdings wird ein Ausgleich sozialer Verwerfungen allein den Ängsten und Gewaltphantasien der Menschen nicht beikommen.

4. Was lehrt die Geschichte des Niedergangs des Hexenunwesens in Europa?

In Europa fand der Hexenwahn seine größte Intensität nicht etwa im ›finsteren Mittelalter‹, sondern im 15. bis zum 17. Jahrhundert. Er war – das sei nicht vergessen – insbesondere von der katholischen Kirche maßgeblich gestützt und betrieben worden,[40] nachdem sie frühere Auffassungen, nämlich die Position, der Aberglaube der Hexerei sei teuflischen Ursprungs und müsse bekämpft werden, verlassen hatte und in der Hexenbulle von Papst Innozenz VIII von 1484 den Kampf gegen Hexerei mit dem Kampf gegen Ketzer gleichstellte.[41] Sündhaft war nunmehr nicht der Hexenglaube, sondern »nicht an die Realität der Hexen zu glauben«.[42] Kurz, nicht zuerst die Gesellschaft, sondern die Kirchen und vor allem ihre Amtsträger bedurften einer Befreiung vom Hexenwahn.

Ina Seidel (1885–1974) macht in ihrer eindrucksvollen Erzählung über den Pastor Johannes Jakobus Lennacker (1628–1696) deutlich, wie viel *persönlicher Mut* und wie *harte Arbeit* aufgeboten werden mussten, um gegen den *gesamtgesellschaftlich* verankerten Hexenglauben anzugehen.[43] Die Erzählung spielt kurz nach Beendigung des Dreißigjährigen Krieges in einem deutschen Herzogtum. Lennacker, Hofprediger, ist der geistliche Beistand einer jungen Frau, Barbara Roemelin, die der Hexerei beschuldigt, infolge einer gerichtlich angeordneten Folter zu Tode kommt, nachdem ihr zuvor die Namen

[39] Stewart/Strathern (wie Anm. 7), hier: 113ff., 194ff.

[40] Nachweise bei Roper (wie Anm. 27).

[41] Gerhard Schormann, Art.: Hexen, TRE 15, 297–304, 298.

[42] Lindner (wie Anm. 15), hier: 127.

[43] Ina Seidel, Lennacker. Das Buch einer Heimkehr. Stuttgart/Berlin 1938, 261–330.

von 14 anderen Frauen als Mitgliedern eines Hexenzirkels abgepresst worden waren. Lennacker selbst glaubt zwar auch, dass es Hexen ›gibt‹ und dass Hexerei ein soziales Übel ist. Er hält die Roemelin allerdings für unschuldig und befürchtet, dass das erpresste Geständnis eine Spirale weiterer Verfolgungen unschuldiger Frauen nach sich ziehen wird. Hier beginnt die Geschichte. Der Pastor bringt andere Geistliche und Juristen, den beteiligten Richter sowie den Rechtsberater des Herzogs zu einer nächtlichen Sitzung zusammen. Die Rahmenbedingungen dieser Sitzung sind klar: Hexenwesen und Hexenwahn sind in der Gesellschaft breit verankert. Staatliche Gesetzgebung und kirchliche Gesetze machen Hexerei zu einem strafbaren Verbrechen. Hexenglaube ist Teil der unmittelbar zuhandenen Plausibilitäten, und Folter wird für legitim und für notwendig gehalten. Lennacker setzt sich dafür ein, dass von den Geständnissen der jungen Frau kein Gebrauch gemacht wird. Er findet keine Mehrheit in seinem Kollegium. Schließlich wird die Sache nach langem Ringen an den Herzog verwiesen. Er hört den Pastor und seinen Rechtsberater zuerst. Zu zweit stellen sie sich gegen die Mehrheitsmeinung der Befragten. Der Pastor glaubt, wie gesagt, dass Hexerei ›real‹ ist und dass die Bibel Hexerei verurteilt; er besteht aber darauf, dass Folter von der Bibel an keiner Stelle legitimiert wird. Der Jurist argumentiert als Aufklärer und Humanist. Miteinander entscheiden sie sich, der drohenden, weiteren Hexereianklage entgegenzutreten. Es brauchte viel Mut, nicht zuletzt im Kollegium der Pastorenschaft, und viel harte Arbeit, den Herzog umzustimmen. Der Herzog entscheidet schließlich, nicht mehr Hexerei, sondern die Verbreitung von Hexereianklagen und Verdächtigungen wegen Hexerei strafbar zu machen.

Diese Reminiszenz hat m.E. Relevanz für die melanesische Szene. Zunächst: Theologen und Juristen könnten sich finden, um miteinander auf die Gesetzgebung der Regierung einzuwirken. Sodann: Nicht zuletzt die Furcht, plötzlich allein zu stehen, wenn man Gerüchte und Anklagen wegen Hexerei nicht mittragen will, geben Treibjagden ihren Rückhalt.[44] Es mag sein, dass Christen dem Hexenunwesen ablehnend gegenüberstehen oder sogar erwägen, dem Zauberwesen als Medium der Lokalpolitik völlig abzusagen; gleichzeitig müssen sie befürchten, dass benachbarte Gruppen dies nicht tun werden. Die Aussicht, eventuell wehrlos dazustehen, während die Nachbarn nach wie vor über effektive Mittel des Schadzaubers verfügen, unterminiert Bemühungen, das Hexenunwesen flächendeckend abzuschaffen. Derartige Befürchtungen

[44] Ulrich Bergmann zitiert bei Zocca/Urame (wie Anm. 29), hier: 57.

ernst zu nehmen muss nicht darauf hinauslaufen, sich diesem Klima der Angst zu ergeben. Freilich ist das im Ergebnis häufig doch der Fall. Wenn Unbeteiligte befürchten müssen, selbst in den Zirkel des Tötens hineingezogen zu werden, mögen sie – wie seinerzeit Petrus – es vorziehen, in den Kreis des um das wärmende Feuer versammelten Volks zu treten. Die entscheidende Frage ist, wie Ulrich Bergmann, der bei F. Zocca zitiert wird, urteilt: ›Knicke ich ein? Nehme ich teil? Oder traue ich der Macht Gottes stärker zu sein?‹ Zocca zufolge, der Bergmann scharf widerspricht, ist die entscheidende Frage: Ist das Zauberwesen »real or not«.[45] Darum schiebt er Bergmanns Fokussierung auf psychologische Fragestellungen beiseite und priorisiert Bildungsarbeit und Aufklärung – m.E. eine unechte Alternative.

Noch einmal zurück zur europäischen Geschichte: Auch wenn mit der europäischen Aufklärung die Hexenprozesse allmählich erloschen, wäre es wohl etwas voreilig, der europäischen Fortschritts- und Modernisierungsgeschichte das Ende des Hexenunwesens überhaupt zuzuschreiben. Peter Geschierre hat gezeigt, dass Schadzauber, Magie und Divination auch unter ›Gebildeten‹ und ökonomisch arrivierten Klassen in Afrika wuchern, und spricht von der Modernität des Hexenwesens in postkolonialen, westafrikanischen Gesellschaften. Die Beobachtung lässt sich ausdehnen auf unsere Gesellschaft. W. V. Lindner macht darauf aufmerksam, dass die Mobilisierung des kollektiv Imaginären, wie sie in den Hexereibeschuldigungen vormoderner Gesellschaften destruktiv zum Tragen kam, auch in moderner Gesellschaft virulent bleibt. Er erinnert in diesem Zusammenhang an die Bücherverbrennungen und die Vernichtungsmaschinerien des Nationalsozialismus und das Archipel Gulag in der Sowjetunion.[46] Zu denken wäre auch an das System des Staatsicherheitsdienstes der DDR, das Einzelne verpflichtete, ›Informationen‹ über Mitmenschen im Nahbereich zu sammeln, um diese zu stigmatisieren, einzusperren und u.U. auch zu töten. In manchen Quartieren der Bundesrepublik dienen als ›die‹ Muslime wahrgenommene Migranten als Projektionsfläche sozialer Identitätsängste. Gegenläufig werden Autoren, die auf in der Tat bestehende Integrationsprobleme von Migranten in unserer Gesellschaft aufmerksam machen, als Rassisten stigmatisiert.

Nun mag es in einer Gesellschaft, die auf einem demokratisch kontrollierten System des Rechts beruht, nicht mehr so einfach sein, wie dies in einer vormo-

45 »On the contrary, the author feels strongly that the issue is whether it is real or not.« Franco Zocca in: Zocca/Urame (wie Anm. 29) hier: 57.

46 Lindner (wie Anm. 15), hier: 115ff.

dernen, tribalen Gesellschaft der Fall gewesen ist, sich darüber zu einigen, wer die Sündenböcke, die das Gemeinwesen angeblich gefährden, nun eigentlich sind. Aber die Projektion individueller und kollektiver Ängste und Gewaltphantasien auf einigermaßen willkürlich gewählte Opfer bleibt ein Faktor im Spiel um politische Macht – so wie dies in vormodernen Gesellschaften und postkolonialen Übergangsgesellschaften der Fall war und ist. Undenkbar ist es nicht, dass von Zeit zu Zeit Eruptionen individueller und kollektiver Ängste und Gewaltphantasien durch die dünne Oberfläche der modernen gesellschaftlichen Ordnung aufbrechen. Der Verfall zentraler staatlicher Institutionen, wie sie Bürger Papua-Neuguineas tagtäglich erfahren, dürfte jedenfalls ein Faktor sein, der kollektive Ängste und Gewaltphantasien nährt.

5. Verkennungen bearbeiten

Was ist also ›wirklich‹, ›real‹? Willkürlich gegriffene Opfer von Hexenanschuldigungen werden moralisch für einen Tod verantwortlich gemacht, für den aus sozial- oder medizinwissenschaftlicher Perspektive natürliche Ursachen gegeben sind. Aus einer strikt positivistischen Sicht beruht das Urteil der Handelnden auf Einbildung, ist nicht ›real‹.

Nun sind der Glaube an die Wirksamkeit von und die Furcht vor Schad- und Todeszauber, Divinations- und traditionelle Heilverfahren Teil eines traditionellen Arsenals von Wissen. Menschen wachsen auf mit diesen Vorstellungen und Praktiken. Sie entscheiden und handeln innerhalb bestimmter weltanschaulicher Rahmenvorgaben und auf der Basis kulturell bestimmter Grundannahmen.[47] Diese wurden im Rahmen der traditionellen, informellen frühkindlichen Bildungsprozesse vermittelt. Clifford Geertz spricht in diesem Zusammenhang von Common Sense, einem »Katalog von so zwingend selbstverständlichen Realitäten, dass sie sich jedem, der nur einigermaßen bei Verstand ist, geradezu aufdrängen«.[48] Common Sense vermittelt Vorstellungen dessen, was der Fall ist, was wahr ist und was dementsprechend getan werden sollte. Destruktive Kräfte von Mitmenschen oder auch Geistwesen sind genauso real wie Verfahren des In-Ordnung-Bringens effektiv sein können.[49] Die

[47] Vgl. dazu Neumann (wie Anm. 33), 341–363.

[48] Clifford Geertz, Common Sense als kulturelles System, in: Ders., Dichte Beschreibung. Beiträge zum Verstehen kultureller Systeme, Frankfurt/M. 1987, 261–288, 263f.

[49] J.D.Y. Peel, Was heißt ›fremde Glaubenssysteme verstehen‹?, in: Hans G. Kippenberg/Brigitte Luchesi (Hg.), Magie. Die sozialwissenschaftliche Kontroverse über das Verstehen fremden Denkens, Frankfurt/M. 1978 [1969], 150–173, 156, 164ff.

in jener Lebenswelt Handelnden jedenfalls schreiben ihnen Wirksamkeit zu. Auch wenn sie aus sozialpsychologischer und religionswissenschaftlicher Sicht als Symbole, als kultureller Ausdruck menschlicher Erfahrungen von Übel, Ausweglosigkeit oder eben auch des Heilwerdens und Wieder-in-Ordnung-gebracht-Werdens, eben als Projektionen, interpretiert werden, ändert diese Sicht nichts an dem Umstand, dass derartige Symbolisierungen machtvoll, destruktiv oder auch förderlich auf Einzelne und Gruppen zurückfallen und so menschliche Handlungen beeinflussen [können] und insofern ›real‹ sind. Es sind »auf Einbildung beruhende Phänomene, die von diesen Gesellschaften hervorgebracht werden, um das Leben in der Gemeinschaft zu regulieren«.[50] Auch wenn westliche Schulbildung die Wissensbestände der Tradition und kindheitsgeschichtlich vermittelte Gewissheiten geschwächt haben mag, wurden diese doch nicht völlig eliminiert, und zwar weil für Absolventen westlicher Schulen und sogar Universitäten, sobald diese in die dörfliche Lebenswelt zurückkehren, die Wirklichkeitsannahmen traditioneller Weltsicht *in einer aktuell gegebenen Konfliktlage* wieder unmittelbarer einleuchten mögen als schulisch vermittelte, naturwissenschaftlich gestützte Wirklichkeitsdeutungen. Diese verblassen in der dörflichen Lebenswelt manchmal schnell angesichts der nach wie vor lebendigen Überzeugungen der Wir-Gruppe, dass gewisse Leute die Macht haben, andere durch Schadzauber krank zu machen oder gar zu töten. Sozialer Wandel mag sich schnell vollziehen, Mentalitäten wandeln sich langsam. Während sensible westliche Beobachter, seien diese Theologen, Mediziner oder Juristen, ihre Aufmerksamkeit auf die Unvernunft des Hexenwahns oder dessen moralische Fragwürdigkeit richten mögen, kommt es daher immer wieder vor, dass auch Melanesier mit abgeschlossener Universitätsbildung meinen, dass die eigentlich zu klärende Frage die nach der übernatürlichen Verursachung von Krankheit und Unglück ist.

Peter Berger und Thomas Luckmann haben herausgearbeitet, dass es für Akteure, die die Grundannahmen der traditionellen Weltsicht teilen oder sich wieder auf sie einlassen, gleichwohl zu einer Destabilisierung ihrer Überzeugungen kommen kann, und zwar sobald eine ›alternative symbolische Sinnwelt‹ auftaucht und von Einzelnen oder Gruppen, beispielsweise einer christlichen Gemeinde auch gelebt wird. »Es kann … sogar passieren, dass die alternative Sinnwelt missionarisch wird.« Jedenfalls ist das »Auftauchen einer al-

50 Eric de Rosny, Die Augen meiner Ziege. Auf den Spuren afrikanischer Hexer und Heiler, Wuppertal 1999, 275.

ternativen symbolischen Sinnwelt eine Gefahr, weil ihr bloßes Vorhandensein empirisch demonstriert, dass die eigene Sinnwelt nicht wirklich zwingend ist.«[51]

Die Angebote rivalisierender Sinnwelten sind also nicht statisch vorgegeben. Die an einer aktuellen Konfliktsituation Beteiligten sind unterschiedlich verbindlich in die weltanschaulichen Rahmenvorgaben der Situation eingepasst. Wer entscheidet darüber, wie die Situation definiert wird? Welche Sinnwelt sich durchsetzt, hängt nicht nur von ihrer jeweiligen theoretischen Schlüssigkeit ab, sondern durchaus auch von der Macht derer, die das traditionelle Gedanken- und Wertesystem nach wie vor legitimieren,[52] sowie anderen, denen Hexerei, Hexereibeschuldigungen, Schad- und Todeszauber aus Vernunft- oder Glaubensgründen als Unsitten vorkommen. Diese haben die Option, deren destruktive Folgen apathisch hinzunehmen und das entstehende Böse zu beschweigen oder aber für ihre Erkenntnisse und Verbindlichkeiten einzustehen. Es gilt das fahrlässige und auch in kirchlichen Milieus weit verbreitete Beschweigen zu beenden. Notwendig und geboten ist ein öffentlicher Diskurs über die kognitiven, moralischen und religiösen Dimensionen einer fälligen Wende. Dazu können die Kirchen durch ihr Engagement im Bildungswesen, in der Gestaltung der Gottesdienste und in ihrer Seelsorgepraxis beitragen.

Im Falle von Hexereibeschuldigungen wegen plötzlicher und vorerst unerklärlicher Todesfälle werden Pfarrer, Ärzte und Juristen einen möglichen Aufklärungseffekt durch Bildungsarbeit nicht gering schätzen. Sie werden wissenschaftliche und verifizierbare Erklärungen, wenn solche zur Verfügung stehen, einbringen und öffentlich vertreten. Wenn die offizielle Kirche sich allerdings gegenüber der Volkskultur *vor allem* als lehrende Kirche darstellt und normative Vorgaben für das macht, was in einer gegebenen Situation Gültigkeit beanspruchen kann, wird sie bestimmte Problemkonstellationen, wie sie von den vor Ort Handelnden erfahren werden, nicht aufnehmen und daher auch nicht klärend voranbringen können. Ein enger bildungspolitischer Ansatz erfasst die Komplexität des Problemfeldes nur unzureichend, weil individuelle und kollektive Ängste sowie die Gewaltphantasien, die aus ihnen erwachsen, auf diesem Wege zwar relativiert, aber nicht völlig behoben werden können.[53]

51 Peter Berger/Thomas Luckmann, Die gesellschaftliche Konstruktion der Wirklichkeit. Eine Theorie der Wissenssoziologie, Frankfurt/M. 1969,116. [engl. 1966].

52 A.a.O. 117ff.

53 Selbstverständlich sind individuelle und kollektive Ängste, die Gewaltphantasien, die diese freisetzen, und die Hinrichtungsbündnisse, die ihn folgen können, – wie Peter Worsley notiert – kein Alleinstellungsmerkmal vormoderner, tribaler Gesellschaften. »In der Tat ist diese Erde nicht

Zur Vertiefung der Bildungsarbeit bedarf es eines Ansatzes, der katechetische, homiletische, sozialpädagogische, liturgische und gruppentherapeutische Einsichten verbindet.

Die spontanen, durch Hexereibeschuldigungen beschönigten Hinrichtungsbündnisse projizieren den Ursprung des Bösen weit weg von den verantwortlichen Akteuren auf die Anderen, die Schwachen, die Frauen oder auch einfach in die ›Strukturen‹. Während das Faktum des Bösen festgestellt werden muss, kommen unser Reden über das Böse und eine Verständigung darüber, wo es seinen Ursprung hat, immer »zu spät«.[54] *Unde Malum*? Ein durch Klatsch und Gerüchte aufgebrachter Mob jagt und tötet willkürlich gegriffene, schwache Menschen und wähnt sich legitimiert durch die gesamtgesellschaftlich verankerte Ideologie der Reziprozität, neuerdings auch durch Versionen des Christlichen, die sich auf die Versuchung eines kosmischen und moralischen Dualismus eingelassen haben.[55] Ist es erforderlich, das Böse zu personalisieren, um die Destruktivität diabolischer Inspirationen zu plausibilisieren? Erforderlich nicht, im Kontext eines mythischen Weltbildes aber möglich und nahe liegend. Insbesondere die Vorstellung, große und kleine Teufel würden die Welt durchstöbern, um sich der Menschen zu bemächtigen, sodass diese ihre Autonomie und Selbstverantwortlichkeit verlieren (Besessenheit), ist verlockend, weil scheinbar entlastend, schafft allerdings erhebliche Sekundärprobleme: Der kosmische und moralische Dualismus bietet sich als Scheinlegitimation für Hinrichtungsbündnisse an und vernebelt die menschliche Freiheit und Verantwortlichkeit. Wenn, wie das in *Predigt und Katechetik* in Melanesien noch durchgängig der Fall sein mag, auf das theologische Hilfskonstrukt der ›gefallenen Engel‹ zurückgegriffen wird, wäre im Blick zu behalten, dass dies Konstrukt gedacht war, um eine originäre Autonomie der Dämonen zu bestreiten. Sie *wurden* zu bösen Geistern – wiewohl als Engel geschaffen. Das Böse ist gleichursprünglich mit der menschlichen Freiheit. Es ist eine existentielle Möglichkeit und kann im *Nachhinein* als Sünde zur Erfahrung kommen. Das Evangelium eröffnet den Glauben, dass Gott jenseits des Bösen steht und uns

jene entmystifizierte Welt, wofür die Weißen sie halten – wenn sie sie ›wissenschaftlich‹ betrachten; das heißt, meistens deuten auch wir uns Ereignisse unter Bezugnahme auf ›Glück‹, ›Zufall‹ etc., und selbst wenn wir uns im Sinne der Technik verhalten, gibt es nicht-technische Implikationen und Dimensionen unseres Verhaltens.« Peter Worsley, Die Posaune wird erschallen. ›Cargo‹-Kulte in Melanesien, Frankfurt/M., 407 (engl. The Trumpet shall sound. A Study of ›Cargo‹-cults in Melanesia, London 1957 [1968]).

54 Michael Moxter, Schlange, Pilz und Maulwurf. Zur Phänomenologie des bösen Geistes, in: Rechtshistorisches Journal 13, 1994, 331–350, 335.

55 Zur missionsgeschichtlichen Bewandtnis vgl. Theodor Ahrens (wie Anm. 23).

mit der Einladung zu einem Leben im Geiste Jesu jenseits des Bösen stellt. Dies Leben steht allen Menschen offen und mutet ihnen zu, statt auf vergiftende Rivalitäten zu setzen, die Erkenntnis des Guten, das immer auch das Gut der Anderen ist, nicht zu verraten. Es gilt sich selbst als freies und verantwortliches Subjekt zu begreifen und das Recht auf Unversehrtheit des Leibes und Lebens unserer Mitmenschen als von Gott in gleicher Weise geliebten Wesen zu verinnerlichen. Das Evangelium besteht auf der Freiheitlichkeit und Verantwortlichkeit der Einzelnen. Das Wort Freiheitlichkeit führen Viele im Mund – und in jedem Einzelfall verdient dies einen zweiten Blick. Die Frage ist: Wo liegt der Ermächtigungsgrund der Freiheit, das Gute, das die Unversehrtheit des Nächsten im Blick hat, zu tun?

In ihrer Bildungs- und Sozialarbeit beteiligen sich Kirchen an der Aufhellung und Bewusstmachung der Verkennungen, die mit der Projektion individueller und kollektiver Ängste und Gewaltphantasien auf willkürlich gewählte Opfer einhergehen. Dafür bieten sich *Bibelarbeiten* an, zunächst zu neutestamentlichen Zeugnissen von ausgegrenzten Menschen, zu denen Jesus sich bekennt und damit an Gottes Stelle zu handeln beansprucht,[56] sodann zu Texten der Passionsgeschichten. Es gilt den sakrifiziellen Schleier, den das Christentum über diese Texte gelegt hat, zu lüften und die Verfolgung und Hinrichtung des unschuldigen Zeugen Gottes wie dessen österliche Rechtfertigung durch Gott freizulegen.[57] Das wäre eine rechtfertigungstheologische Sicht, die das Verfolgersyndrom ernst nimmt. Eine etwas andere Perspektive öffnet das *Christus Victor* Motiv. In Tod und Auferstehung Christi triumphiert Gott über die ›Mächte des Verderbens‹, in die Menschen verstrickt sind (Kol. 2,15).[58] Das Potential dieser schon bei Irenäus ausgearbeiteten und von Luther aufgegriffenen christologischen Tradition wäre in katechetischer und homiletischer Bearbeitung des Hexenunwesens neu auszuloten – im Ernstnehmen der Ängste, die Menschen umtreiben, und der Weltbilder, in denen und mit denen sie leben. Es

[56] Vgl. etwa die Erzählung von der Heilung des besessenen Geraseners, Mk. 5,1–20, die wohl besser mit *Heilung der besessenen Gerasener* überschrieben wäre. Dazu Fred Gardiner, Überlegungen zu René Girards Deutung des besessenen Geraseners, in: Theodor Ahrens (Hg.), Zwischen Regionalität und Globalisierung. Studien zu Mission, Ökumene, Religion, Hamburg 1997, 423–443.

[57] Näheres bei Theodor Ahrens, Der Text in den Kontextualitäten. Zur Relevanz der Kulturhermeneutik René Girards für die Kontextualisierungsproblematik, in: Ders., Gegebenheiten. Missionswissenschaftliche Studien, Frankfurt/M. 2005, 81–110, 103–110.

[58] Vgl. Gustaf Aulén, Christus Victor. An Historical Study of the Three Main Types of the Idea of the Atonement, New York 1969 (1986), 16ff., 101ff.; sowie Uwe Rieske-Braun, Duellum mirabile. Studien zum Kampfmotiv in Luthers Theologie, Göttingen 1999; und John L. Allen, Das Neue Gesicht der Kirche. Die Zukunft des Katholizismus, Gütersloh 2011, 21ff., 44ff.

könnte sich allerdings herausstellen, dass das *Christus Victor* Motiv der aktuellen Wirklichkeitserfahrung der Betroffenen – Opfer und Täter – nicht standhält.

Weil Hinrichtungsbündnisse und Hexereibeschuldigungen meist Frauen treffen, ist daran zu erinnern, dass Frauen in staatlichen Organisationen und den *main-line* Kirchen Melanesiens führende Positionen nach wie vor durchgehend verschlossen bleiben. In den Kirchen wird eine entsprechende Kritik gern mit dem Hinweis weggebürstet, die Gemeinden seien für Frauen in führenden Rollen noch nicht bereit. Andererseits sind lokale Frauengruppen vielerorts in der Gesellschaft, aber auch in Kirchen zu einem wichtigen Ferment der Lokalpolitik geworden. Kirchliche Frauenkonferenzen können zu Foren werden, in denen die Problematik aufgegriffen und offensiv diskutiert wird sowie Bischöfe und Kirchenleitungen zu klarenden Stellungnahmen genötigt werden.

6. Rituelle, liturgische und gruppentherapeutische Optionen

In einer Untersuchung zum Hexenunwesen in der Zentralafrikanischen Republik hat Markus Roser vorgeschlagen, den Riten traditioneller Kultur im Rahmen der dortigen lutherischen Kirche funktionelle Substitute entgegenzustellen. Er legt Beispiele für liturgische Äquivalente traditioneller Initiations-, Ehe-, Fruchtbarkeits-, und Trauerriten vor, soweit ich sehe aber keine liturgischen Formulare, die ausdrücklich darauf gerichtet wären, Hexereibeschuldigungen aufzugreifen und christlich zu bearbeiten.[59] Stephen Hayes schlägt vor, einen Schritt weiter zu gehen.[60] Hayes macht auf den Beitrag einer Zionistischen Kirche in Südafrika aufmerksam, die die christliche Botschaft für eine voraufklärerische Kultur, in der Hexenwesen und Schadzauber Bausteine der vorherrschenden Weltsicht sind, kontextualisiert. Die Zionisten teilen traditionelle Vorstellungen hinsichtlich der Verursachungen von Krankheit. ›Schadzauber ist wirksam und ein Übel. Krankheit wird durch eigene Sünden oder die anderer Menschen ausgelöst.‹ Dies zu ignorieren kann nicht die Lösung sein. Statt der obligaten Hexenvertreibung wählen sie einen anderen Weg. Hayes nennt das Beispiel eines Bischofs Nyasha.[61] Dieser ermutigt Menschen, die

[59] Markus Roser, Hexerei und Lebensriten. Zur Inkulturation des christlichen Glaubens unter den Gbaya der Zentralafrikanischen Republik, Erlangen 2000, 193ff.
[60] Hayes (wie Anm. 3).
[61] Hayes (wie Anm. 3), hier: 5.

sich als Hexen bekannt haben, seiner Kirche beizutreten, tauft sie und vollzieht Exorzismen. Affinitäten zu traditionellen Divinationen und Heilverfahren liegen auf der Hand. Das Verfahren setzt auf ein therapeutisches Potential des Gottesdienstes, das Leben in der Gemeinschaft auf andere Weise als durch Hexereibeschuldigungen und Hinrichtungsbündnisse zu ordnen. In einer so fest gefahrenen Lage kann eine symbolisch vermittelte, emotional tief greifende Erfahrung der Reintegration in eine neue Gemeinschaft durchaus einen Neubeginn eröffnen. Auf der Ebene der Volksreligion mögen die Riten bewirken, was sie ansagen.

Im Fall von Exorzismen wird allerdings der Glaube an das Hexenunwesen und dessen Voraussetzungen, die das Aufspüren der im Verborgenen wirkenden, ›wahren‹ Verursacher der jeweils vorliegenden Störung zwingend erforderlich machen, *bestätigt*. Der Bischof Nyasha teilt offenkundig die weltanschaulichen Voraussetzungen des Hexenglaubens, geht aber anders damit um. Dem rituellen Ausschlussverfahren wird ein rituelles Inklusionsverfahren entgegengesetzt. Diese Umkehr der Blickrichtung schließt an die Praxis Jesu an, der sich an die Seite der Randständigen stellt. Für die etablierten Missionskirchen, die Zauberei und Hexenunwesen als auf Einbildung beruhende Phänomene behandelt haben und die ihre Liturgien, insbesondere der Sakramente, von magischen Praktiken abzusetzen suchen, daher auch ein abständiges Verhältnis zu Exorzismen pflegen – könnte eine Re-Lektüre neutestamentlicher Wundergeschichten als Verfahren-des-in-Ordnung-Bringens förderlich sein,[62] um die kontextuelle Relevanz der Praxis von Bischof Nyasha auszuloten.

In der modernen Gesellschaft sind die Riten arbiträr geworden. Die Grundannahmen des Weltbildes verschieben sich. Darum, scheint mir, bietet sich für die Missionskirchen – neben einer liturgischen Bearbeitung des Hexenunwesens – ein gruppentherapeutischer Ansatz als Alternative an.

Claude Lévi-Strauss hat in seinem Aufsatz *Die Wirksamkeit der Symbole* eine Parallelität schamanischer und psychoanalytischer Heilverfahren herausgearbeitet: »Beide zielen darauf ab, ein Erlebnis hervorzurufen, und beiden gelingt das, indem sie einen Mythos rekonstruieren, den der Kranke erleben oder wieder erleben muss. Aber im einen Falle handelt es sich um einen individuellen Mythos, den der Kranke mit Hilfe von Elementen aus seiner Vergangenheit errichtet, im anderen ist es ein gesellschaftlicher Mythos, den der

[62] Vgl. dazu Werner Kahl, Neutestamentliche Wunder als Verfahren-des-in-Ordnung-Bringens, ZMiss 1/2011, 19–30.

Kranke von außen empfängt und der keinem früheren persönlichen Zustand entspricht.«[63] Beide betreiben Krisenmanagement. Die psychopathologische Störung kann »nur mit einer Symbolsprache erfasst werden«.[64] Der Unterschied zwischen beiden Methoden betrifft »den Ursprung des Mythos, der im einen Fall als individueller Schatz wieder gefunden, im anderen von der kollektiven Tradition übernommen wird«.[65] Vielleicht versieht Lévi-Strauss diese Entgegensetzung mit zu viel Gewicht. Auch ein Schamane erarbeitet mit dem Patienten bzw. Opfer eines angenommenen Schadzaubers eine biographiegeschichtliche Deutung dieses Einzelfalls, freilich unter Berücksichtigung des sozialen Gefüges, in dem ein Patient sich bewegt. So oder so: Die Wirkkraft der Symbole besteht, Lévi-Strauss zufolge, in ihrer induzierenden Eigenschaft.[66] Folgerung: In einem begrenzten und genauer zu bezeichnenden Rahmen können Heilverfahren der Schamanen erfolgreich sein.[67] Scharlatanerien kommen überall, nicht nur im Zusammenhang traditioneller Heilverfahren vor. Die Behauptung, schamanistische Verfahren-des-in-Ordnung-Bringens seien generell unwirksam, weil Schadzauber, Hexerei und Besessenheiten auf Einbildungen beruhen, dürfte sich aus den Voraussetzungen eines positivistischen Weltbildes herleiten. Eine wissenschaftliche Weltsicht kann die Bereiche der Religion ablösen, die welterklärend sind, nicht aber ihre Sinn stiftende Kraft und den Impetus, den sie dem Handeln gibt.[68]

Die Wirksamkeit der traditionellen Verfahren des In-Ordnung-Bringens dürfte auf psychosomatische Beschwerden, die einem Konflikt im sozialen Nahbereich zugeschrieben werden, beschränkt sein. Es gilt eine Erzählung zu rekonstruieren, die sich in das symbolische Universum der betreffenden Gruppe einzeichnen lässt, sodass die Patienten und die beteiligte Gruppe der erarbeiteten Deutung zustimmen können. Es kommt allerdings immer wieder

63 Claude Lévi-Strauss, Die Wirksamkeit der Symbole, in: Ders., Strukturale Anthropologie, Frankfurt/M. 1969, 204–225, 219.

64 A.a.O. 219.

65 A.a.O. 222.

66 A.a.O. 222.

67 Bei psychosomatischen Erkrankungen, die auf Konflikte im familiären Nahbereich zurückgeführt werden (in Pidgin *i gat tok* und *tewelsik*), war das nach meinen Beobachtungen eher der Fall als bei Erkrankungen wie Magengeschwüren, Lungen TBC oder Geschwüren, die auf im sozialen Umfeld weiter entfernte Konfliktherde zurückgeführt wurden (in Pidgin: *posen* = Schadzauber). Im Fall eines 13-jährigen an Lungen-TBC erkrankten Mädchens wurden nicht weniger als acht, übrigens nicht schlecht honorierte *diviner* bemüht, die jeweils andere Verursacher identifizierten. Das Mädchen freilich starb.

68 Rainer Waßner, Magie und Psychotherapie. Ein gesellschaftswissenschaftlicher Vergleich von Institutionen der Krisenbewältigung, Berlin 1994, 194.

vor, dass der Schamane seine Zuständigkeiten überschreitet und die Verantwortung für Unglücksfälle, plötzlichen Tod und anderes Übel den Ahnen oder anderen Personen anlastet. Die Schwäche derartiger Lösungsvorschläge liegt darin, dass sie statt der Frage ›Wie ist das gekommen?‹ durchgängig fragen ›Wer hat das getan bzw. verursacht?‹ Damit wird die Komplexität der Situation, vor allem, wenn es um mehr und anderes geht als psychosomatische Phänomene, die auf Störungen im mikro-sozialen Bereich zurückgeführt werden können, unzureichend erfasst,[69] weil sie auf eine mögliche Hexereibeschuldigung hin vorprogrammiert wird. Lässt sich die den traditionellen Verfahren des In-Ordnung-Bringens inhärente Suche nach übernatürlichen Ursachen und, im Verein damit, die Auslagerung und Entsorgung gruppeninterner Ängste und Befürchtungen stilllegen?

Der französische Jesuit Eric de Rosny, der lange in Westafrika gearbeitet hat, ließ sich in das traditionelle Heilwesen initiieren, um die Welt der Christen, in der dieses nach wie vor praktiziert wird, von innen heraus zu verstehen.[70] Heiler sind Agenten einer therapeutischen Religion, in deren Zentrum der »Kult um die Gesundheit« steht.[71] E. de Rosny praktiziert als Heiler, indem er christliche Segensrituale mit traditionellen Ritualen kombiniert.[72]

Eine wichtige anthropologische Grundannahme der Heiler, mit denen de Rosny arbeitete, besagt, dass jede Person aus zwei Teilen besteht – einer sichtbaren und einer unsichtbaren Person. Die Heiler erben oder erwerben die Fähigkeit des »doppelten Gesichts«.[73] Während gewöhnliche Sterbliche sehen, wie die einen dahinsiechen und andere reich werden, stellen die Heiler zwischen diesen beiden »anormalen Situationen … einen Bezug aus Ursache und Wirkung her«[74] und engagieren sich sozusagen als Antihexer in einem Kampf gegen die destruktiven Mächte des Bösen, der Hexer.[75] E. de Rosny versteht Heilung als Reintegration der Verzauberten. Es gilt die »verlorengegangene Ordnung wiederherzustellen, das ist« – de Rosny zufolge – »die Hauptaufgabe der nganga« – also des Heilers, der sich von Schadzauberern, die man für Menschenfresser hielt, absetzt.[76] Der Heiler macht die unsichtbare Gewalt

[69] Vgl. Anm. 67.
[70] Vgl. de Rosny (wie Anm. 50).
[71] A.a.O. 273, vgl. 271ff.
[72] A.a.O. 167–171.
[73] A.a.O. 80.
[74] A.a.O. 80.
[75] A.a.O. 83.
[76] A.a.O. 115, vgl. 112ff., 80ff.

sichtbar. Der Glaube an die »unsichtbaren Wirklichkeiten«, um die es eigentlich geht, fällt auf fruchtbaren Boden, sobald sich im Nahbereich der Familie bestimmte (Konflikt-) Konstellationen ergeben.[77]

Das Verfahren setzt allerdings voraus, dass Heiler auf Beschuldigungspraktiken nicht verzichten können, »ohne der Behandlung einen Teil ihrer Wirksamkeit zu nehmen«.[78] Vor diesem Hintergrund befragt de Rosny seine Heiler-Kollegen: »Wenn man unter Nächstenliebe, so wie das Evangelium das vorschlägt, eine Liebe versteht, die auch die Feinde einschließt, dann stellt sich die Frage: kann man seinen Schadenzauberer lieben?« Zu diesem »wichtigen Punkt« erhält er »negative Antworten«. Seine Gesprächspartner urteilen übereinstimmend, es sei »nicht ratsam, den, der einen verhext, wirklich zu lieben; so läuft man Gefahr, seinen unheilvollen Einfluß auf einen selbst und sein Umfeld zu verstärken«. Die Patienten meinen: »Die Schadenszauberer, wenn Du sie verachtest, dann können sie Dir nichts Böses antun.« Man kann sie »halbwegs lieben, aber nicht voll und ganz«.[79]

Das Haupthindernis, das sich einer Christianisierung traditioneller Verfahren des In-Ordnung-Bringens entgegenstellt, ist das in den Divinationen angelegte System der Beschuldigung, mit dem die Verantwortung für Unglück und Krankheit Mitmenschen im Nahbereich oder den Ahnen aufgebürdet wird.[80] Kirchen, die sich auf eine Christianisierung traditioneller Verfahren des In-Ordnung-Bringens einlassen, werden dies Moment nicht aufgreifen können. Sie werden darüber hinaus darauf achten, dass die Folgen menschlicher Destruktivität, aber auch Unglück und Krankheit nicht, statt den Ahnen oder den ›Hexen‹, nunmehr Gott in die Schuhe geschoben werden. Ließen sie Derartiges zu, dann hätte das Christentum melanesischer Religiosität nichts Neues zu sagen.

Wie also das System der Beschuldigungen und die zwanghafte Suche nach übernatürlichen Ursachen stilllegen? Eine fachlich fundierte, gruppentherapeutische Arbeit könnte dieses Desiderat beheben. Sie knüpft an traditionelle Verfahren des In-Ordnung-Bringens an und modifiziert sie. Während jene sich halb-öffentlich vollziehen, spielt diese in der Öffentlichkeit dörflichen Le-

[77] A.a.O. 135.

[78] A.a.O. 208.

[79] A.a.O. 209.

[80] So auch Joseph Kufulu Mandunu, Das »Kindoki« im Licht der Sündenbocktheologie. Versuch einer christlichen Bewältigung des Hexenglaubens in Schwarz-Afrika, Frankfurt/M. et al. 1992, 127, 130, 197, 220, 230.

bens.[81] Insbesondere die für ein Unheil verantwortlich gemachte Gruppe wird eine Bereitschaft mitbringen, Gerüchte und üble Nachrede, die im Schwange sind, ins Offene zu bringen und zu entkräften. Konflikte können benannt werden. Alternative moralische und weltanschauliche Optionen können ins Spiel gebracht werden. Es zeigt sich, dass die Kriterien, die traditionelle Divinationsverfahren steuern, keineswegs durchgängig klare und eindeutige Antworten ergeben. Der Vorteil dieses Zugriffs gegenüber traditionellen Divinationstechniken und schamanischen Heilverfahren sowie einem Ansatz, der auf die therapeutische Funktion religiöser Riten setzt, liegt m.E. darin, dass allen Beteiligten, auch den Beschuldigten, Gelegenheit gegeben wird, der Genese von Spannungen und Konflikten nachzuspüren und Bereiche des gemeinsamen Lebens zu benennen, die der Heilung bedürfen. Kognitive Engführungen und tief sitzende emotionale Befangenheiten werden gleichermaßen bearbeitet. Allmählich werden den Beteiligten ihre hintergründigen Ängste, Gewaltphantasien und Projektionsmechanismen *durchsichtig.* Es kann zur Sprache kommen, was bislang – manchmal mit großer Anstrengung – beschwiegen wurde. Wenn alle Gewalt erleiden und alle Gewalt ausüben, dann erübrigen sich Verfahren, die Einzelne zu Sündenböcken oder Hexern machen.

Kirchlich verantwortete Verfahren des In-Ordnung-Bringens werden die Beteiligten auf der Suche nach verborgenen Ursachen dialogisch, in Frage und Gegenfrage mit ihrer eigenen Destruktivität, die im Nachhinein möglicherweise als Sünde zu Bewusstsein kommt, konfrontieren. Sie werden sie aber auch auf die in Jesu Auferweckung verbürgte Hoffnung ansprechen, dass Gottes Liebe dem Bösen und der Destruktivität gewachsen ist.[82]

[81] Ich beziehe mich auf Erfahrungen während zweier Studien- und Forschungsreisen mit meinem Freund und Kollegen Wulf Volker Lindner nach Papua-Neuguinea in den Jahren 1993 und 1997.

[82] Mit Mandunu (Anm. 80), 220.

ABSTRACT

Several hundred people were killed between the years 1995 and 2010 in Papua New Guinea because they were accused of having caused the death of neighbours or relatives through witchcraft. Such occurrences may – at first sight – strike European observers as far-fetched and absurd. The mob, though, deluded by the idea to protect their ›we-group‹ from greater evil, acts with the backing of plausible assumptions and moral ideas which are still solidly based in society at large. Individual and collective anxieties and fantasies soaked with violence erupt as people face a confusing and ever more complex situation which at times borders on anomy (lawlessness). The deadly lava of such eruptions pours forth into preconceived channels of ›straightening things out‹, here in the form of scapegoating – pretending an indispensable service had been given to the survival interest of the ›we-group‹. The majority of people taking part in such witch-hunts and scapegoating are Christians – as has been the case in Europe before.

Having placed such occurrences in their social and cultural context the study proceeds to discuss in a pastoral-theological perspective what needs to be understood and what needs to be done. The social and political dimension of witchcraft is reflected, the value of education and awareness building measures are considered, in particular, the possibilities which arise as competing plausible assumptions are available in a given situation and, finally, catechetical, liturgical and therapeutic approaches are presented.

Frauen und Krieg

Die Sicht der Frauen im Umgang mit Gewalt als Täterinnen und Opfer

Sabine Förster

Meine Schwestern,
meine Töchter,
meine Freundinnen –
findet eure Stimme.

Ellen Johnson Sirleaf nach Entgegennahme des Friedensnobelpreises 2011 in Oslo

Einführung

Während des so genannten Bürgerkrieges in Liberia zwischen MODEL, LURD und Regierungstruppen,[1] benutzten alle Fraktionen Elemente traditioneller Religion, um ihren Kämpfern das Gefühl von Macht und Stärke zu geben. Sie benutzten dazu Masken; junge Männer kleideten sich mit Frauenkleidern und langem Haar und ritzten Symbole und Geheimzeichen in ihre Haut. Sie waren überzeugt davon, dass diese Riten ihnen Unverletzlichkeit garantieren gegen Schüsse und sie unsichtbar machen vor ihren Angreifern. Auch das grausame Töten und zur Schaustellen toter Körper war Teil dieses Rituals.

Im Laufe der Zeit ließen sich Regierungsanhänger nicht mehr von ihren Gegnern unterscheiden – selbst untereinander wurde es schwierig herauszufinden, wer zu welcher Fraktion gehört; die meisten der jungen Fighter trugen

[1] MODEL: Movement for democracy in Liberia (South Eastern Region, Joe Willie); LURD: Liberians United for Reconciliation and Democracy (Sekou Conneh – supported by New Guinee).

Jeans und weiße oder rote T-Shirts, wie Zivilisten. Es war schwer noch zu unterscheiden zwischen Kämpfern und Zivilisten, sowie zwischen Kriegshandlung und krimineller Handlung.

250,000 Menschen wurden während des 14 Jahre andauernden Krieges zwischen 1989–2003 getötet. Bald zweidrittel der Menschen wurden in die Flucht gedrängt. Heute scheint es, als wäre das ganze Land traumatisiert. Dies zeigte sich jüngst bei den Präsidentschaftswahlen im November 2011, als es am Tag vor der Stichwahl wieder zu gewalttätigen Auseinandersetzungen zwischen den meist jugendlichen Anhängern der zum Boykott aufrufenden Oppositionspartei und der Polizei kam, bei denen mindestens ein Mensch ums Leben kam. Mit verbalen Drohungen, die Finger derjenigen abzuschneiden, die zur Wahl gehen, wurde Angst und Einschüchterung verbreitet und Erinnerungen an grausame Amputationen während des Krieges wachgerufen. Weiterhin fühlen sich viele Menschen als Opfer und Verlierer dieser langen Zeit der gewaltsamen Konflikte: Sowohl all jene, die lautstark in den Strassen demonstrieren, als auch diejenigen, die sich dem hilflos ausgeliefert fühlen. Die am weitesten verbreitete Auswirkung der gewaltsam ausgetragenen Konflikte aber ist eine Militarisierung von Konflikten zwischen Männern und Frauen, die vor allem in Gewalt gegen Frauen und Vergewaltigung von Frauen zum Ausdruck kommt, wie schon zuvor. Im Nachkriegsliberia ist die Rate der Vergewaltigungen enorm angestiegen.

In westafrikanischen Bürgerkriegen, wie der in Liberia, waren »Warlords« wie Charles Taylor in der Lage, eine große Anzahl junger Männer zu rekrutieren, indem sie ihnen eine bessere Zukunft versprachen. Diese jungen Männer waren arm, hatten keine Jobs und fanden in ihren Dörfern und Kommunen keine Anerkennung noch Zukunftsperspektiven.

Taylor benutzte ihre Wut gegen Ungerechtigkeit und Ausbeutung für seine eigenen Ziele. Paradoxerweise wurden diese (oftmals gezwungen) rekrutierten Truppen sowohl Opfer als auch Täter systematischer Gewalt. Durch systematischen Missbrauch und abhängig gemacht von Alkohol und Drogen, haben sie ein Männlichkeitsbild bzw. -handeln verinnerlicht, das sich auf Gewalt gründete. Die maßgeblichen Rollenvorbilder für diese jungen Männer wurden die »Warlords«. Grausames Töten, Vergewaltigungen von Mädchen, schwangeren Frauen oder Müttern, sowie Plünderungen und Raub waren an der Tagesordnung und wurden angesehen als Ausdruck von Stärke und Gehorsam. Diese Entwicklung wurde noch verstärkt durch die Vorstellungen ihres Anführers – Charles Taylor in Liberia und auch Foday Sankoh in Sierra Leone – ein

»Mann Gottes« zu sein, ein Auserwählter, um Gottes Willen für das Land umzusetzen. Ihre Anhänger gaben sich entsprechende Namen, um damit ihre Exklusivität, Macht und Bedrohlichkeit zu unterstreichen – Namen wie General Power, General Peabutter, Gunfire, Jungle Fire oder Bush Lover. Die Bedeutung, sich mit solchen Namen auszuzeichnen, hatte darüber hinaus den Sinn, sich damit eine andere Identität zu verleihen, die sozusagen nichts mit ihrem »normalen« Leben zu tun hatte.

All die Verbrechen, die unter ihrem »Jungle« – Namen begangen wurden, hatten wenig oder gar keine moralischen Konsequenz für sie. »I killed people and it doesn't stick to me. I still go to heaven.« Wenn diese Männer, die vergewaltigt hatten, getötet und gefoltert, zu ihrer Familie zurückkehrten, ließen sie den »bush lover«, der sie waren, hinter sich und unterstützten ihre Familie mit den geplünderten Dingen durch den Krieg hindurch. In diesem Zusammenhang lässt sich auch erklären, was Stephen Ellis beschreibt in Bezug auf die Rolle des Christentums im Umgang und in der Verarbeitung mit diesen Aufspaltungen von Identität:

> »It appears that Christian teaching is particularly attractive to any ex-fighter who wishes to make a radical break with his or her past, perhaps because of the Christian belief that the Holy Spirit is universal in nature and can enter anybody to provide instant transformation. The ex combatants after the war were attracted by the Christian belief that all evil is the work of the Devil …; that old self, they now believe was actually an agent of Satan …«[2]

Das bekannteste Beispiel hierfür ist Prince Johnson, der zunächst an Charles Taylor's Seite kämpfte, dann seine eigene Fraktion bildete und Präsident Doe vor laufender Kamera grausam folterte, verstümmelte und am Ende ermordete. Nach dem Krieg kehrte er aus dem Exil in Nigeria als Pastor und selbsternannter Prophet zurück. Gegenwärtig hat er einen Senatorenposten im liberianischen Parlament inne und hat sich überdies als Präsidentschaftskandidat für die Wahl 2011 aufgestellt und in seinem Heimatbezirk Nimba eine große Mehrheit hinter sich gebracht. Eine Auseinandersetzung mit dem »Agent of Satan« findet nicht statt, sondern wird abgespalten.

[2] Stephen Ellis, The Mask of Anarchy, London 2001, 268.

Frauen als Combatants

Die meisten Frauen wurden Opfer von Gewalt, andere waren selbst aktiv beteiligt an Gewalttaten, und viele waren beides: Opfer und Täterinnen.

Unter den bekanntesten Truppen während der letzten kriegerischen Periode war eine Fraueneinheit, die sich »The Womens' Artillery Commandos« nannte und von der Generalin

»Black Diamond« – Schwarzer Diamant angeführt wurde. Ihre weiblichen Truppen stellten vollkommen die weiblichen Stereotypen in Frage, indem sie in ihren Kampf mit lackierten Fingernägeln und modischem Outfit auftraten. In gewisser Weise hat ihnen der Krieg die Gelegenheit geboten, sich aus unterdrückenden Verhältnissen und Diskriminierung zu befreien, unter denen sie in ihren Familien und Kommunen zu leiden hatten. Irmela Specht schreibt dazu:

»Girls interviewed gave two main feminist reasons for taking arms: the first was to protect themselves and other women (particularly sexual) violence, and (secondly) to avenge such violence ... Civilians were left with no other option than to flee or to join fighting forces themselves, if they anted to escape rape.«[3]

Darüber hinaus führte die weit verbreitete, extreme Armut in Liberia zu Chaos und schweren Gewalttaten. Das Fehlen jeglicher öffentlicher Ordnung und Rechtssprechung führte dazu, dass es vielen als einzige Überlebensstrategie erschien, sich kämpfenden bewaffneten Truppen anzuschließen. Für einen Sack voll Reis oder ein Paar Schuhe nahmen sie das Gewehr in die Hand. Etliche junge Frauen schlossen sich mehr oder weniger freiwillig den militärischen Kämpfern an, um der Armut oder einer Zwangsheirat zu entfliehen, oder auch um Schutz zu finden vor häuslicher Gewalt. Manche Frauen sahen darin auch die Möglichkeit, sich auf diese Weise zu rächen für erlittene Vergewaltigung oder dafür, miterlebt zu haben, wie Familienangehörige vor ihren Augen gefoltert und getötet wurden. Viele Mädchen und Frauen wurden aus ihren Dörfern und aus Flüchtlingslagern gewaltsam entführt, um für sexuelle und häusliche Dienste für die Kommandeure und ihre bewaffneten Truppen zur Verfügung zu stehen, oder als Waffenträgerinnen missbraucht zu werden.

Dies geschah sowohl bei den Regierungstruppen als auch unter den Einheiten der Rebellen. Die ähnlichen Erfahrungen, die die Mädchen und Frauen gemacht hatten, führte in gewisser Weise zu einer Art Solidarität zwischen den

[3] Irmela Specht/Larry Affree, Red shoes – Experiences of girl-combatants in Liberia (International Labor office), Genf 2006, 28.

weiblichen Kommandeuren auf beiden Seiten der Kämpfe. In einem Interview, das Irmela Specht führte,[4] erzählt eine weibliche Kommandeurin, dass es vorkam, dass sie ein Mädchen der Gegenseite gefangen genommen hatte, aber nicht in der Lage war, sie zu töten, weil sie wusste, dass dieses Mädchen dieselbe Erfahrung von Vergewaltigung durchgemacht hatte wie sie auch.

So stellt Natassja Hoffet auch fest: »During and after the war, girls experience a larger spectrum of problems than boys do, ranging from physical attacks, sexual harassment and exploitation and early marriages with commanders in armed forces to more household responsibilities, unsafe work, health complications and early pregnancy.«[5]

Unmittelbar nach Beendigung des Krieges 2003, besuchte ich mit einer Bekannten regelmäßig einen Ort in Monrovia, wo vielleicht achtzig ehemalige Kämpferinnen mit ihren Kindern lebten. Sie lebten wie viele inmitten von Ruinen.

Die Frauen wirkten ängstlich. Die meisten unter ihnen waren aktiv in die Kämpfe involviert gewesen und unsicher, was sie nun in Zukunft erwarten würde – ohne Waffen. Mit den Kindern zurückgelassen von ihren so genannten »bush husbands«, und in Erwartung einer möglichen Strafverfolgung, wussten sie nicht, was sie tun konnten und wohin gehen. Es gab keinen Platz für sie.

Als das Entwaffnungsprogramm durch die UN begann, verschwanden ihre »bush husbands« und ließen die Mädchen und Frauen zurück. Ihrer Waffen beraubt und verlassen von ihren vermeintlichen oder aktuellen Kommandeuren, wurden diese Frauen und Mädchen nicht mehr als Kombattant angesehen, was bedeutete, dass sie nicht in den formalen Entwaffnungsprozess einbezogen wurden, der ihnen Zugang zu Ausbildung oder Schule ermöglicht hätte. Fortzugehen war ebenso wenig eine Option. Vielen erschien es unmöglich, wieder in ihre Heimatorte zurückzukehren. Einige von ihnen hatten wohl die Absicht, wieder in die Dörfer ihrer Eltern zurückzukehren. Doch sobald sie dort waren, wurde offensichtlich, dass sie sich nicht mehr in das herkömmliche Gefüge und die sozialen Normen einfügen konnten, die sie ja vormals verlassen hatten. Oftmals legten sie ein aggressives Verhalten an den Tag, wie sie es während des Krieges gelernt hatten; sie provozierten, benutzen herausfor-

[4] Specht/Affree (wie Anm. 3), 76–77.

[5] Natassja Hoffet, Girl soldiers used up, then thrown away (UN, March 12, 2009).

dernde Sprache, rauchten, nahmen Drogen und stellten Gender-Normen in Frage.[6]

Aufgrund dessen wurden sie nicht akzeptiert in ihren Dorfgemeinschaften. Sie fühlten sich mehr und mehr isoliert und viele reagierten gewalttätig, um mehr Respekt einzufordern. Sie folgten der vertrauten Logik: »If you don't accept me, fear me.« – Wenn du mich nicht akzeptierst, dann fürchte mich.

Natürlich führte dies dazu, dass ihre Gemeinschaften mehr und mehr davon überzeugt waren, dass diese Mädchen und Frauen eine Bedrohung für den sozialen Frieden bedeuteten und aus der Gemeinschaft ausgeschlossen werden sollten. Infolge dessen erfuhren die meisten Frauen, die in ihre Dörfer zurückgekehrt waren, eine Spirale sozialer Ausgrenzung. Während Männer, die vom Krieg zurückkehrten – ungeachtet posttraumatischer Symptome, die sie an den Tag legten (Aggressivität, Depression etc.), als »normal« angesehen wurden, hatten die Frauen ein Tabu gebrochen: »For a girl to do difficult things like killings and maiming is unthinkable. It is much more unthinkable than it is for a boy.«[7]

Manch anderer Frau jedoch gelang es, ihr »bush«-Verhalten aufzugeben; sie wurde schwanger, um ihre Identität als Frau zu finden; dennoch wussten viele nicht mehr, wie sie sich um ihr Kind kümmern und für ihr Kind sorgen können.[8]

Die Folge war, dass diese meist kampferprobten Frauen nach Beendigung der Kriegshandlungen ausgestoßen wurden oder in ihre traditionelle Rolle zurückfielen. Reintegrationsprogramme für diese »Women combatants« wurden meist reduziert auf die Herstellung von Seife, Hair dressing, Nähkurse und Backen. Sie wurden zurückgedrängt in die Rolle, der sie eigentlich entfliehen wollten. Diese Ex-Kämpferinnen waren zutiefst enttäuscht, nachdem sie ihre Waffen zurückgegeben hatten.[9] Von den 140 Frauen, die von dem »United Institute for Peace« im Jahre 2008 interviewt wurden, konnten sich über 20% vorstellen, wieder das Gewehr in die Hand zu nehmen, um an materielle Dinge heranzukommen. Im Gegensatz dazu gaben nur 11% der Männer eine ähnliche

[6] Siehe Susan Mc Kay, How do you mend broken hearts? Gender, war and impact on girls in fighting forces, in: Gerard Jacobs/Gilbert Reyes (Hg.), Handbook of international disaster psychology, Westprot 2006, 45–60.

[7] Jane Mors, Reintegration often tougher for Girl Child Soldiers: Stigma, secrecy create extra burdens, in: America Gov. Archive, May 8, 2008. Siehe http://www.america.gov/st/democracyhr-english/2008/May/20080508144836ajesrom0.4115412.html; geöffnet am 20 Juni, 2001.

[8] Siehe Carolyne R. Spellings, Scratching the Surface: A Comparison of Girls Soldiers from Three Geographic Regions of the World, in: International Education 38/1 (2008). Siehe http://trace.tennessee.edu/internationaleducation/vol38/iss1/14 (geöffnet am 5. April, 2011).

[9] Siehe Richard Hill, Special report (United Institute for Peace, 2008).

Antwort. Oft wurden die Frauen gebrandmarkt und fühlten sich dadurch nicht in der Lage, in ein friedliches Leben zurückzukehren.[10] Aus Scham und Schuld, aber auch aus Angst vor Zurückweisung oder Gewalt verbargen diese ehemaligen Kämpferinnen ihre Erfahrungen und Gefühle, unabhängig davon, ob sie rekrutiert, entführt, ob sie aktive Kämpferinnen gewesen waren oder nur Unterstützerinnen. Viele hatten Angst, nicht mehr in der Lage zu sein, als verheiratete Frau ein ganz normales Familienleben zu führen. Dies zeigt mehr als deutlich, wie groß der Bedarf ist, durch Aufklärung und Sensibilisierung den Kommunen zu helfen, Stigmatisierung zu überwinden und der häuslichen Gewalt entgegenzutreten. Seit 2008 hat die Regierung unter der Präsidentin Ellen Johnson-Sirleaf ein Sondergericht eingerichtet, an das sich vergewaltigte Frauen direkt wenden können. Durch große Plakate an den Strassen wird darauf aufmerksam gemacht, dass Gewalt gegen Frauen kein Recht der Männer ist.

Für eine Intervention aus religiöser Perspektive und ihren möglichen Einfluss in dieser Situation lassen sich grundsätzlich drei Gründe anführen, die ein »Healing of relations« und eine Entmilitarisierung der Beziehungen behindern: 1. Der Verlust von Werten, 2. der Konflikt zwischen der traditionellen und der modernen Rolle der Frauen, die den Krieg und die Zeit danach betreffen, und 3. die traumatischen Erfahrungen im Krieg. Die Stigmatisierung der ehemaligen Kämpferinnen ist zusätzlich eine ernsthafte Barriere, den Heilungsprozess voranzutreiben: »There is an underlying expectation that ex-combatants must change. But most girls feel that they are alone with their experiences. They try to come to terms with their past by meeting former comrades. They find comfort in sharing their memories of hardship and suffering in the fighting forces, as they did during the war.This maintains strong bonds and interdependence between girl ex-combatants.«[11]

Durch diese Treffen mit anderen Frauen mit ähnlicher Vergangenheit ist es vielleicht möglich, das Stigma und die Scham zu überwinden. Es ist sehr wichtig, dass Programme für und mit diesen Frauen alles tun, ihnen die Würde und Menschlichkeit zurückzugeben, und ihnen helfen, gegen Vergewaltigung und Gewalt gegen Frauen vorzugehen, ohne selbst Gewalt auszuüben (mit Waffen in ihren Händen).

[10] Hill (wie Anm. 9), 5.

[11] Specht/Affree (wie Anm. 3), 76.

Frauen auf der Flucht

Als ich während der Jahres meines Aufenthaltes in Liberia mit den vielen Frauen gesprochen habe, die aus ihren Dörfern fliehen mussten, und sie fragte, wie sie dieses überlebt haben, war die Antwort meist die gleiche: Wir sind gerannt, gerannt, gerannt! Fight or flight: Kämpfen oder fliehen, das war unsere Option!

Später, nach dem Friedensabkommen in 2003, wurden sie mit neuen, anderen Herausforderungen konfrontiert; die große Armut und die Überwindung der Kriegs-Traumata sind zum Hauptfaktor geworden. Die weiterhin fehlende Zukunftsperspcktive für viele, das Auseinanderbrechen von einstmals gewachsenen Strukturen und Beziehungen fördern Depression und Selbstmordgedanken.[12] An dieser Stelle kann die kirchliche Gemeinschaft mit ihren vertrauten Liedern, Texten und Gebeten eine wichtige Funktion einnehmen bei der inneren und auch äußeren Verortung weitgehend aufgelöster sozialer und seelischer Verbundenheit.

Ein Beispiel: Gottesdienst als Ort heilender Gemeinschaft

Ich kann mich an einen Erntedankfest-Gottesdienst in einem Camp »for internally displaced people« (IDP) erinnern, wo Gemeindemitglieder erzählen konnten, was ihnen widerfahren war und Gott für ihr Überleben danken. Es war sehr bewegend, ihnen zuzuhören, wie sie über ihre Erfahrungen und die Momente der Angst sprachen und Gott für ihr Überleben dankten. Die Gemeinde unterstützte sie dabei mit Gesang, Gebet und Tanz. Manchen jedoch war es kaum möglich, ihre Geschichte zu Ende zu erzählen; anderen versagte die Stimme. Eine Frau erzählte ihre Geschichte in der Form eines Liedes, und Gemeindemitglieder stimmten ein, um ihr das Gefühl zu geben, sie ist nicht allein.

Unter ihnen war auch eine alte Frau. Als sie hiervon erzählte, überkamen sie die traumatischen Erinnerungen dermaßen, dass sie den Faden verlor und immer wieder dieselben Sätze wiederholte. Damit fühlte sich die Gemeinde irritiert und überfordert. Ihre Angst rief eigene Ängste wach und schien Raum zu

12 Siehe Judith Baessler, Surviving the past, in: Irin News, 1. Nov. 2010; http://www.ieinnews.org/indepthMain.aspx?InDepthID=87&ReportID=91038, (geöffnet am 5. April 2011).

greifen. Um zu verhindern, dass diese Angst um sich greift, standen einige Frauen auf und bildeten einen Kreis um die alte Frau, um in gewisser Weise in diesem Kreis die Angst zu bannen und einzugrenzen, und der Frau zu helfen, in die Realität zurückzukehren und einen Weg aus der Angst zu finden. Sie begannen zu singen. Dieser Gesang wirkte wie ein großer Kelch, der die Macht der Angst entkräftete, in dem er sie aufnehmen und aufheben konnte.

Der Gottesdienst wurde zu einem Ort, an dem die Menschen über ihre traumatischen Kriegserlebnisse sprechen konnten. Es war ein Ort der gegenseitigen Begegnung. Alle hatten Ähnliches erlebt. Dort war es möglich, die Barrieren der Einsamkeit, zumindest zeitweise, zu durchbrechen. Dies sind die ersten wichtigen Schritte, das erlebte Trauma zu überwinden. Die Unterstützung durch die Gemeinde bestand darin, den Erzählungen zuzuhören und zur Zeugin des Erlebten zu werden. Durch die Herstellung von Öffentlichkeit gab die Gemeinde den Erzählungen ihre Anerkennung und Anteilnahme an erlittenem Leid. Die ganze Gemeinde nahm so die Rolle der Seelsorgerin ein.

Der Gottesdienst wurde zu einem Ort, wo die eigene ganz persönliche Erfahrung wahrgenommen wurde, das erlittene Leiden und die erlebten Gefühle; ein Ort, auszusprechen und öffentlich zu machen, was passiert war. Die Erfahrung, ein Teil einer größeren Gruppe zu sein, gab den Menschen dort das Gefühl, die Last der Erinnerungen nicht alleine schultern zu müssen – der Gottesdienst als Ort, sich sicher und beschützt zu wissen; sich an alte Traditionen und Riten zu erinnern mit ihrer innewohnenden Transzendenz. Vertrautes wieder zu finden und sich darauf stützen zu können, wenn alles drum herum zerbrochen ist – dies kann der Beginn einer inneren Befreiung von Gewalt werden. Das Angebot eines offenen spirituellen Raums hatte eine überaus wichtige Funktion für diese vom Krieg traumatisierten Menschen.

Er trug dazu bei, dass es möglich sein kann, Gefühle wie Hass, Leid und Rache langsam zu überwinden. Er wurde zu einem Ort der Erfahrung von gemeinsamer Stärke und Solidarität und von neuer Hoffnung auf ein neues Leben. »Let's pray the devil out of here!« Das riefen die Menschen immer und immer wieder. Und sie wussten alle, wer gemeint war mit dem Teufel: die Kämpfer und Kämpferinnen, die sie angegriffen, verletzt und so viel Leid zugefügt hatten. Indem im Gottesdienst eine Situation von Dankbarkeit und Lobgesängen erzeugt wurde, konnte den Menschen geholfen werden, wieder menschlich zu werden, und sie nicht länger nur von den schrecklichen Dingen, die sie erlebt hatten, beherrscht werden. Durch die gemeinsame schreckliche Zeit des Krieges, des gemeinsamen Leids, ist ein starkes Band der Solidarität entstanden:

1. durch das Erzählen und Teilen der jeweiligen Erfahrungen;
2. durch das Mitfühlen des Schmerzes der Anderen, der Anteilnahme und Solidarität;
3. durch die Lobpreisung Gottes und Dank fürs Überleben. Soziale Kontakte werden wieder geweckt. Durch das gemeinsame Beten und die Bitte um Gottes Beistand, wurde es möglich, Hass und Rache beiseite zu legen und zuversichtlich in die Zukunft zu sehen.

An dieser Stelle möchte ich an die »Community Psychology« erinnern, die von Martin Baró, einem Befreiungspsychologen des letzten Jahrhunderts, beschrieben wurde.[13] In Anlehnung an Baró könnte man diesen Dankgottesdienst auch als »Community Counselling«, als *Befreiungsseeelsorge* beschreiben. In diesem Falle ist die Gemeinde die Therapeutin mit all ihren Ressourcen. In christologischer Hinsicht agiert sie wie ein intermediatives Netzwerk zwischen Gott und Gemeinde, das ungelöste Fragmente von Hass, zerbrochenen Beziehungen und ungeheilten Wunden aufnimmt.

Interessanterweise sprießen Heilungskirchen und »Prayer centers« an allen Ecken Monrovias nach Kriegsende aus dem Boden. LiberianerInnen richten ihren Glauben zunehmend auf eine spirituelle Befreiung, die ihnen dann auch eine materiell bessere Zukunft in Aussicht stellt.

»Spirituality is one of the biggest assets that Liberians have to cope with what happened«, sagt die Psychologin Baessler in ihrer 2010 veröffentlichten Studie, und weiter: »It is a way of letting go off the atrocities and moving forward. The war lasted too long and too many bad things happened. It doesn't mean you are okay, it just means you go on living as best you can.«[14]

Pray the devil back to hell: Die Frauen in Weiß – Eine interreligiöse Friedensbewegung

Die *Frauen in Weiß* sind die wohl bekannteste Gruppe einer Friedensbewegung in Liberia, die sich sichtbar für ein Ende der Kampfhandlungen eingesetzt hat.

[13] Siehe Ignacio Martín-Baró, Writings for a Liberiation Psychology, Cambridge 1949.
[14] S. Baessler (wie Anm. 12).

Ich kam in Berührung mit dieser Bewegung seit ihren Anfängen. Die Frauen begannen mit Gebeten in der kleinen Kapelle auf dem lutherischen Gelände, wo auch ich arbeitete und lebte, und ebenso Leymah Gbowee aus dem Trauma Healing Programm der Lutherischen Weltbundes und der Lutherischen Kirche. Von ihr ging diese Bewegung aus. Jeden Dienstag trafen sich die Frauen dort. Sie beteten für Frieden und für einen Waffenstillstand. Indem sie sich erhoben und ihre Forderungen stellten, fühlten sie sich nicht mehr nur als Opfer der Gewalt. »We are tired of war!« das war ihre Botschaft.

Je mehr diese Rufe an die Öffentlichkeit drangen und die Widerstandsbewegung dieser Frauen wuchs, entstand auch ein von Gini Reticker und Abigail E. Disney produzierter Dokumentarfilm mit dem Titel *Pray the devil back to hell.* Der Titel dieser Dokumentation entlehnt sich einer Aussage von Leymah Gboweeh über den diktatorischen Präsidenten Taylor und die Rebellen, die, nach ihren Worten, »pray the devil out of hell« – den Teufel aus der Hölle herausbeten konnten. Um die Bedeutung dieses Satzes ganz verstehen zu können, muss man sich der Tatsache bewusst sein, dass beide Seiten religiös waren. Die Rebellen besuchten vorwiegend Moscheen auf, während Taylor als »Berufener Gottes« viele seiner Verbrechen und Aktionen mit dem christlichen Glauben begründete. So sahen es die Frauen als Notwendigkeit an, als interreligiöse Koalition den Teufel (der Gewalt und des Krieges) zurück zur Hölle zu schicken!

Die Frauenbewegung entstand aus der Erkenntnis heraus, dass systematische Gewalt gegen Frauen wie Vergewaltigung, Zwangsprostitution, Beschneidung usw. in ihrem häuslichen Umfeld, in den Flüchtlingslagern und in der Gesellschaft, Ausdruck einer tief verwurzelten Missachtung von Frauen in der Gesellschaft sind. Die Frauen litten unter den zerstörten Beziehungen zwischen sich und ihren Männern aufgrund des Krieges.

Allein durch die Anzahl der Frauen, die in dieser Bewegung aktiviert werden konnten, erlangte sie Stärke und Macht. Aus allen Schichten der Gesellschaft wurden Frauen mobilisiert – aus den »Displaced Camps«, den Kirchen, von den Märkten, Schulen, aus vielerlei Berufsgruppen und Nichtregierungsorganisationen: »For many women, the Mass Action was a training camp; it proved what women could do with their numbers, voices, strength and catapulted women from behind-the-scenes victims to frontline soldiers for peace. Bridging a devide between the more educated ›elite‹ and women from grassroot communities.«[15]

[15] Abigail E.Disney/Gini Reticker, Pray the devil back to hell (New York: Fork Films, 2008).

Christliche und muslimische Frauen, ganz in Weiß gekleidet, versammelten sich täglich und für alle sichtbar, auf dem Airfield am Eingang der Hauptstadt, um gemeinsam zu beten; bei Regen und bei großer Hitze, stundenlang. Bischöfe und Imame kamen, um ihre Solidarität auszudrücken. Als es darum ging, auch muslimische Frauen in die Bewegung mit einzubeziehen, musste vor allem bei den Christinnen Überzeugungsarbeit geleistet werden: »Weiß eine Gewehrkugel zu unterscheiden, wer Christin oder Muslimin ist?« »Can bullets pick and chose?« Auf diese Weise gelang es, auch muslimische Frauen mit für die Bewegung zu aktivieren, so dass die *Frauen in Weiß* als Vermittlerinnen und Boten agieren konnten zwischen den verschiedenen Kriegsfraktionen. So fand ein besonders bemerkenswerter Gottesdienst in der St. Peter's Lutheran Church in Monrovia Anfang 2003 statt, von wo aus Aufrufe zum Waffenstillstand an alle religiösen und politischen Führer der verschiedenen Fraktionen – traditionelle, muslimische und christliche – überbracht wurden.

Die Kampagne hatte eine einfache aber effektive Botschaft: »We want Peace; no more war!« Als dennoch die blutigen Kämpfe weiter zunahmen, antworteten sie mit einem Sex-Streik und der Botschaft an ihre Männer: Wenn ihr euer Leben genießen und euch vergnügen wollt, dann hört auf Krieg zu führen und zu töten! All diese Frauen gaben dem Konflikt ein eindrucksvolles menschliches Gesicht. Sie kleideten sich alle mit weißen Kleidern; kein Schmuck, kein Make-up. Und als solche sichtbar beeindruckten sie jede und jeden, der sie sah. Wenn man sie fragte, was ihnen so viel Mut und Kraft gegeben hat, so kam als Antwort: Es ist die weiße Kleidung, die wir alle trugen. Es ist das gemeinsame Beten und Fasten; das gemeinsame Singen und Tanzen mit unseren Tränen und unseren Hoffnungen und miteinander in einem großen Kreis stehen und schweigen. Je öfter sie zusammen kamen, umso mehr wuchs auch die Bedeutung, die sie mit ihren Aktionen hatten und die daraus erwachsende Verantwortung als Friedenskraft. Mit ihren gemeinsamen Aktionen konnte ihre individuelle (Leidens-)Erfahrung zu einem gemeinsamen Anliegen transformiert werden. Ihre Präsenz und ihre Botschaft: »We want peace, no more war!« entwickelte sich bald zu einem universellen Mantra und Gesang. Sie riefen die Mütter im Lande dazu auf, ihre Söhne zuhause zu behalten, um zu verhindern, dass Rebellen sie für ihre Zwecke entführen, wie so oft geschehen.

Wann immer die Frauen sich versammelten, spielte das gemeinsame Singen spiritueller Lieder eine große Rolle zur gegenseitigen Ermutigung sowohl in den Flüchtlingslagern als auch bei den Aktionen der Friedensfrauen. Insbesondere im Gesang konnten sie ihre bedrückenden Erfahrungen, die sie im Busch gemacht hatten, zum Ausdruck bringen: ihre Fluchterlebnisse, Vertreibungen und die oft vergebliche Suche nach vermissten Angehörigen. Sie hielten sich aufrecht mit Erzählungen und Liedern. Das Lesen von Psalmen und biblischen Geschichten, die ihnen vertraut waren, gab ihnen das Gefühl, dass Gott ihnen beisteht, auch wenn sie deprimiert und ohne Zukunftshoffnungen waren. In einem internen Bericht[16] wird hervorgehoben, dass für die Friedensfrauen die Sorge um das seelische Wohlergehen der Beteiligten und die gegenseitige Unterstützung genauso wichtig gewesen sind wie das Ziel ihrer Aktivitäten.

Insbesondere in Accra, wo im Jahre 2003 die Friedensverhandlungen stattfanden, bedeutete das Zurücklassen ihrer Familien in einer vollkommen unsicheren Lage eine große Belastung für die Friedensfrauen. Auch war vollkommen offen, wie die Friedensverhandlungen ausgehen würden; viele zweifelten am Erfolg ihrer Friedenskampagnen. In einer Situation verhärteter Fronten entschlossen sie sich zu massiveren gewaltlosen Strategien. Sie stellten sich den Verhandlungsführern der verschiedenen Fraktionen vor dem Gebäude in den Weg und bestanden mit Sitzblockaden darauf, das sie nicht zulassen würden, dass diese den Verhandlungsraum verlassen, bis sie nicht ernsthaft sich um eine Friedensvereinbarung bemühen und zu einer Einigung kommen. Es war ein leidenschaftlicher Protest.

Mit ihrer demonstrativen Anwesenheit und mit Plakaten wie »Killers of our people – no impunity this time«, und »Butchers and murderers of the Liberian people Stop!«, gelang es ihnen, den Blick auf die eigentlich Betroffenen der kriegerischen Gewalt zu lenken. Und hierin lag auch der Grund, warum so viele Frauen dieser Bewegung folgten: Sie wollten nicht länger mehr leiden unter Gewalt und Armut; sie wollten den Status eines passiven Opfers verlassen und sich gegen Missachtung und Demütigung zur Wehr setzen, was umgekehrt zu Gewalt und Rache führen kann.

Eine besondere Herausforderung bei der Begleitung von Opfern von Gewalt (meist Frauen, Alte und Kinder) ist die Gefahr, dass sie danach ein weiteres Mal zu Opfern gemacht werden, indem sie als hilflose, bedürftige Hilfs-Objekte angesehen werden. Sich bei den *Frauen in Weiß* zu engagieren und der hier erfahrene verlässliche Zusammenhalt untereinander gaben vielen einen neuen Sinn im Leben. Darüber hinaus gab es ihnen die Möglichkeit, Verantwortung für sich selbst und auch füreinander zu übernehmen. In der Lage zu

[16] Im Besitz der Autorin.

sein, ihren Protest mit anderen zusammen auszudrücken versetzte sie in die Lage, in gewisser Weise Kontrolle über ihr Leben wieder zu erlangen, was vorher undenkbar war.

Doch trotz allem überwiegen die emotionalen und physischen Verwundungen. Weiterhin besteht ein großer Bedarf an Programmen auf allen Ebenen der Gesellschaft, um zu lernen, mit Gefühlen wie Ärger, Wut, Aggression, Depression und mit Konflikten umzugehen.

Die Rolle der Kirchen als basisverwurzelte Gemeinschaft mit ihrer weit verbreiteten Infrastruktur und hoher Akzeptanz in der Gesellschaft sollte hierbei nicht unterschätzt werden.

Männer als »Change Agents«

Heute sieht man an den Straßen überall Plakate hängen gegen die Vergewaltigung von Frauen. Im Jahre 2008 wurde ein Sondergericht durch die Präsidentin Ellen Johnson-Sirleaf eingerichtet. Nichtsdestotrotz ist die Vergewaltigungsrate und den Zahl der sexuellen Misshandlungen nach Beendigung der Kriegshandlungen enorm gestiegen und weiterhin ein großes Problem in der Gesellschaft. Ein tief verwurzeltes Besitzverhalten und die damit einhergehende Aggressivität in den Beziehungen von Männern zu Frauen zu verändern und zu heilen, ist heute eine der Hauptaufgaben. Um dies zu fördern wird es notwendig sein, andere Rollenmodelle für Männer zu entwickeln, die ihnen alternative Wege der Selbstbestätigung eröffnen anstatt durch Gewalt Macht zu erhalten und ihre Männlichkeit durch Gewalt, Vergewaltigung oder sexuellen Missbrauch von Frauen und Mädchen zu beweisen: »It is important to network women organizations to fight for gender justice and social justice, to fight for the rights of women to protect them against domestic violence and to give guidance against sexual and gender based violence at home and in society. But the most important part will be while punishing these perpetrators to educate and fight against these sexual abuses and seizing possession of women.«[17]

Frieden nach langjährigen Gewalterfahrungen wird sich erst entwickeln können, wenn dieses Bild von Männlichkeit überwunden wird und für Männer und Männlichkeit neue Identitäten entwickelt werden. Diesem Ziel näher zu

[17] Rita Schäfer, Masculinity and Civil War in Africa (GTZ), Eschborn 2009.

kommen braucht es so genannte *change agents*[18], die es ablehnen, Konflikte gewaltsam zu lösen. Sie könnten ihre Männlichkeit dadurch bestimmen, dass sie sich engagieren für die Würde des Menschen, für Menschenrechte, Gerechtigkeit und Partnerschaft in den Beziehungen zwischen Mann und Frau. Dies können religiöse Führer und Autoritätspersonen sein, Priester, wie vormals Bischof Francis, Imame, lokale Autoritätspersonen oder angesehene Personen des öffentlichen Lebens. Aber es könnte auch ein einzelner Mann sein, der sich in einer gewalttätigen Situation an die Seite der Frauen stellt, wie folgende Begebenheit anschaulich zeigt.

Während der Friedensgespräche in Accra 2003 blockierten die *Frauen in Weiß* den Verhandlungsraum so lange, bis die Manöver der beteiligten Parteien zu einem Ende kamen und bis ein Ergebnis der Verhandlungen erreicht wurde. General Abubakar aus Nigeria, der die Verhandlungen leitete, rief ins Mikrofon: »Oh mein Gott, die Friedenshalle ist besetzt worden von General Leymah und ihren Truppen!« Indem er das Wort »General« und »Truppen« benutzte, machte er sie zu Partnerinnen auf Augenhöhe, auf dem gleichen Level wie die verhandelnden Warlords. Als dann die anwesenden Delegationen ruppig und ausfallend ihnen gegenüber wurden, schrie er die Männer mit den folgenden Worten an: »Sit down! Go in! If you are real men you won't be killing your people! That's why these women treat you like boys. Go back and I dare anyone to leave this hall until we negotiated with these women.«

Inzwischen herrscht auch in Frauengruppen, die sich gegen Gewalt an Frauen engagieren, die Erkenntnis vor, dass ein Wandel erst in Gang gesetzt werden kann, wenn auch Männer einbezogen werden, die bereit sind, sich kritisch mit ihrer Rolle auseinanderzusetzen und Sensibilität für die Gefühle der Frauen entwickeln. Es haben sich im Land weit verbreitete Programme z.B. durch das »*International Rescue Committee Liberia*« entwickelt, in denen Männer als *change agents* agieren, entsprechend internationalen Vorbildern in Südafrika, Nicaragua oder in den USA (Mentors in Violation Prevention, MVP). Eine Haupterkenntnis hierbei ist zu verstehen, dass männliche Gewalt einerseits sich auf die männliche Vormachtstellung in der Gesellschaft gründet, andererseits aber gerade auch auf ein Gefühl von Machtlosigkeit.

Mein Freund William Saa, ein engagierte Kollege im Bereich Friedens- und Traumaheilungsarbeit, traf einen weiteren *change agent* im Jahre 2009 auf dem Wege nach Voinjama in Lofa. Etliche Autos waren im Schlamm stecken

[18] Den Begriff verwendet Schäfer (wie Anm. 17).

geblieben. Während man sich gegenseitig half, die Autos wieder herauszuziehen aus dem Schlamm, näherte sich ihm einer der Männer und identifizierte sich als General, der ebenso auf dem Weg nach Lofa war, aber nicht wusste, wie er dort wieder Fuß fassen konnte, und ob er in der Gemeinschaft dort mit seiner Vergangenheit akzeptiert werden würde.

William Saa lud ihn in Voinjama ein, an einem der Trauma Healing Programme teilzunehmen. Seitdem arbeitet der »General« in dem Ort mit Jugendlichen zusammen, um diese wieder in den Kommunen zu integrieren. Dabei benutzt er die spezielle Beziehung und vormalige Struktur zwischen Kommandeur und Combatants:

a) Die Jugendlichen akzeptierten ihn, weil er ein Kommandeur war, und die Kommandostrukturen aus dem Krieg, die sie gewohnt waren, konnten für eine friedliche Ausrichtung genutzt werden.
b) Der »General« selbst bekam zugleich eine verantwortliche Aufgabe und fühlte sich gebraucht. Sein Einfluss auf die Jugendlichen konnte genutzt werden, sie von Belästigungen und Drohungen gegenüber ihren Mitmenschen abzuhalten. Er wusste, wie man mit ihnen umgeht, und auf diese Weise sorgte er für die Einhaltung von Ordnung und Gesetz im Ort.
c) Der Ex-General entwickelte sich zu einem »Um-Erzieher«, da die Jungendlichen, die im Ort Unruhe stifteten, auf ihn hörten. Jetzt ist er in der ganzen Kommune eine respektierte Person.
   Wie es so Usus ist, brachte ihm diese neue Lebensperspektive auch einen neuen Namen ein. War er zuvor bekannt als »Master General«, so wurde er nun bekannt als »Master General for Peace«! Seine Fähigkeiten als Anführer während der Kriegshandlungen, aber auch sein Gefühl von Nutzlosigkeit nach dem Friedensschluss, wurden umgewandelt für eine friedliche Aufgabe und Verantwortlichkeit.

Doch trotz solch inspirierender Beispiele bleibt festzuhalten, dass erst eine grundlegende Überwindung der ungerechten sozialen und ökonomischen Situation im Land auch zu einer Veränderung von Ungerechtigkeit und Ungleichheit in der Beziehung zwischen Männern und Frauen führen wird. Neben den zuvor erwähnten Beispielen von sichtbaren Verhaltensänderungen auf lokaler Ebene hat es auch auf nationaler, wenn nicht auch auf globaler Ebene ein bedeutendes politisches Zeichen in dieser Hinsicht gegeben: Seit 2007 muss sich der frühere Präsident Charles Taylor vor dem Internationalen Strafgerichtshof in Den Haag für Verbrechen gegen die Menschlichkeit verantworten. Das Urteil wird Ende 2011 erwartet. In der Zwischenzeit führt Ellen Johnson-Sirleaf als erste weibliche Präsidentin in Afrika das Land mit einer forschen Regentschaft an und entwickelt hoffnungsvolle Perspektiven. Dabei stützt sie sich nicht nur auf internationale Förderer, sondern vor allem auf die Potentiale der Frauen. Nach den erst kürzlich im November 2011 stattfindenden Wahlen, nach denen sie wieder zur Präsidentin gewählt wurde, weisen dennoch Unruhe und Boykott in der Opposition darauf hin, dass neben einem deutlichen Augenmerk auf die Schaffung von Jobs für die jungen Leute, es ohne neue männliche Identifikationsfiguren nicht gelingen kann, neue und friedliche Perspektiven und »entmilitarisierte« Partnerbeziehungen zu entwickeln.

In traditionellen, hierarchischen und männerdominierten gesellschaftlichen Strukturen ist es schwierig, mit Schwächen und Fehlern umzugehen, da dies immer mit einem großen Gesichtsverlust verbunden ist. Macht und Ansehen zu erlangen sind oberste Lebensziele insbesondere für Männer, wozu auch der Herrschaftsanspruch gegenüber Frauen gehört. Um hier eine kritische Hinterfragung in Gang zu setzten, sind insbesondere auch Theologie und Kirchen gefragt, das Bild von Gott als dem Mächtigen kritisch zu reflektieren im Hinblick auf die Folgerungen, die daraus für das Selbstverständnis von Männern und Frauen gezogen werden. Was bedeutet es, wenn von Gott dem Allmächtigen gesprochen wird? Dieses maskuline Gottesbild ist immer verbunden mit Macht und Stärke. Um aber ein differenziertes Verständnis von Gott zu bekommen, ist es notwendig, auch Christus als den gekreuzigten und leidenden Jesus an seiner Seite zu sehen: Jesus – der verwundete Heiler; Jesus als der Bruder, der Mit-Leidende. Im Prozess von Friedensbildung wird es notwendig sein, auch in Kirche und Theologie zu sprechen von dem verwundbaren und verwundeten Heiler.

Für Überlebende von Gewalt und Krieg, sowohl für Opfer als auch für Täter/innen kann es keine allgemeine, für alle gleichermaßen gültige Strategie, Therapie und Perspektive geben. Wenn ein ganzes Land durch Krieg zerstört wurde, ist es zunächst unabdingbar, Sicherheit und Wiederaufbau zu gewährleisten, um einen verlässlichen Rahmen zu schaffen, innerhalb dessen auch eine individuelle Bewältigung von Gewalterfahrungen möglich sein kann. Nur so können auch ein innerer Wiederaufbau und eine innere Sicherheit für die einzelnen Menschen sich wieder herstellen.

Das braucht Zeit. Genauso, wie die einzelnen Menschen ihre inneren Ressourcen aktivieren müssen, um mit ihrer Vergangenheit umgehen zu können, so ist es notwendig, dass auch die Gesellschaft sich auf der Grundlage ihrer Ressourcen von innen aufbaut. Dafür braucht es Basisorganisationen wie Kirchen und von der Öffentlichkeit wahrgenommene und akzeptierte Vorbilder, d.h. Menschen. Es wird notwendig sein, solche Organisationen und Strukturen zu stärken. Ein Teilnehmer einer Konsultation über Migration in Hamburg 2010 hat dies so auf den Punkt gebracht: »In times of peace you can do a lot by interaction. If there is no peace you need a history of interaction«.

Diese Geschichte aber muss erst noch geschrieben werden.

ABSTRACT

The author spent time in Liberia during the civil war and she has been visiting that country regularly until the present. She discusses the role of women during the war and after the war. Some were engaged actively as fighters during the war. To many of these women it has been difficult to reintegrate into civil society after the war since they broke with gender stereotypes. Other women who organized themselves as an ecumenical and interreligious group – *Women in White* – aimed at »praying the devil back to hell«. They were instrumental in effecting successful peace negotiations. Förster concludes her study with some examples of male »change agents«, i.e. men who had been given the opportunity to change from soldiers to civil men and who could assist former male youth fighters to reintegrate into civil society.

Neo-Pentecostal Leadership of African Migrant Churches and the Abuse of Human Rights

Nick Elorm

The power structure in African Neo-Pentecostal churches in Germany

»God is not a democrat. And God did not call us to run his church by consensus of opinion. God runs his church on ›Thus says the Lord‹.«[1]

The primary source of »authority« in the African Neo-Pentecostal churches as it is in other religious confessions is God. Unlike the Reformed churches that see the authority of God given to the church as a body which then gives the pastor the power to function in a mandatory authority, the African Neo-Pentecostal pastors believe to have received a direct authority and power from God most often through their »calling«. This »authority« and power from God does not only commission them to ministry, but also gives them a full, complete, total and undivided control over their churches.

This power and authority extend as well over all the areas of the church, such as: the finances, the decision making, designation of the leaders of the church, etc., in fact all the activities of the church are »dictated« by them since from them comes the »thus says the Lord«. Below are some scenarios which reflect the use of authority in the African Neo-Pentecostal churches.

1 Claudia Währisch-Oblau, The Missionary Self-perception of Pentecostal/Charismatic Church Leaders from the Global South in Europe, Leiden 2010, 65.

Case study 1

Mr. R is an elder in an African Neo-Pentecostal church in Hamburg. He is the treasurer of the church and therefore is in charge of the financial affairs of the church. All the ins and outs of the church's money pass through his hands. A serious conflict arose between him and his pastor. This conflict threatened his position and membership in the church. This is the story:

The pastor of the church in question called him (Mr. R) on a Monday to inform him that on Wednesday, the church would be receiving a visiting »prophet« from Ghana who was by then holding a program in Holland. For that reason, he (Mr. R) has to set a required amount of money available in order to cater for the accommodation, the food and all the expenditures of the guest. And this must be executed in a limited given time.

Mr. R began to ask himself some questions: If the church should receive a guest preacher, shouldn't the church, at least the church-board not sit down and speak about it? Last Sunday which happened to be just the day before, we were all present at church and no one was informed about the coming of the »prophet« and just today we are being informed to hold a three days program beginning from Wednesday? Should the financial expenditure be dictated by just one person (as has always been the case)? How much do we currently have in the church's account?, and a lot more. Being the treasurer of the church, he knew the weight of the account by then, and could also evaluate the expenditure that would be involved when the prophet should come. He showed his discontentment in regard to the whole program.

Nevertheless, the pastor was able to reach the other members of the congregation on phone to inform them about the three- day program that the church would be holding as from the coming Wednesday. It is quite interesting to know that this is just a small congregation whose membership is approximately twenty-five persons. Some got the information on the same day that the program should begin. Nobody dared question the pastor for fear of »questioning« the man of God. Mr. R was also very busy with his schedules and work that he could not make it to the program until Friday. Though not well informed, the church was able to host the program, supplied all that was needed including money, personal services such as cooking for the guest, transporting him from and to his hotel and many other things.

There was a couple in the church who just had a new born baby. This family couldn't attend the program at all. On Saturday, the pastor called the woman to ask why they were not at the program. The woman excused herself with the kids. The pastor continued to ask for the reason why at least the husband couldn't attend the program. The woman told him that he was the whole time at home. The pastor then told the woman in a tone of anger: »When the church organizes a program for you, you will not attend, when the time comes, you will bring me your baby to dedicate. We shall see, I will never do it.« He then called the church elders and complained to them about the husband of the woman.

»This man is just there doing nothing he said. He would watch television during the day and at night he would just sit in front of the computer. He is nothing but a lazy man!«

Then came Sunday; the appearance of the pastor showed that all wasn't well. When the service was getting to the end, the pastor mounted the pulpit in great furry and began to rebuke the members with harsh words on their failure to attend the »prophetic« program. Those who attended it, were congratulated and considered as »faithful« and »obedient« members of the church. The pastor then continued the speech in the following statement: »I am the pastor of the church. If you know that you cannot submit to my authority«, (pointing to the door) he added, »the door is opened, just get up and leave, we do not want rebels in the church.« By this everyone knew he meant the treasurer since he wasn't happy about the way the program was organized with impromptu.

The pastor then asked the whole church to stand on their feet, lift up their right hands and repeat the following words after him. »From today, I will repent. I will be obedient to my pastor. I will listen to him and obey him. I will be loyal to the church.« The whole congregation repeated this statement after the pastor and sat down. The pastor then began to tell the church that a lot of them said they couldn't attend the program because they were not informed in time. Even he was only told about the guy on that Sunday evening and the »Holy Spirit« put it so strongly on his heart that he had to invite the prophet to come. So he just acted on the voice of the Holy Spirit.

Case study 2

Mr. P is the assistant pastor in one of the African Neo-Pentecostal churches in Germany. He had been a pastor in Ghana before coming to Germany. In Germany, the young pastor (comparatively in age and the years in the ministry) who happened to be his »senior pastor«, invited him to help him start a ministry and that God had asked him (the senior pastor) to work together with him. The assistant pastor, Mr. P accepted the invitation and they both initiated the church together with their wives.

As the church began to grow in number, there began a power struggle mainly from the side of the senior pastor. He had tried everything to super-impose himself and to make himself the sole detainer of authority in the church. Mr. P was completely cut away from all the activities that involve the leadership of the church and would only participate in the normal roles of the church as any other ordinary church member.

One Sunday, an incident happened. The wife of Mr. P came to church and noticed that a lady sat on a seat and put her handbag on another seat beside her. She then picked the handbag, gave it to the lady and explained to her that she would like to sit on that chair. The lady who owned the bag was so angry and without saying anything to the wife of Mr. P, went directly to the senior pastor and reported the case to him. When it was time for the sermon, the senior pastor went to the pulpit, asked the wife of Mr. P to stand up and addressed her in front of the whole congregation in the following terms: »You woman!« he said, »if you will come to church and continue to be a problem to us, I will ask your husband (Mr. P) to sit at the back of the church (church discipline) and he will be discharged of every duty.« He then turned to the assistant pastor (Mr. P) and said to him: »If you don't learn to discipline your wife at home, I will sit you behind until you learn to assume your responsibility as a man or if both of you think you cannot cooperate with the church any longer, you can inform me, I will bless you and let you go.« The woman in question and the husband felt so humiliated.

Case study 3

Pastor M. is the founder of one of the main African Neo-Pentecostal churches in Germany. His church had a considerable number of members since it is one of the very first African charismatic churches in Germany. A particular feature that marked this church was the church service being conducted in Twi language.[2] It should be noted that, Pastor M could not speak English. A lot of Ghanaians would go the Twi speaking service for the following reasons:

2 A West-African language spoken in Ghana.

a. Most of the first generation of Ghanaians who migrated to Germany were illiterate.

b. Ghanaians especially the older generation would rather feel more at home in worshiping God in their mother language than in any other language.

At least this is more akin to their culture than the English language. So the congregation was considerably large.

The church had planned to celebrate its Harvest[3] and had invited people for the occasion. It must be noted that Harvest in any African community and especially in the Ghanaian community is a great occasion which even receives the support of both Christians and non-Christians. The reason is that this practice is deeply rooted in the African traditional culture. This occasion attracts a large participation. It is mainly an occasion to »show off«. People would go because during the »appeal for fund«, they would be able to display their wealth , generosity and even their outfits publicly since they would have to come forward, and thereby would gain recognition in their society. So it was, and on this day, the church was very full. The routine of the church celebration went on and finally came the long awaited moment. After a »motivated«, »inspiring« and »powerful« sermon on »giving to God«, the appeal for funding had begun. The appeal began with an amount of 10.000 DM[4] down to the least penny. The number of people who responded to those calls was very significant and there was a great expectation from the church members that at least from such an event the financial status of the church would be boosted. People gladly gave their offerings, there were blessings from the pastor and »spiritual revelations« on how God was blessing people with their own businesses (only the pastor could see this spiritually), and other revelations. After this section, everybody was waiting to hear the amount of the offering as had always been the case.

Contrary to their expectation, something very unusual happened. The pastor got up took the microphone and said: »Ushers« with a commanding and an authoritative voice, »Stop« he added: »The Holy Spirit says no one should count the money. Chief Usher, you are to wrap the money in the collection sac[5] and send it into my car.« This order was executed. The Usher did exactly as he had been commanded. He wrapped the money in the collection sac and sent it to the pastor's car. So the ceremony ended and until today nobody knows how

[3] A religious festival similar to thanksgiving day in USA.

[4] Old German currency.

[5] A sac used during offering to collect money.

much money was donated and nobody could account for what the money was used for.

The people who attended the program were disappointed. They felt so foolish but no one dared to say anything for fear of defiling the authority of the »Holy Spirit« and the power of the man of God.

The people who would later question this practice would be referred to as rebels. When the pastor heard later on that people were complaining about this practice, he then came one Sunday and preached on »the danger of opposing the man of God«. After a lot of threatening words, he would make them understand that if they cannot be submissive to the authority of the pastor, respect and comply with his decisions, they may just leave the church. The sermon started with the following words: »The Holy Spirit asked me to inform you that the sermon would be long today: therefore if anyone knows that he cannot stay till the end of the sermon, he should leave the church now! The door is opened!«

Some months later, people would find out about the big »mansion« that the pastor was building in Ghana and would realize that it was the harvest's money that was used to finance it. Some would then be hurt and disappointed and would leave the church but the »loyal« ones would remain.

African Neo-Pentecostalism in Germany and Democracy

Analyzing critically the above cases, we will discover some main areas in which the pastors of African Neo-Pentecostal churches exercised their full authority in totalitarian and unquestionable ways. The very first, concerns the issue of decision making in the church.

Most of the decisions in these churches are carried out solely by the pastor. Though these churches officially have »church boards«, the pastor is »the all and in all« of the church. He decides on his own what should go on in the church, when and how it should go on. In fact, members of the church are allowed to make »suggestions« but the final decision comes from »God« and the pastor must rather pray and do what God says. This view is highly favored by Anaba:

> »Members of a church should be encouraged to make suggestions to their pastor but they should know and appreciate that he must pray to God before he turns to the left or the right.

> If what he hears from God agrees with their suggestions, it's encouraging. If however, the pastor is led otherwise, members must not feel offended and grieved.«[6]

At first glance, this may sound good and noble in its own sense and it appeals to the Neo-Pentecostals from African patriarchal cultures. Is the best leadership of the church not the one led by God himself? Should the Holy Spirit not be the ultimate source of our decision making?

As a matter of fact, even though this hypothesis sounds so noble and good, it is rather ›opium‹ which is given to the people by the pastor in order to have a total and full control over the church and hence making himself the only and true »God's-voice-hearer« in the church. The pastor then becomes the »pivot« of the church, the centre of every decision making in the church. He may choose to include and seek the consensus of the church if he wants. And again, he is able to impose anything on the church, hiding behind the banner of the »Holy Spirit«. The pastor has what may be known as the »veto-power« as well.

This is the reason why most people in Africa would refer to these African Neo-Pentecostal churches as »One Man's churches«. Is the church a private company where the founder has the veto and the monopoly over it? This absolute power over decision making is nothing but synonymous of dictatorship.

Though the term »dictatorship« to describe the kind of authority and power that the leadership often exerts on the congregation may sound very offensive, I would claim that it is the correct description of the system. First of all, the decisions of the Pastor are »unquestionable«. His orders must be »yes« and »Amen«. The Oxford's Advanced Learner's Dictionary defines »dictator« as: »A person who behaves as if he has complete power over the people and tells them what to do.« Africa is well known for the dictatorship of its political leaders. Their deeds are »unquestionable« and their decisions are final. Any opposition is subject to imprisonment, torture, force into exile, firing and sometimes even death. What then is the difference between the governance of African presidents (dictators) and at least quite a number of pastors of Neo-Pentecostal churches?

The only difference is the source of power. Whereas the African dictators would use an authority backed not only by the military, but also by spiritual powers, the African Neo-Pentecostal pastors use the authority presumably given by »God«. But apart from this one and only difference, the actions and the

[6] Eastwood Anaba, Pressure of the People, Accra 2010, 19.

activities are similar. Every single action taken in the church goes against the democratic concepts of the Western society.

I would like to emphasize that the statement »God is not a democrat« which is often heard from the African Neo-Pentecostal pastors is, to me a misplaced conception about God as far as Biblical theology is concerned. Throughout the Scriptures, we find indications of the »democratic« nature of God and the church. By democracy, I mean here the right of the people to elect their representatives and their rights to take part in decision making directly themselves or indirectly through their representatives without ignoring the fact that the church is the body of Christ and that the Holy Spirit indwells the members. Following are some instances where we see the dealings of God with people in highly respected democratic ways:

a. The Horeb Saga

The scene which took place at Mount Horeb is an example of God's democratic nature when it comes to dealing with humanity. In Exodus 20:18, God wanted to meet His people but they were not ready to meet God and so decided to use a representative. Moses gives an account on it later (Deut. 18:15f.) as follows: »The Lord your God will raise up for you a prophet like me from among your own brothers … For this is what you asked of the Lord your God in Horeb on the day of the assembly when you said ›let us not hear the voice of the Lord …‹ The Lord said to me, ›What they say is good.‹« Not only did the people want to be represented in the meeting but they also chose (so to speak) their representative. They asked Moses to go.

b. Give us a King

Another vivid example is the change in the ruling system of Israel. This is described in 1Samuel 8. The children of Israel asked for a King instead of judges. Samuel was displeased but God came to him and asked him to listen to the people.

c. Choose ye …

My last example is the democratic way the Early Church operated: »In those days when the number of disciples was increasing, the Greek Jews among them complained against the Hebrew Jews because their widows were being overlooked in the daily distribution of food. So the Twelve gathered all the disciples and said: It would not be right for us to neglect the ministry of the word of God in order to wait on tables. *Choose seven men among you who are known to be full of the Spirit and wisdom.* We will turn this responsibility over to them and we'll give our attention to prayer and the ministry of the word. This proposal pleased the whole group. They chose …« (Acts 6:1f.).

In the latter passage, many elements of democracy can be identified. Among them are: criticism, the strength of the choice of the majority (congregation) and not the minority (apostles) and finally the respect of the congregation's choice by the leaders.

But the situation in African Neo-Pentecostal churches in Germany is very different. The leaders of the churches are often handpicked by their pastors without the consent of the people (congregation). These leaders, elders, deacons, associate pastors, treasurers, secretaries and all the people who are to represent the church are chosen by the pastor and imposed on the congregation. In most cases, they are just presented on Sunday at church by the senior pastor and the congregation is informed on that day that these are the leaders of the church. It is very remarkable also to note that these leaders are not often chosen by the pastor based on the *abilities*, *experiences*, *skills* and *competences* in their respective areas of ministry but rather are appointed on the basis of »loyalty« and »faithfulness« to the pastor. These so called »loyal people« are just the »yes people« who will agree to all that the pastor »dictates« to his congregation. We will later see the role these people play in the authoritarian rule of African Neo-Pentecostal pastors. It is interesting to know also that the pastor has the power to dissolve the »assembly« or discharge anyone of them from his »office« unilaterally whenever he wants. And this is often the case whenever there is questioning or disagreement in any of his decisions.

If the church cannot democratize its policies and concepts, how can it be an effective institution that promotes democracy in the secular world? This puts a major role of the church in the secular world at stake. It is the duty of the church as it has always been in the history of the church to resist »political tyranny« and »oppression«, and cause people to be conscious of their rights vis-a-vis their leaders. And Moltmann recommends the following:

»Christianity must stay on this path of secularization, desacralization and democratization of political rule if it wants to remain true to its faith and its hope.«[7] He adds: »But because political constitutions and forms of governments are themselves going through a process of alteration, Christianity must encourage the form of government which best serves human fellowship and human rights and dignity and it must resist those forms which hinder or suppress these things.«[8]

This then leads us to the next point of discussion which poses the question on the type of government that Christianity should opt for. The ideal form of government that brings into light freedom, human rights and dignity is undeniably democracy and not autocracy.

African Neo-Pentecostalism and Human Rights

Article 5: No one shall be subjected to torture or to cruel inhuman or degrading treatment or punishment.[9]

Article 12: No one shall be subject to arbitrary interference with his privacy, family, home, or correspondence, nor to attacks upon his honor and reputation. Everyone has the right to the protection of the law against such interference or attacks.[10]

Article 19: Everyone has the right to freedom of opinion and expression; this right includes freedom to hold opinions without interference, to seek, receive and impart information and ideas through any media and regardless of frontiers[11].

The above articles are just three out of the thirty quoted as the basics of human rights. But it is unfortunate to realize that the African Neo-Pentecostal churches have continuously defaulted on these rights as far as the relationship between the pastors and their members are concerned. And these are found in all the previous case studies mentioned earlier.

In case study 2 for example, we see the degrading way the pastor treated his associate pastor and his wife. It is a public humiliation. This is just one of the many cases of public humiliation that are rampant in the African Neo-Pente-

7 Jürgen Moltmann, The Church in the Power of the Spirit, London 1977, 179.
8 Moltmann, (cf. note 7), 178.
9 UNO, Charter 3.
10 UNO, Charter 5.
11 UNO, Charter 6.

costal churches in Germany. It is evident in the churches that human dignity and human rights are often undermined. The dignity of the members is abused, their rights are forcefully abrogated and humiliation is always inflicted on them.

Paramount to all, pastors interfere arbitrarily into people's privacy, their families and homes. In case study 1, we see the concern of the pastor over the man who according to him is on internet every night and would watch television during the day and was doing nothing else than growing »bigger and bigger«, to the extent that the pastor would bring the case to the church for discussion. I have witnessed another case in one of the churches where the pastor and the pastor's wife were so much worried about a close relationship that existed between two ladies who were members of their church that they called one of the ladies and warned her that their friendship was becoming so tight that she needed time for prayers and if they continued to visit each other so often, their friendship would one day turn into hatred, with reference to *Proverbs 5:17.* The people in question here are already adults.

In another similar situation in Hamburg, a young man who serves as a minister in one of the churches and at the same time as a leader of an Inter-denominational youth group in the city was accused of a »wicked relationship«; so they termed, it with a woman. »Wicked« in the sense that the young man decided to call-off the relationship. The head pastor upon hearing the case called a meeting of elders one Sunday and asked the minister to be present. It is interesting to mention that this meeting had already been planned by the »church board« and it came as a surprise to the minister in question.

So during the meeting, the pastor opened the sitting with the following words: »This minister has been entertaining a relationship with that woman (woman not present at the meeting) and we did not know about it. Well, we should not waste time on this issue, and I don't even want him to say anything. We have made all our investigations and we have found out that all the allegations against him are true. So this is our verdict: »I am prohibiting him from attending the youth program«! The young minister without any reserve told him that it was impossible to do what he said and that he would not be subject to such an authority. This made the pastor so angry that he began to bark uncontrollably and repeatedly mentioned »my authority, you have to respect my authority«.

Later, after the meeting the pastor began calling all the church members to tell them about the »minister's relationships issue«. The next day, the pastor drove the woman in question to the youth meeting where the young man was supposed to preach but was absent on that day. The pastor went on further to call the young minister's friends for a meeting to expose the story of the »wicked relationship«. Together with his »yes people« he would spread the young minister's case all over. This went to all the churches where the minister was actively involved in service.

When asked why he would not be subject to the pastor and to the elders this is what the young minister had to say: »This man (the pastor) wanted to reap where he had not sown. He didn't make me a minister and he cannot undo my ministry. The way he was barking at the meeting with abusive words insulted my intelligence, my dignity, he abused my rights as a human, he entered my privacy without permission, and he interfered in my private issues forcefully. I don't know what makes him think he has the right to do so, but I would let him know that he hasn't that right and that authority over me.«

He continued: »My reputation, I don't care about the smear they are smearing people with. And that is all the power behind their authority – blackmail. They are suffering from a great malady which is ignorance. The only authority I know he has over me is the authority of a private company owner. If the church is run as his ›private enterprise' he can ask people to leave if he wants. Therefore I left his church and that's all.«

We can see from the above scenario to what extent people's rights and dignity have been abused, reputations and honors attacked, privacy violated by the pastors of African Neo-Pentecostal churches and all this is »in the name of Jesus«.

One elder of a newly founded African Pentecostal church in Hamburg said to me that in course of a discussion at a board meeting with their pastor, there was a disagreement between the pastor and an elder. The pastor got angry and started screaming like »un bandit de rue« (a street vagabond). He said that this pastor had just developed vulgar attitudes in these recent days. He added: »Even all of us at the meeting are responsible people. And the people he was screaming at were older than him. I have the impression that this man is not well trained. His parents didn't give him proper training«, he added.

Well this is a general phenomenon with many of the African Neo-Pentecostal pastors in Germany. Their authority and power are manifested in »shouts«, »commands« and abusive dealings with their members.

In short, one can say that human values, human dignity, freedom of speech and thoughts as basics human rights have no value and place in the midst of the

African Neo-Pentecostal churches in Germany. I would say that the African Neo-Pentecostal churches in Germany are more or less institutions in which human rights are abused. Though »freedom« is often preached from the pulpit, it is never manifested practically.

Corruption, Bribery and Transparency

According to Transparency International (TI), »corruption« is »the misuse of entrusted power for private gain.«[12] The next word which is very useful for us under this topic is »transparency«. Transparency can be defined as »a principle that allows those affected by administrative decisions, business transactions or charitable work *to know not only* the basic facts and figures but also the *mechanisms* and *processes*. It is the duty of civil servants, managers and trustees to act visibly, predictably and understandably to the conscience of the people, hence accountability.«[17]

In the Western world we are living in an age of *transparency* and *accountability*. »Ignorance« and »naiveté« are no longer the order of the day. Nevertheless, the African Neo-Pentecostals have not yet come to the realization of this fact. They still think that the people they are leading who they refer to as their »sheep«, can be dealt with in very untransparent ways. Case study 3 is a typical example of this. It is difficult to imagine that these »men of God« (as they love to be referred to) are able to misuse the church's funds for their own personal gains. Such acts, according to Transparency International (TI), are nothing else but corruption. And this type of corruption and lack of transparency are even more serious than those which are experienced in the secular world.

I must be very clear on this subject. In most cases the funds are used in the interest of the church. But where the problem arises is when the pastors fail to act visibly and predictably to the conscience of the congregation. For instance: A small congregation one day decided to celebrate their harvest. It was agreed upon that the aim of the harvest was to raise funds no matter how little it would be in order to acquire a place of worship of their own. The congregation was so motivated for this purpose that everyone tried to offer a reasonable amount of money for this cause. The following week, the church organized a 3 days revival for which two pastors were invited as guests. The host pastor decided that

12 Transparency International, Global corruption report, Berlin 2005, 5.

the program would be crowned with an »Agape feast«. In order to make the occasion very honorable, the pastor decided that the members would not prepare the food by themselves (as it is often done), but rather he would ask a professional cook to do that. Some T-shirts were also printed for the occasion. Later, after the occasion, it was announced to the church that all the money they had contributed for the acquiring of the building was spent on the revival program and even there were still some debts to pay. Here came the discontentment.

The very way offerings are conducted in Neo-Pentecostal churches is already very questionable as far as transparency is concerned. In the main line churches, people are informed about the goal of the offering, in other words they are told why they are giving the offering and what it will be used for. But that is hardly the case in African churches. The people are rather asked to »give to God«. This statement alone excludes any lawful enquiry from the church members as to have a legal demand on the knowledge of what their money is being used for. The understanding is that when you give to God, you are less concerned about what your offering is used for. When the pastor misuses the fund, he is accountable to God and not the one who has given the offering. This idea works perfectly in Africa. But in the Western World, especially Germany, this cannot work. The fact is that anything which involves money necessitates trust and it is impossible for people living in Germany to trust blindly; not even in the name of God. To ensure such transparency, the German mainline Churches are therefore accountable to the legal authority on their financial matters. It is very clear that Africans living here in Germany have also acquired that sense of trust and accountability and expect a minimum transparency in the financial dealings of their churches.

Bribery in African Neo-Pentecostal churches has a different face altogether. A famous teaching in African Neo- Pentecostalism is the teaching of »Wealth and Health«. The members are taught that God is a God who blesses his children materially, and one way to receive such blessing from God is by giving to the »men of God«. The members are encouraged to lavish gifts on their pastors as well as their pastor's wives so as to earn their favor as well as their blessings. It is taught that when one offers gifts to one's pastor, this will enable the pastor to remember him always in his prayers. One of the prominent proponents of such a teaching is Dr. Dag Mills. Well, this is highly practiced in African Neo-Pentecostal churches. But the main point is that by so-doing, people tend to literally buy the pastor and win his favor. This brings about favoritism in the churches. The pastors then turn to consider these people more than the others and then offer them some privileges in the churches. Whenever there is conflict in the church which involves any of these people, the resolution is most of the time in their favor. Besides, these are the people who are often praised and honored in the church services. They are often given prophecies every now and then and they are often chosen for higher positions in the churches. When all this happens as a result of the gifts, then it is bribery pure and net since the definition of bribery according to Black's Law Dictionary is the »offering, giving, receiving, or soliciting of any item of value to influence the actions of an official or other person in charge of a public or legal duty.«[18]

There is a high level of extortion that is witnessed in Neo-Pentecostalism worldwide and African Neo-Pentecostalism is not an exception. The prosperity message has become the most prevailing message of the time. One of the most vital elements of such a theology is »faith«, especially in giving. Faith in this context carries a different connotation altogether. By faith, I mean the members must believe in the pastor as having the ability to release a special blessing or miracle into their lives and the prerequisite condition for this to happen is their act of offering a huge amount of money which, as a matter of fact, is often demanded by the pastor. *In most of the cases, the mentioned amount is not imposed on the congregation to pay but it is believed to be coming directly from God.* The pastors often back such demands with expressions like »The Lord says to me«, »Thus sayeth the Lord«, and different other statements of the like to back their demands. Not only do they expect the members to donate huge sums of money, but they expect them to give literarily all that they have.

A pastor in one of the churches preached a sermon one day which he entitled »the test of faith«. The sermon was about how God tested the faith of Abraham by asking him to offer unto Him his only son. According to the pastor, Isaac represents to the members today all that they possessed and God was testing their faith as well that day. The pastor then asked each member of the church to offer his or her »Isaac« to God with the expectation that God will do the »unbelievable« in return just as he did to Abraham. The whole congregation was so motivated by the message that each and everyone began to offer practically all that they had. Some offered their cars to the church, others gave all their money and some gave out checks equivalent to the total amount of money they had on their accounts, only to realize later that they had been fooled in the name of God.

This is just one of the almost daily practices of most of the African Neo-Pentecostal pastors. Hiding behind the anointing of God and their abilities to perform »miracles« and to release breakthroughs into the lives of the people, they succeed in extorting people. The confidence and the eloquence they display in the preaching and most often through »framed« stories in the name of testimonies, contribute to their success in these ungodly acts. Some will even give recourse to inviting »prophets« who are masters of extortion from Africa to come and raise funds for them. Whatever the case may be, they are often successful because they are able to manipulate with twisted scriptures the mass which is often uneducated. The stories which are the main tools for such operation are: The widow's mite (Lk 21:1–4, Mk 12:41–44) where the emphasis is laid on the fact that the woman gave all that she had. Another famous story often used is the that of Elijah and the widow of Zarephat (1Kings 17:7–16) and here the emphasis is laid on the »man of God« asking the widow to offer him the meal first even though she had told him that that was her last meal to eat with her son and then they would die.

My general observation in the African Neo-Pentecostal churches in Germany and in Africa is that transparency and accountability are words which the ›leadership dictionary' does not contain. There is of course a reverse side to this. These terms are rather stressed and hammered repeatedly when it comes to the issues of »loyalty« and »faithfulness« from the side of members to their pastors and to the church. On the hierarchical plane, they spring from the bottom to the top and never vice- versa.

The diagrammatical representation of it is as follows:

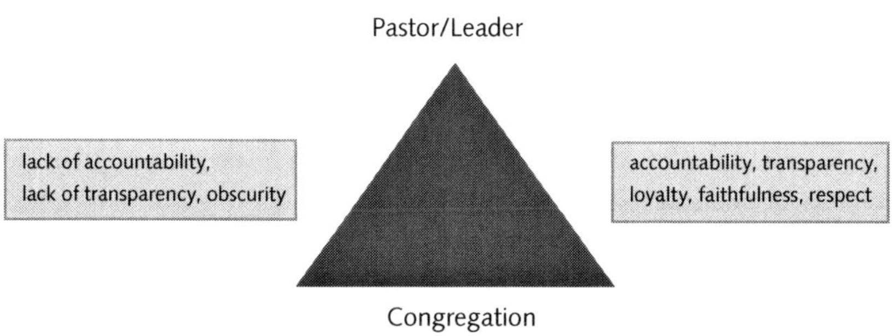

The paradoxical virtue

To describe the relationship between the African Neo-Pentecostal system of leadership and the Africans political leadership, I summarize it in the following paradoxical statement: I search for the African Neo-Pentecostals system of leadership, and I find it in the political leadership in Africa; and I search for Africans political leadership, and I find it in African Neo-Pentecostal churches. The diagrammatical representation of the relationship is as follows:

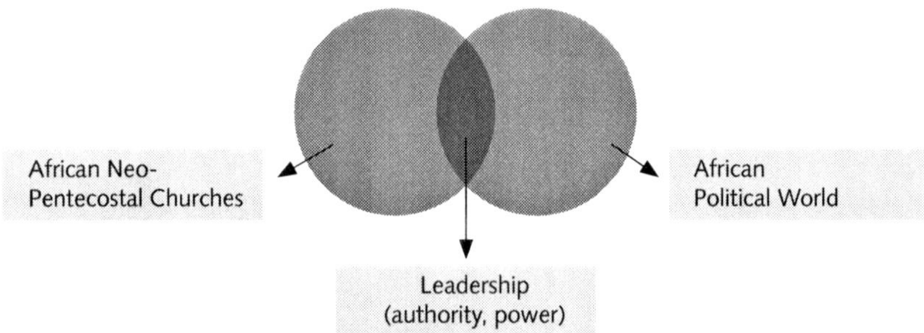

This shows how hand in glove African Neo-Pentecostal leadership goes with politics in the African continent and the interrelatedness that exists between them. Politics and ruling in Africa are marked by *tyranny*, *dictatorship*, misuse *of power*, *corruption*, *lack of transparency*, *bribery*, *monopoly*, and *abuse of human rights*. Apparently, these are all present the same way or maybe more »spiritually« in the African Neo-Pentecostal churches.

How can the church promote human rights whilst within its walls there is oppression? How can the church advocate democracy whilst its leaders are *autocrats*, *totalitarians*, *hyper-authoritarians* and *abusive*?

The underlying question is this: If the God of the African Neo-Pentecostals is not a ›democrat'and democracy is not the ideal in his kingdom, why should the followers of this ›non-democrat'God advocate for democracy in the secular world? As a matter of fact, the recent explosion of Christianity in Africa has therefore not had any democratization effect on the continent. In Sub-Sahara Africa, most of the heads of states as well as members of their governments are »born again« Christians. But frankly speaking it has contributed nothing to the improvement in democracy. Contrary to expectations, there has been a dramatic increase in corruption, in the abuse of human rights and in tyranny. What then is the use of Neo-Pentecostalism if it claims the adherence of dignitaries on the African continent but is unable to help cure the main illness from which suffers the continent?

What next?

The first generation of the African Neo-Pentecostals in Germany is gradually at its term and the African migrant churches are entering a new phase in their development. A new constituency is mainly composed of second and third generation of African immigrants. Most of them are born here and others grow up here. This means that the kind of education they receive is more or less the German one. Here they are taught to reason critically for themselves and to question things. They are also trained to speak their mind and to voice out their feelings as well. So already there seems to be friction between the old generation and the new one and the entire system as a whole.

This generation understands the concept of respect differently from the first generation. They understand that to respect someone doesn't necessarily mean to be unable to point out his mistakes; irrespective of his social status or personality. They are ready to speak their mind in good conscience whenever they are to do so. They are already showing signs of revolt against any form of oppression and authority in the »name of God«, especially when it appears to be an abrogation of their right and an abuse of their dignity. They are highly informed about how religion can be used as a means to control people's minds. They are also historically informed about the evils and atrocities that the Church in course of her history, has committed and how individuals are able to commit crimes all in the name of the authority from God and how ignorant people easily fall victims thereof. They are therefore not ready to become victims as well. They are already questioning all the mal-practices in the system. I made an experience by posting a video in which a famous Nigerian pastor of a Mega-church slapped a lady in front of a congregation of about twenty thousand members for refusing to accept that she was a witch and for saying that she was a »witch for Jesus«.

Though some would not dare make any comment for fear of bringing »curses« on themselves for criticizing a »man of God«, some reacted very radically to the video and condemned the act outright and declared it »unacceptable«. They demonstrated through their reactions, how much they value human rights and human dignity. This is recommendable.

Being born here, these children are liberated somehow from the culture and the world view that keep their parents captives for any spiritual abuse. They are not threatened with the stories of »witches and wizards« who want to destroy them, neither are they threatened with the »spirit of death« presumably sent from Africa to kill them. They have become very conscious of the fact that most of the African Neo-Pentecostal pastors capitalize on people's fear in order to captivate them and have them under total control. They refuse to become victims like their parents. Not only do they protect themselves against becoming victims, but they are also going a step further making all effort necessary to enlighten their parents as well and awaken them from such great ignorance and deception. There is in fact a counter-attack as well from the pastors. When they realize that the children are trying to let their parents escape their trap, they will now go ahead to declare the children to be used by witches and wizards against their parents in order to accomplish their mission. And by so doing, not only are they trying to preserve their prey, but also to sow divisions and conflicts in the families. But certainly, the new generation so convinced about the truth doesn't give up.

They also learn to be very accountable and transparent as well, therefore they expect their pastors to be accountable and transparent. In financial matters, they are aware that they have an obligation to be informed on what their money is used for and how it is spent. They are also aware that as far as the church as an institution is concerned, issues on financial matters must not be decided nor dictated by an individual. For that matter, whenever there seems to be a cast of shadow on matters regarding finances, they do in good faith demand a clear account on the issue knowing very well that it is their right to be informed. Though this is not really welcomed by the pastors, it seems to be a good step that will push the African churches towards an accountable and a transparent leadership.

They are also not so much enticed with the »prosperity« message to which their parents fall victims and thereby ignorantly allowed themselves to be robbed by pastors. They do know, unlike most of their parents that the so called prosperity message works better for the pastors and the preachers. They are very critical about the fact that most of the pastors are becoming very rich and acquiring a lot of luxurious things and wealth including private jets at the expense of their poor congregation. Therefore, they are really not partisans of such teachings. And because they refuse to be partisans, they are not victims either. In short, they acquire a great sense of responsibility, knowing very well that a good sense of responsibility demands a wise and proper managing of one's finances and properties even against extortionists, dupers and robbers.

There is also a great awareness created by theological training centers. The up-coming ministers are getting aware of the realities on the ground and there is now a boldness to address in good faith any mal-practices in the system. Besides, these ministers are educated and in addition to their spirituality, they are being theologically trained. Since most of the mal-practices in the system stem out of lack of theological education, the same way the theological education is contributing to the cure of these ailments. ATTIG (African Theological Training in Germany) is one of the centers which serve this very purpose. The result from these centers is very encouraging and very promising for a brighter and more hopeful future for the system.

Furthermore, the first generation, which is highly identified with illiteracy, is gradually dying off. There is now a generation of intellectuals coming out and they are not ready to take any nonsense whatsoever anymore. Hence the manipulation and the indoctrination that sustains and perpetuates the mal-practices of the system are gradually losing ground. This does not only concern the church world alone but can also be seen in the secular world in Africa. A very vivid example of it is the Arab spring that the whole world is witnessing. All dictatorial regimes that do not serve the interest of the people, no matter how powerful they seem to be, are opposed by the young generation of intellectuals and they are really falling one after the other.

As a result of all these, there are actually some new movements of the young generation here and there in the country. Most of these Christian movements are run by the youth themselves and are not ready for any external influence from the older generation. This somehow shows the mistrust they have even against their pastors. Among such movements are *His Kingdom United* (Hamburg), *GADED* (Hamburg), *Typisch Deutsch* (Berlin) and the newly formed *International Youth Service* (Hamburg). These movements are initiated by the youth and are run by the youth themselves. They show a great level of management in spiritual matters, social matters as well as in financial matters. They make proof of high level of entrepreneurship as well.

It is very obvious that these movements as well as a resurgence of traditional churches constitute an existential threat to the African Neo-Pentecostal churches. And the question about whether or not in the next decades they will continue to exist is often being posed. But as matter of fact, the African Pentecostal churches should see this as a challenge and understand that the time of fooling people is over and that now there is a great awakening. There is, in fact, an urgent need of change in strategies to ensure the continuous survival of the movement through the times. There is however a willingness and there is hope that it will change. There are already some signs of such willingness.

The next step is the need to work hand in hand with the German churches. The German churches have fully opened their arms to the African churches. As a result, the African churches are allowed use German churches as places of worship. However, we must go beyond sharing premises into being a »church together«. This intercultural fellowship will definitely strengthen and widen our understanding of the Christian faith. And above all it will serve as the right guide and orientation of the »new home« to the Africans.

The law of progress which is a social law that embodies the governing operative dynamics of human advancement, societal evolution and revolution is applied to the church as well. It states, »Every quality and positive result in life has a progressive dimension with each phase of progress relative to time.«[13] For the African Neo-Pentecostal churches, not to fall victims to this law which is self-evident, they must give room to the two dynamics of this law which is evolutionary and revolutionary. The already existing structures, especially those which have to do with authority and powers must be revised and restructured and ameliorated in order to be meaningful, relevant and adequate for the 21st century as well to the culture of the German society. That is evolutionary, and when it does not really work, a new system and strategy must be developed to take over the already existing one in order to make the church relevant to Germany and to this century. The church needs to be aware of the time and the space in which it is found and act in ways that are meaningful to the time and the prevailing existing culture. This in biblical terminology would be referred to as the *discernment of time*. Failure to comply with these principles may cause a complete breakdown of the system. We are already witnessing a great exodus from the »one man churches« to the newly formed traditional churches with African background such as the Presbyterian Church of Ghana and the Methodist Church. Again, it is also true that some even prefer to stay home than visiting any »one man churches«.

[13] Bernard Etta, The Law of Progress, Yaoundé 2010, 1.

ABSTRACT

The author, originally from Togo, is in his twenties. He has been living in Germany for a few years. This paper is an excerpt from his diploma thesis, recently completed at the Academy of Mission at the University of Hamburg. He offes an informed critique of the use of power typically exercised by leaders of African Neo-Pentecostal migrant churches. Nick Elorm presents and analyses a number of case studies. He argues that some of the activities of African pastors are – at times – at variance with the UN code of human rights.

This study gives witness to transformation processes taking place in the younger generation of African migrants – or of the children of African migrants – who are willing and able to move easily between two worlds as important agents of societal change.

Liberation of Women through Pastoral Care Giving: The Case of Ghana

Ernestina Novieto

The increasing number of women in the Pentecostal and Charismatic churches, it has been argued, is a result of the liberating experiences they find.[1] These experiences may be in the areas of physical, economical, psychological, emotional as well as spiritual empowerments and liberations. However, as women seek to be delivered from all kinds of difficulties for themselves or their relations, there are increasing numbers of women whose rights and privileges are violated by the very people from whom they seek ›a better life‹. In this paper a closer look is taken at the deliverance process, critiquing how liberating it has been for the majority who seek it.

Deliverance has become one of the major features of the Neo-Pentecostal and Charismatic churches.[2] This is mainly due to a new awareness of satanic and demonic influences on a person. This belief is likely to have been heightened by some indigenous traditional beliefs that everything that happens has some spiritual causes.[3] The recent rise of Neo-Prophetism in Ghana which lays much more emphasis on deliverance has influenced more people into seeking deliverance. As noted by Omenyo and Atiemo, these Neo-Prophetic churches meet the specific needs of people from a low socio-economic status,[4] the majority of whom are women.

1 Ivan M. Satyavrata, Globalization of Pentecostalism, in: S.M. Burgess (Hg.), Encyclopedia of Pentecostal and Charismatic Christianity, New York 2006, 218–223, hier: 220.

2 J. Kwabenah Asamoah-Gyadu, African Charismatics: Current Development within Independent Indegenous Pentecostals in Ghana, Leiden 2005), 164.

3 The belief in spirits and its influence on all aspects of life is central to indigenous religions of Africa and Ghana. See John S. Mbiti, African Religions and Philosophy, Oxford 1997; idem, Introduction to African religion, Oxford 1991; Kofi Asare Opoku, West African Traditional Religion, Accra 1978.

4 Cephas Omenyo/Abamfo Atiemo, Claiming Religious Space: The Case of Neo-Prophetism in Ghana, in: Ghana Bulletin of Theology (New Series), 1/1 (2006), 55–68, 56.

Even though some Christians are of the view that they (Christians) do not need to go through deliverance, others, especially the Charismatic Pentecostals believe that a person may be in need of some form of deliverance even after confessing the Christian faith. In the Charismatic Churches in Ghana for instance, a person undergoes some form of deliverance as part of the processes of becoming a member of the church, especially if the person did not have any claims of already being a born again Christian. These churches also teach that after one has become a born again there is the need to go through deliverance or exorcism to expel evil spirits that may possess or oppress a person as a result of one's involvement in certain ›worldly‹ or unchristian activities.[5]

Apart from the deliverance that a new Charismatic Christian convert in Ghana may go through there is also the belief that there may be spiritual causes for events in a Christian's life and thus the need for deliverance. Gifford puts it that »the basic idea of deliverance is that a Christian's progress and advance can be blocked by demons who maintain some power over him, despite his having come to Christ«.[6] Deliverance is also sought for people who want to improve their Christian lives and thus seek to be delivered from a tendency of committing sins easily, inability to fast and pray or living a righteous Christian life. People go for deliverance because of the belief that there may be some evil spirits that may be hindering the progress of a person either physically or spiritually. Most people however seek deliverance with regard to issues of health, business, marriage, children, visa to travel abroad, lawsuits, education, employment and accommodation, just to mention a few.

A feature about the Neo-Prophetic churches that could be argued to have influenced some Pentecostal and Charismatic churches is the perception and treatment of the ›enemy‹. The enemy here is not only the devil but could also be humans including relations and friends, who may be treated as such. This perception of the existence and actions of the enemy is strengthened by the belief that »God's will for every believer is prosperity and good health and anything to the contrary is not caused by God but by the enemy«.[7] It has thus become a common feature to hear people clap while praying with the intention of destroying the enemy, more so, in prayers one hears sending the plans and thoughts of the enemy ›back to the sender‹. Indigenous traditional perceptions

5 Asamoah-Gyadu (see note 2), 168.

6 Paul Gifford, Ghana's New Christianity: Pentecostalism in a Globalising African Economy, London 2004, 85–86.

7 Omenyo/Atiemo (see note. 4), 63.

of the enemy boost this idea as there are some similarities between the two. It is not only that events or occurrences have spiritual causes, but they may be schemed by some fellow humans with the intention of harming the victim.

As there are many women in the church, it is not surprising that they have been noted for being the majority of those who attend prayer and deliverance meetings as well as the ones to undergo deliverance during services. It is important to note here that there are two major scenarios within which deliverance takes place: deliverance as part of normal church services and church services or prayer meetings that are dedicated specifically for deliverance. Deliverance services or meetings are mostly associated with Charismatic Churches while prayer camps or centres are identified with classical Pentecostal churches. Usually, because in church services, there may not be time to go through the whole process, one may be referred to the deliverance services or centres to have issues thoroughly dealt with.

It is easier to find special women's prayer groups and meetings than men's. In recent times, there is the widely advertised and highly attended monthly prayer meeting of Women's Aglow in Ghana, a public prayer for the nation, usually held at the Independence Square, Accra, with similar meetings held in some of the regional capitals. A visit to some parts of the Achimota forest in Accra on any day would reveal many more women than men praying or seeking some sort of deliverance. Even though deliverance is meant to liberate a person from some kind of bondage, because there are so many women, one is tempted to ask whether it is only women who are in need of deliverance.

On the other hand, deliverance leaders or pastors have mainly been men. Apart from the fact that there are more male pastors than female, casting out demons is deemed a difficult task, thus usually seen as the work of men. This is reflected in Opoku Onyinah's book on *Spiritual Warfare* in that »only forceful men could practice it«.[8] This perception conflicts with the notion that more women are prone to spiritual gifts. Could it be that those spiritual gifts that would enable one to become a deliverance leader is given only to the male?

Indeed, it cannot be said that it is only women who are in need of deliverance, as men and women are actually in need and in fact, go through deliverance. However, one cannot but agree that there are more women. There are a number of factors that may also account for more women being present as well as undergoing deliverance services, such the ratio of women to men in the

8 Opoku Onyinah, Spiritual Warfare, Accra 2008, 20.

church, the timing of the services and the care giving roles of women among others.

Most of the deliverance services are organised during the day when most formal workers are at work. There are more women in the informal sector and thus they can adjust their time to suit the timing of these services.

Women are known to be caregivers and this is translated into their desire to ensure that the challenges of persons close to them, especially their family members, are solved. This may imply either taking such family members (both male and female) to deliverance centres or seeking deliverance on their behalf.

Women are also more emotional and are quick to express their religious emotionalism. It may be argued that the deliverance aspects of the churches have thrived on the active participation of women. They give credence to the leaders of deliverance services. For instance, apart from the number of women that patronise these deliverance services, they are also the ones who first manifest either the Holy Spirit or evil spirits at work in them. Further, more women and girls are accused of being responsible for the misfortunes of others, possibly resulting in their being taken to these centres for deliverance.

The Deliverance Process and Counselling

Counselling plays a very important role in the deliverance process. It starts with counselling and also ends with it. The deliverance process may begin in the normal church service and consequently be transferred to the deliverance meetings. Individuals who identify their challenges also go to the deliverance centres or meetings.

It must be noted that some of the pastors also place advertisements through call in programmes on radio or television broadcasts and invite people to their deliverance services. There are also specific adverts on TV, radio as well as huge bill boards inviting the public to deliverance services. In some of these adverts, the sick, troubled and distressed are encouraged to come for healing and deliverance.

At the deliverance centres, in most cases the person to go through the deliverance is made to fill a questionnaire or is interviewed. In this first stage the person gives information about his/her background including things they had done before and even after becoming Christians, places one has been to in the past, previous and present relationships, previous and present religious engagements and rituals, personal experiences like dreams, conflicts and disagreements with others. A person's family background is very essential because of the belief in the idea of ancestral influence. The information given is meant to help the leader to pray for and also counsel the client.

However, in the current phase there is always the fear that pastors ›who are not genuine‹, might take advantage of this vulnerable person since the person in need of deliverance is considered vulnerable. There have been cases where some pastors have used the information given to them by their clients against them.

The second stage is usually the prayer stage, where the person is prayed for. This can take a few minutes or hours, days, months or even years depending on the type of deliverance to be undertaken or the spirits inhabiting a person and how ›stubborn‹ those spirits are. During prayers, the clients may be made to go through a number of procedures including confession of sins, renouncing any involvement in occult or traditional religious rituals, fasting, praying at certain times of the day, hand over certain items which may have direct influence on their predicament, etc. Most of these procedures usually lie at the discretion of the leader. It is usually through their contact with the supernatural that they give instructions to their clients as they claim to be under the inspiration of the Holy Spirit.

Deliverance usually goes hand in hand with pastoral counselling. There have indeed been instances where some leaders have admitted that cases brought to them were cases that just needed counselling, although they prayed with their clients after the counselling and there were results. Counselling, apart from marital counselling, is not very popular in Ghana. Thus, people would easily avail themselves to be prayed for rather than to be counselled.

The Challenge

Deliverance as noted earlier is meant to produce a liberating experience. Can we say that the deliverance that these women go through brings them some form of liberation? Since counselling is part of deliverance, can we conclude that deliverance is an avenue of pastoral counselling for these women? The case of Ghana can be said to be an ambivalent one. It may convey a liberating experience – in a sense, yet has serious challenges.

There is no doubt that there is an increasing patronage of the deliverance centres. The fact that women continue to attend these sessions may mean that they get the desired results. The testimonies of these women which attest to this also indicate that some of the pastors are genuine. These testimonies, both in and outside the church, are the strongest marketing strategies for the increased popularity and patronage of these centres and men of God.

For some, going through the deliverance process is in itself a relief. Africans believe in the spiritual causality of events (in that though they may have a physical cause they may also uphold some form of spiritual causality). Therefore, participating in deliverance sessions seems to help them to deal or to cope with their spiritual challenges. Although not all their issues are solved, they are relieved, so far as they played their part and left the rest to God who answers all prayers.

In spite of these liberating experiences, there are issues that have to be dealt with to enable the women to fully attain the liberating experiences that they seek through the deliverance services. Through the process, a special relationship develops between the clients and the pastors, who are mostly men and end up being ›directors‹ of the lives of these women. Most of the women tend to depend on the pastors for every step of their daily endeavours, who may abuse these special relationships. The final results are in most cases, strained family relationships, financial and sexual abuse.

There are indeed reports in the print and electronic media of many pastors who take advantage of women supposedly in need of deliverance. In its edition on Monday, August 15, 2011, the *Daily Graphic* newspaper bemoaned the negative activities of some pastors under the headline – »*Clergy Come Under Fire for Acts Unbecoming of Men of God*«. In this article, the paper cited recent examples of ›men of God‹ who had sexually assaulted young women as well as defrauded others of huge sums of money. Just a case in point here is a head line of *The Chronicle* newspaper on October 4, 2011 captioned »Man of ›Dog‹ licks woman«. One would realise from the title of the story that »God« had been spelt in the reverse – »Dog« apparently to describe the behaviour of the pastor. In this particular case, the pastor visited a female member of his congregation under the pretext of praying for her because he had seen a vision concerning the victim's marriage. However, the pastor sedated the lady by rubbing a handkerchief on her face under the guise of deliverance. The pastor then proceeded as stated in the paper »to lick the lady's private part«. The pastor was arrested and charged with sexual assault.

This case and many others have made lots of people to question some of the deliverance processes. Some have argued that it is the women who allow these so called ›Men of God‹ to mishandle them, while others also posit that the pressures that society places on women push them into such situations. There is also the question of why women accept to undergo some of the processes without any resistance. In this regard, it must be noted that the person in need of deliverance is vulnerable. It may be argued that one's presence at the deliverance centre implies consent to undergo whatever processes there are for deliverance. This may be likened to a visit to the optometrist. Upon a patient's visit, the optometrist begins to examine the patient's eyes in his/her consulting room without the patient's permission. The patient's consent is implied. This brings to the fore the issue of dependence on the pastors during deliverance. The nature of the deliverance process and the appeal to the supernatural by the deliverance leader has the tendency of making clients to totally rely on them.

Another challenge is stigmatization; how do people who are found to have evil spirits get accepted into the society after they have been delivered of those evil spirits? A specific case which I witnessed is that of a girl who was called out during a deliverance session in a church service. Apparently, this girl had had a number of abortions, an act that the Ghanaian society frowns upon. Her action was revealed to the man of God and for whatever reason he brought the ›secret life‹ of this girl to the public domain, after which she was prayed for and supposedly delivered. However, the disgrace that this girl faced afterwards seems to have taken a greater toll on her than the deliverance prayers, which affected her attendance at church services. Questions raised included whether the ›secret‹ lifestyle as exposed by this man of God was true. If so, was it necessary to make it public? How could this girl integrate into the community of believers again?

In other situations, close relations or acquaintances have been mentioned as being responsible for the predicaments of some who have sought deliverance. In these instances, relationships have become chaotic. In cases where assertions made by these pastors are claimed to be false, legal tussles have evolved.

A way out

Deliverance leaders and pastors already have the attention of deliverance seekers, the majority of whom are women. It is thus imperative for them to be trained in ways which will be beneficial to ›their clients‹. It is important for them to know that the relationship they have with their client is confidential and must be held as such. This confidential relation is built on the trust of the client and it must not be destroyed. Pastors need to be educated on ministerial ethics: the challenge is that some of the pastors involved in the deliverance ministry may not have undergone any form of ministerial training. It thus becomes difficult for that category of leaders to be made aware of ethics relating to their vocation, especially if they are on their own.

Non Governmental Organisations focusing on women empowerment, e.g. Domestic Violence Unit of the Police Service and other organisations have created opportunities for women to report and address these issues. Dr. Joyce Aryee in her series in *The Chronicle* helps to identify who those false prophets are and encourages Christians not to believe in men of God just because their predictions come true but that there is the need to check from the Bible if the teachings fall in line with the truths about the Bible.[9] This is a call on women not to rely on their leaders as she encourages them to know their rights as well as the Bible. These efforts could be summarised in the words of Rev. Dr. Fred Deegbe, General Secretary of the Christian Council of Ghana that »being a Christian does not mean your brain should be disengaged«.[10]

To supplement these, grass root support is needed and in this vein, it is important for church based women groups to empower and help women to be assertive even in the face of seeking deliverance.

In the supervision of the work of these leaders, it will no doubt be easier if they belonged to any of the Christian ecumenical bodies in the country. Leaders of the Christian Council of Ghana, Ghana Pentecostal and Charismatic Council and the National Association of Charismatic and Christian Churches have respectively noted the need for churches to belong to a recognised council. In that way, their activities can be regulated and they can also be disciplined.[11]

It is heart warming that both the Church and the State have frowned on the actions of the so called ›men of God‹ who take advantage of women. For instance, the Police was instructed recently by the State as a matter of urgency, to set up special desks to deal with the alarming reports of fraud and sexual misconduct perpetrated by pastors. This instruction had the support of the Christian Council and other Christian bodies in Ghana. However, it is possible to reduce sexual abuse on women if they are encouraged to be vigilant during

9 Joyce Aryee, Beware of False Prophets, in: The Chronicle, 9. Sept. 2011, 13.

10 http://edition.myjoyonline.com/pages/news/200908/34319.php, accessed 15th of Oct. 2011.

11 Art. Clergy come under Fire for Acts Unbecoming of Men of God, in: Daily Graphic, 15. Aug. 2011, 1 and 3.

such deliverance services. More women should also be encouraged to lead and supervise or organise deliverance sessions.

ABSTRACT

The author is lecturer at the Department for the Study of Religion at the University of Ghana, Legon. Her paper is based on a presentation she gave while spending half a year as scholarship holder at the Academy of Mission at the University of Hamburg. She discusses the claims and realities of an ambivalent practice with respect to prayer and pastoral care in neo-pentecostal and charismatic churches in Ghana, focussing on the potentially – and at times actually – problematic constellation of male leadership and overwhelmingly female membership. She concludes by reporting some recent strategies taken by some churches in Ghana and by the police to deal with the rise in fraud and sexual abuses committed by pastors.

Klimakriege und ökumenische Gemeinschaft

Heinz-Günther Stobbe

Das Thema »Klimakriege« gehört natürlich in den übergreifenden Gesamtzusammenhang der gegenwärtigen und zukünftigen Entwicklung von Krieg und Frieden in unserer Welt. Es signalisiert eine neuartige Gefahr für den Weltfrieden, die sich durch ihre globale Dimension auszeichnet und den Rahmen der herkömmlich auf den Aspekt zwischenstaatlicher Konflikte konzentrierten Friedensforschung sprengt. Der konziliare Prozess für Gerechtigkeit, Frieden und Bewahrung der Schöpfung, den der Ökumenische Rat der Kirchen 1983 in Vancouver angestoßen hatte, versuchte diese neue Situation mit dem Befund einer sich anbahnenden globalen Krise und einer drohenden globalen Katastrophe auf den Begriff zu bringen. Er wollte durch die berühmte Trias zum Ausdruck bringen, dass sich in dieser weltumspannenden Krise unterschiedliche Problemfelder überschneiden und sich womöglich wechselseitig verstärken.

Mittlerweile ist es still geworden um diese ökumenische Initiative, die immerhin etwa zwanzig Jahre lang ein gutes Stück weit die Tagesordnung der beteiligten Kirchen bestimmte und eine ganze Reihe ökumenischer Versammlungen auf regionaler, nationaler, europäischer und weltweiter Ebene hervorbrachte. Die Dekade zur Überwindung von Gewalt setzte sie in den Jahren von 2001 bis 2011 fort, ohne allerdings ein vergleichbar breites und starkes Echo zu finden. Insofern ist es berechtigt, den konziliaren Prozess als abgeschlossen zu betrachten. Doch sein Anliegen hat sich keineswegs überlebt. Gewiss hat sich die Weltlage seit 1986 tiefgreifend verändert, doch die Dynamik der Entwicklung trägt nach wie vor krisenhafte Züge, und in manchen Bereichen hat die Krise an Gefährlichkeit sogar zugenommen.

I.2. Es hat sich allgemein eingebürgert, das hervorstechendste Merkmal der Weltentwicklung mit dem Stichwort »Globalisierung« zu kennzeichnen. Ursprünglich standen als deren Triebkräfte die Informations- und Kommunikationstechnologie sowie die Waren- und Geldströme im Vordergrund. Inzwischen hat sich dem öffentlichen Bewusstsein der Klimawandel als weiterer Faktor eingeprägt, der die übrigen keineswegs ablöst und auch nicht nur ergänzt, sondern sie verstärkt. Der Zusammenhang der verschiedenen Faktoren wird etwa sichtbar am Beispiel der Finanzmärkte: Die ungeheure Geschwindigkeit der Verschiebung unvorstellbarer Kapitalmengen wäre ohne die Leistungsfähigkeit moderner Computer und die globale Vernetzung der Informationskanäle völlig undenkbar. Die Vielzahl der Einflussgrößen, ihrer Beziehungen zueinander und ihrer Wechselwirkungen aufeinander lässt sich mit den Mitteln einer linearen Analyse im Sinne einfacher Ursache/Wirkungsketten nicht angemessen erfassen. Dabei handelt es sich nicht nur um ein Problem übergroßer Datenmengen, das durch größere Verarbeitungskapazitäten bewältigbar wäre, sondern auch und vor allem um eine prinzipielle Grenze. Es wäre vermessen, eine Theorie entwerfen zu wollen, die das Ganze der Weltgesellschaft und ihrer Beziehungen zur Natur erfassen und erlauben würde, aus ihr präzise Prognosen abzuleiten. Versuche dazu, wie etwa der historische Materialismus, gehören unwiderruflich der Vergangenheit an. Eines der unüberwindbaren Hindernisse betrifft die Eigenart ökologischer und sozialer Systeme: Ihre Entwicklungsdynamik weist Schwellen auf, jenseits derer der Ablauf der Ereignisse unkontrollierbar wird, d.h. das System »kippt«. Wann das jeweils genau geschieht bzw. geschehen wird, entzieht sich grundsätzlich der Berechenbarkeit und Prognostizierbarkeit: Welcher Tropfen bringt das Fass zum Überlaufen, welches Sandkorn den ganzen Berg ins Rutschen? Solche nicht-linearen Abläufe, die für Rückkoppelungssysteme typisch sind, führen oft zu katastrophalen Zusammenbrüchen. Doch sind Katastrophen keineswegs immer rein zerstörerisch. Oft entsteht aus dem Chaos etwas Neues, und rückblickend stellt sich dann die Zerstörung als Voraussetzung für eine Art Neuschöpfung dar. (Diese Dialektik ist in manchen religiösen Kosmologien seit langem thematisiert worden.) Nur weiß niemand, und kann niemand vorher wissen, ob das der Fall sein wird. Es ist auch denkbar, dass das System tatsächlich völlig zerstört oder auf einen früheren Zustand zurück fällt. In dieser Unsicherheit liegt das enorme und unkalkulierbare Risiko jeder Revolution. Der Klimawandel, insoweit er durch menschliches Handeln hervorgerufen oder gefördert wird, führt zu einer Situation, in der selbst das Nichthandeln einem Spiel mit dem Feuer gleicht.

II.1. Der Bereich der Friedens- und Sicherheitspolitik weist alle Merkmale einer turbulenten Welt auf, die fortwährend den wissenschaftlichen Anspruch von Futurologen und Trendforschern der Lächerlichkeit preisgibt. Kein einziger der professionellen Kreml-Astrologen oder Geheimdienste sah die Ereignisse von 1889/90 in Europa voraus. Die globale Situation schien zwar hochgefährlich, doch zugleich überschaubar, weil geordnet zu sein: Zwei Blocksysteme, zwei Weltlager, zwei deutsche Staaten, dazwischen eine Handvoll blockfreier Staaten und eine Reihe von Stellvertreterkriegen. Noch am Vorabend der epochalen Wende wagte es auf keiner Seite des Eisernen Vorhangs kaum ein Mensch, den Status quo ernsthaft und grundsätzlich in Frage zu stellen, schwebte doch über allen das Damoklesschwert eines Atomkrieges. Einen historischen Wimpernschlag später brach der gesamte Ostblock samt der Sowjetunion auseinander, verschwand die DDR fast wie ein Spuk und die NATO dehnte sich ohne einen Schuss bis weit in das vormalige Vertragsgebiet des Warschauer Pakts hinein aus. Es sah so aus, als bräche ein neues Zeitalter an, als nähme eine neue Weltordnung Gestalt an. Allgemeine Abrüstung rückte scheinbar in Griffnähe, sogar die Abschaffung der Nuklearwaffen; man sprach viel von Rüstungskonversion und von Friedensdividende.

Derlei Träume währten nicht lange. Erneut versagte sich die Geschichte den Prognosen aus Gesellschaft, Politik und Wissenschaft. Die Auflösung des Blockgegensatzes blieb ein tiefer Einschnitt, doch jenseits dieser Schwelle erhöhte sich die Komplexität der internationalen Politik gewaltig. Neue Konflikte brachen auf, alte – unterdrückt und ungelöst – kehrten zurück. Klassische Kriege zwischen Staaten bildeten nach wie vor eine Ausnahme, zumal in Europa, und das war zweifellos weit mehr als nichts. Trotzdem, von einem weltweiten Frieden als Ergebnis des epochalen Wandels konnte keine Rede sein. Stattdessen machten allmählich Begriffe wie die »Neuen Kriege« oder »asymmetrische Kriege« die Runde. Dazu kam noch ein anderer Punkt, der an Aktualität bis in die unmittelbare Gegenwart hinein nichts eingebüßt hat: Vor 1989 war es unmöglich und sinnlos, über so etwas wie »humanitäre Interventionen« auch nur nachzudenken, nach 1989 war es möglich und unumgänglich. Die internationale Gemeinschaft setzte – in Bosnien, im Kosovo und andernorts – militärische Gewalt ein, und manche Beobachter fürchteten eine Rückkehr zur Kanonenboot-Politik des Imperialismus. Auch das hat sich nicht bewahrheitet, trotzdem steht die Möglichkeit militärischen Eingreifens in innenpolitische Angelegenheiten im Raum. Im Falle Libyens stand zunächst eine Militäraktion zum Schutz westlicher Bürger und Bürgerinnen zur Debatte, dann die Einrichtung einer Flugverbotszone zum Schutz der Aufständischen und schließlich folgten Luftwaffeneinsätze mit dem gleichen Ziel, die de facto den Regimewechsel unterstützten. In gewisser Weise wiederholt sich derzeit diese Diskussion mit Blick auf Syrien. Ganz gleich, was von solchen Überlegungen zu halten ist, hier kommt es einzig darauf an, dies eine zu verstehen: Vor 1989 waren sie schlichtweg ausgeschlossen, jetzt zwingen sie zur Stellungnahme. Die Welt hat sich einschneidend verändert, sie ist unübersichtlicher geworden und in einigen Weltgegenden unsicherer, gewalttätiger oder mindestens gewaltträchtiger.

II.2. Eine Übersicht über die Kriege der jüngsten Vergangenheit und Gegenwart zeigt einige deutliche Entwicklungstrends. Um sie einschätzen zu können, ist eine methodische Vorbemerkung am Platz. Im Alltag über Krieg zu sprechen, bereitet in der Regel keinerlei Schwierigkeiten. Vor allem Weltkriegssoldaten füllen den Kriegsbegriff mit ihren Erinnerungen, und sie würden es als absurd und zynisch empfinden, sie zu einer genauen Begriffsdefinition zu drängen. In anderen Kontexten jedoch liegen die Dinge weniger klar auf der Hand. Andernfalls wäre schwer zu erklären, weshalb die Bundesregierung so lange brauchte, um sich mit Blick auf Afghanistan dazu durchzuringen, wenigstens von »kriegsähnlichen Zuständen« (von Guttenberg) zu reden. Dahinter steckt nicht nur innenpolitische Taktik. Für das Regierungshandeln maßgeblich kann nicht der alltägliche Sprachgebrauch sein, sondern nur das völkerrechtliche Verständnis des Krieges. Dieses Verständnis unterlag natürlich einem geschichtlichen Wandel, und offenbar bahnt sich in der Gegenwart ein weiterer Wandel an.

Traditionell, das heißt, spätestens seit Beginn der Neuzeit, bedeutet »Krieg« die bewaffnete Auseinandersetzung zwischen Staaten. Solche bewaffneten Konflikte mussten eine bestimmte Dauer haben und mindestens auf einer Seite unter Einsatz von Militär geführt werden. Sie begannen mit einer formellen Kriegserklärung und endeten mit einem Friedensvertrag. Nur mit Rücksicht auf diese Voraussetzungen ließ und lässt sich der Krieg als eine rechtliche Institution des Verkehrs zwischen Staaten verstehen. Und man kann hinzufügen: Der Krieg selbst war außerdem zumindest teilweise rechtlich normiert. Anders ausgedrückt: Das *Jus ad bellum* wurde ergänzt durch das *Jus in bello*, heute »(humanitäres) Kriegsvölkerrecht« genannt. Vor diesem Hintergrund muss unterschieden werden zwischen der Überwindung des Krieges als einer Institution des Völkerrechts und der faktischen Überwindung des Krieges als einer

Form der Konfliktaustragung. Der erste Schritt wurde bereits mit der Ächtung des Krieges im Briand-Kellogg-Pakt und mehr noch in der UN-Charta vollzogen, vom zweiten ist die Welt noch weit entfernt.

II.3. Diese Vorklärungen vorausgesetzt, lassen sich folgende Feststellungen treffen: Die Zahl der zwischenstaatlichen Kriege hat nach dem Zweiten Weltkrieg stark abgenommen. Häufiger dagegen fanden Kriege statt, in denen nur ein Staat direkt beteiligt war bzw. ist. Noch stärker zugenommen haben die Zahl der Bürgerkriege und die Zahl gesellschaftlicher Konflikte, die mit Gewalt ausgetragen werden. Zu den so genannten Neuen Kriegen zählt insbesondere der Krieg gegen den Terrorismus, der auf der einen Seite von bestimmten Staaten oder Koalitionen zwischen Staaten, auf der anderen Seite von einem terroristischen Netzwerk geführt wird, das seinerseits die Unterstützung durch bestimmte Staaten erfährt. Als Haupttrend fällt auf: die Gesamtzahl gewaltsamer Konflikte nimmt ab, sie dauern im Durchschnitt allerdings immer länger. Dafür gibt es eine Reihe von Gründen. Zwei von ihnen seien kurz angesprochen: zum einen die Privatisierung des Krieges, zum zweiten die Ausbildung einer eigenen Kriegsökonomie.

Privatisierung heißt, dass neben den Staat eine Reihe nichtstaatlicher Akteure tritt, die politische, aber auch mehr oder minder private bzw. kriminelle Interessen verfolgen können. Der Begriff des Warlords hat mittlerweile Eingang in den allgemeinen Sprachgebrauch gefunden, das verweist auf ein in der Tat bedeutsames Phänomen. In diesen Zusammenhang gehören auch private Söldnerfirmen, die sich unterschiedlichen Akteuren anbieten und immer öfter auch von Staaten in Dienst genommen werden. Das ist eine beunruhigende Entwicklung, und zwar allein schon deshalb, weil Söldner nicht dem internationalen Kriegsrecht unterliegen. Für Staaten hat das – kurzfristig gesehen – durchaus Vorteile. Nicht zuletzt entzieht sich der beauftragende Staat auf diesem Wege der Pflicht, Zahlungen für gefallene, verwundete und invalide Soldaten zu leisten.

Kriege, Bürgerkrieg oder andauernder Einsatz von Waffengewalt verbinden sich überdies immer häufiger mit dem Aufbau einer kriminellen Ökonomie. Besonders augenfällig ist das im Fall des islamischen Terrorismus, der in hohem Maße durch kriminelle Geschäfte finanziert wird, meist durch Drogenhandel. Umgekehrt geraten ganze Gesellschaften durch bewaffnete Drogenbanden an den Rand des Zusammenbruchs, wie in Kolumbien oder Mexiko. Die Ausbildung einer Kriegsökonomie geht darüber noch einen Schritt hinaus und beinhaltet, dass in zunehmendem Maße der Krieg sich selbst finanziert und die Kriegsparteien deshalb kein Interesse daran haben, ihn zu beenden oder sogar ein starkes Interesse, ihn fortzusetzen. Wenn etwa junge Männer keine Arbeit finden außer im Militär, dann wird es schwer, sie von Mord und Raub abzubringen. Darüber hinaus gibt es immer Personen und Gruppen, die am Krieg verdienen und oft märchenhafte Reichtümer anhäufen. Sehr oft hängt die Kriegsökonomie eng mit der Kontrolle über Bodenschätze zusammen oder der Kontrolle über den Rohstoffhandel. Gleichzeitig bildet sich im Kontext solcher Konflikte meist eine Schattenökonomie heraus, der Schwarzhandel blüht auf und gehandelt wird mit allem, was Menschen brauchen, besonders dem Nötigsten.

All diese Faktoren verändern das Kriegsbild entscheidend. Uniformierte Soldaten treten gegenüber einer Soldateska in zusammengestohlener Kleidung zurück, Panzer und gepanzerte Fahrzeuge gegenüber Kleinlastwagen mit aufmontierten Maschinengewehren und Raketenwerfern. Nicht schwere, sondern leichte Waffen töten heute die meisten Menschen, dazu Granaten, Minen oder Selbstmordattentäter. Es ist leichter und billiger geworden, viele Menschen umzubringen, aber zeitraubender, mühsamer und grausamer.

II.4. Man hat gelegentlich gesagt, die Welt kehre allmählich von der Westfälischen Friedensordnung in das Mittelalter zurück. Das trifft zu, sofern die abnehmende Bedeutung des Staates und die wachsende Bedeutung nichtstaatlicher Akteure ins Zentrum der Aufmerksamkeit gerückt werden. Der Staat verliert immer häufiger das Gewaltmonopol, das er im Europa der Neuzeit durchgesetzt hat. Doch das ist allenfalls die halbe Wahrheit. Tatsächlich herrscht die »Gleichzeitigkeit des Ungleichzeitigen« (E. Bloch), das heißt: Das Kriegsbild weist zunehmend anachronistische Formen auf, zugleich nimmt es jedoch gewissermaßen futuristische Züge an – und es sind gerade die Staaten, die diese Entwicklung vorantreiben. Wiederum setzt sich darin ein Trend fort, der vor langer Zeit begonnen hat. Seit dem amerikanischen Bürgerkrieg, dessen kriegsgeschichtliche Bedeutung hierzulande wenig beachtet wird, ging der Krieg eine immer engere Allianz mit der Industrie ein, und seit dem Ersten Weltkrieg zusätzlich mit der Wissenschaft. Mit gutem Grund hat das Vatikanum II in der Pastoralkonstitution »Gaudium et Spes« die Fragwürdigkeit des modernen Krieges mit dem Verweis auf die Wirkungen »wissenschaftlicher Waffen« begründet, für welche die Atombombe als Symbol stand. Es war der frühere US-Präsident Eisenhower, der den Begriff des »militärisch-industriellen Komplexes« in die öffentliche Diskussion einbrachte, um vor einer in seinen Augen höchst bedenklichen Entwicklung zu warnen. Bewirkt hat seine Warnung herzlich wenig. Das Bündnis von Staat, Militär, Industrie und Wissenschaft hat die Entwicklung des Krieges bis hin zum zweiten Golfkrieg entscheidend geprägt.

Dieser Krieg hat eine neue, sozusagen postmoderne Phase eingeleitet. Erstmals wurde die Kriegsführung durch die militärischen Kommunikations- und Informationssysteme dominiert. Auch Militärs glaubten für kurze Zeit, der Einsatz von elektronisch gesteuerten Präzisionswaffen werde es künftig erlauben, Kriege auf vergleichsweise ›saubere‹ Art und Weise zu führen und zu gewinnen. Einmal mehr erwies sich das als Illusion. Zwar hat die elektronische Kriegsführung unbestreitbar die Zahl von Opfern und das Ausmaß der Zerstörung stark reduziert, doch haben die Militäreinsätze im Kosovo, Afghanistan und jüngst in Libyen gezeigt, dass im Ernstfall der Einsatz von Bodentruppen unverzichtbar bleibt, an deren Stelle allenfalls einheimische Kräfte kämpfen können. Die Vision eines reinen High-Tech-Krieges ist zudem an der Realität asymmetrischer Kriege gescheitert, in der eine technisch weit unterlegene Kriegspartei mit verhältnismäßig ›primitiven‹ Mitteln hartnäckigen Widerstand leistet. Dennoch arbeitet die Rüstungsindustrie mit Hochdruck daran, die Waffentechnologie zu perfektionieren und die Schwelle der Notwendigkeit, Soldaten im direkten Gefecht einzusetzen, durch den Einsatz von Robotern abzusenken. Im Rahmen des »War against Terror« werden mittlerweile regelmäßig Drohnen eingesetzt, um gezielt bestimmte Personen zu töten und dabei den Einsatz von Spezialkommandos oder umfangreichere Militäraktionen zu vermeiden.

II.5. Gleichzeitig bahnt sich eine neue Qualität der elektronischen Kriegsführung in Form der sogenannten Cyber-Kriege an, die im Grunde eine logische Konsequenz der unverzichtbaren Rolle der modernen Kommunikationsmittel darstellen. Sie zielen nämlich darauf ab, die feindlichen Kommunikationssysteme zu stören oder zu zerstören – und zwar nicht durch Einschleusen falscher oder irreführender Informationen, die schon bei den klassischen Nachrichtendiensten ein probates Mittel der Kriegsführung waren. Im elektronischen Krieg dreht es sich darum, im Idealfall in alle Bereiche des feindlichen Staates oder Netzwerkes einzudringen und einen Kollaps zu erzeugen, der sowohl die militärische als auch die politische und wirtschaftliche Handlungsfähigkeit des Feindes lähmt.

Diese gleichsam exotischen Varianten des Krieges dürfen freilich nicht darüber hinweg täuschen, dass die im Vergleich beinahe schon altmodisch anmutenden Massenvernichtungswaffen keineswegs verschwunden sind. Der anhaltende Konflikt mit dem Iran erinnert nahezu täglich daran, dass die atomare Drohung akut bleibt, und die wachsende Instabilität Pakistans verdeutlicht, wie eng sie mit politischen, sozialen und religiösen Fragen verknüpft ist. Die Gefahr der Verbreitung spaltbaren Materials wächst, ebenso das Gefahrenpotential der nuklearen Hinterlassenschaft des Kalten Krieges. Gleichzeitig arbeiten die Waffenentwickler mit Hochdruck daran, Atomwaffen durch Miniaturisierung einsatzfähig zu machen.

Alles in allem bietet sich ein verwirrendes Bild: Erfreuliches und Hoffnungsvolles mischt sich mit Erschreckendem und Beängstigendem; vormoderne, moderne und postmoderne Verhältnisse überlagern sich und durchdringen einander. In diesen Rahmen fügen sich die Klimakriege nahtlos ein.

III.1. Es gibt bislang praktisch keine Klimakriege, und obgleich das Stichwort inzwischen geläufig ist, kann es, streng genommen, Klimakriege gar nicht geben. Die Erklärung dafür ist denkbar einfach: Eroberungskriege dienen dazu, Land oder politische Herrschaft zu gewinnen; Ressourcenkriege dazu, Rohstoffe zu sichern. Klimakriege dagegen werden ganz sicher nicht geführt für oder um das Klima. Worauf sich der Begriff »Klimakriege« eigentlich bezieht, sind bestimmte Folgen des Klimawandels, welche die Gefahr kriegerischer Konflikte heraufbeschwören. Für Kriege dieses Typs gibt es bislang in der Realität kaum Beispiele. Vorerst existieren sie vor allem im virtuellen Raum von Zukunftsszenarien, die sich mit sozialen und politischen Konsequenzen des Klimawandels beschäftigen. Müßig zu betonen, dass sie sämtlich mit einem beträchtlichen Maß an Unsicherheit behaftet sind, nur mehr oder weniger wahrscheinlich eintreten werden. Dennoch bedeutet das nicht, zu bloßer Kaffeesatzleserei verurteilt zu sein. Einige Aspekte lassen sich mit einiger Bestimmtheit hervorheben.

III.2. Wenn Klimakriege eigentlich Klimawandelfolgenkriege heißen müssten, dann kommt, um die Problematik zu verstehen, alles darauf an, diese Folgen zu beschreiben und zu analysieren. Zu diesem Zweck hilft es, in einem ersten Schritt der Einfachheit halber von einer allgemeinen Erwärmung der Atmosphäre auszugehen. In diesem Fall ist zuerst ein Abschmelzen der Gletscher und des Polareises und auf Grund dessen ein Ansteigen des Meeresspiegels erwarten. Es liegt in der Natur der Sache, dass dieser Anstieg nicht alle Weltregionen in gleicher Weise und gleichem Maße betreffen wird, sondern in erster Linie die Küstenregionen sowie die Mündungssysteme der großen Flüsse. Experten gehen davon aus, dass eine Erhöhung des Meeresspiegels um 20 Zentimeter ausreicht, um zahllose Küsten- und Hafenstädte mit Abermillionen Einwohnern zu überfluten. Zahlreiche Inseln würden im Meer versinken. Selbst wenn der Anstieg langsam erfolgt und keine Menschenleben fordert, macht er die betroffenen Regionen unbewohnbar. Auch ohne katastrophischen Verlauf zwingt er darum die dort lebenden Menschen, dem Wasser auszuweichen, und das werden sie natürlich tun, indem sie in benachbarte Regionen auswandern. Von den vorhersehbaren Flüchtlingsströmen wird an anderer Stelle noch zu handeln sein. Hier gilt es zu unterstreichen, dass es im Prinzip durchaus Wege gibt, sie zu vermeiden. Die Niederlande haben in der jüngeren Vergangenheit gewaltige Anstrengungen unternommen, um sich vor den Wassermassen zu schützen. Anderen Ländern fehlt das dazu nötige Know-how und Kapital.

III.3. Der Treibhauseffekt wird außerdem zu einer Erwärmung der Weltmeere führen, deren Folgen wiederum außerordentlich schwer abzuschätzen sind. Im schlimmsten Fall würde sich der Golfstrom, diese gigantische Umwälzpumpe in den Ozeanen, verändern oder gar abreißen – mit unabsehbaren klimatischen Auswirkungen. Vieles zeichnet sich bereits unübersehbar ab. Im Nordmeer zum Beispiel bringen sich Kanada und Russland politisch und sogar militärisch in Stellung, um die wirtschaftlichen Vorteile zu nutzen, die zu erwarten sind, sobald die Nord-West-Passage weitgehend eisfrei bleiben und für normalen Schiffsverkehr befahrbar werden wird. Außerdem stecken sie ihre Ansprüche auf die festlandnahen Bodenschätze ab, die sich dann abbauen lassen.

In allgemeiner Form kann man bezüglich der Konsequenzen der Erderwärmung festhalten: Heute noch fruchtbare Gebiete werden zu Wüsten, heute noch schwer zugängliche Gebiete zu blühenden Landschaften werden. Seen und Flüsse werden austrocknen, Quellen versiegen, die Versorgung mit Trinkwasser zum Erliegen kommen. Der Aralsee und der Tschadsee bieten reichlich erschreckendes Anschauungsmaterial dafür, was dann abläuft. In China kämpft die Bevölkerung im Norden seit langem gegen die fortschreitende Verwüstung von Kulturland und die wachsende Zahl von Sandstürmen, die den Ackerbau nachhaltig einschränken. Pekings Einwohner leiden immer öfter bis zur Atemnot unter Sandstaubwolken, die sich über die Stadt legen. Den Verlust von Anbauflächen durch die Gewinnung von Neuland zu kompensieren, erfordert viel Aufwand und Geld und kostet nicht zuletzt Zeit. Selbst der Wirtschaftsriese China gerät da schnell an seine Grenzen, ärmere und arme Länder werden noch schneller überfordert. Natürlich können Ertragseinbußen durch verkleinerte Ackerflächen und Weidegründe im Prinzip durch Produktionssteigerungen kompensiert werden. Gerade Deutschland zeigt das eindrucksvoll. Es fragt sich jedoch, ob und inwieweit das im Weltmaßstab gelingt.

Es geht aber nicht nur um Landwirtschaft. In anderen Bereichen der Wirtschaft werden sich ähnliche Probleme einstellen. Nehmen wir zum Beispiel den Tourismus in Österreich oder Bayern: Dort verfolgt man mit größter Sorge das Abschmelzen der Gletscher und die Zunahme von Bergrutschen und sucht intensiv nach Alternativen zum Fremdenverkehr in den Skigebieten. Misslingt der erforderliche Wandel, werden die Bewohner, wie schon in früheren Zeiten, ihre Heimat verlassen. Klimabedingter Strukturwandel mag dramatische Formen annehmen, er muss jedoch keineswegs zwangsläufig Gewalt und Krieg auslösen. Die Wahrscheinlichkeit dafür dürfte in Holland kleiner sein als in Bangladesch. Ein durchgängiges Muster beginnt sich abzuzeichnen: Klimafolgen wirken sich unterschiedlich aus, und diese Ungleichverteilung hat angebbare Gründe.

III.4. Eine der schwerwiegendsten Folgen des Klimawandels besteht, wie schon angesprochen, höchstwahrscheinlich darin, gewaltige Flüchtlingsströme in Gang zu setzen, innerstaatlich und grenzüberschreitend. Diese Umweltflüchtlinge werden ihrerseits ökologische Schäden anrichten, wie die vielen Flüchtlingslager lehren, die schon existieren. Denn sie benötigen Brennholz und Wasser, sie produzieren Müll und Fäkalien. Die Lager verwandeln sich leicht in Brutstätten hochansteckender Krankheiten. Das alles wird Staaten, die Ziel der globalen Wanderungsbewegung sind, zu Abwehr- und Schutzmaßnahmen veranlassen. Schon heute provozieren einige Tausend tunesische Flüchtlinge die europäischen Staaten zu heftigen (und kostspieligen) Angstreaktionen; es fällt deshalb leicht, sich vorzustellen, welche Krisen und Konflikte Hunderttausende oder gar Millionen von Flüchtlingen hervorrufen würden. Staaten könnten zusammenbrechen oder sich in autoritäre und diktatorische Systeme verwandeln. Massive soziale und politische Konflikte, Unruhen und Massaker sind denkbar. Regierungen dürften versucht sein, aus innenpolitischen Gründen außenpolitische Abenteuer zu riskieren, zum Beispiel in den Nachbarstaat einzumarschieren, um Zuwanderungen gewaltsam zu stoppen.

Die Alternative, nämlich Abschottung durch Grenzschließung, wird längst praktiziert: Indien etwa investiert bereits erhebliche Summen, um einen langen Grenzzaun aufzubauen, der Flüchtlinge aus Bangladesch abhalten soll – ähnlich dem Zaun, den die USA an der Grenze zu Mexiko errichten.

III.5. Nun wird die Welttemperatur kaum gleichmäßig ansteigen. Ausschlaggebend ist zwar die Durchschnittstemperatur, die aber ohne Weiteres beträchtliche kontinentale und regionale Temperaturunterschiede einschließen kann. Zu rechnen ist demnach mit einer Verschiebung der Klimazonen, der Niederschlagsgebiete und Niederschlagsmengen. Russland plant längst für eine neue sibirische Ära, die durch das Auftauen jener Gebiete eröffnet wird, die bislang noch durch den Permafrost metertief gefroren und darum nur mit hohem (finanziellem) Aufwand (und Opfern an Menschenleben) begrenzt wirtschaftlich zu erschließen waren und noch sind. Es geht dabei um enorme Mengen von Rohstoffen, unter anderem von Diamanten und Öl, sowie neue Siedlungsräume. Eine ziemlich unangenehme und schwer zu kalkulierende Folge dieses Vorgangs wird allerdings darin bestehen, dass große Mengen von Methangas freigesetzt werden, eines der stärksten Treibhausgase. Also heizt sich das Klima weiter auf.

Die vermutlich schwerwiegendste Konsequenz des Klimawandels betrifft die Wasser- und Nahrungsmittelversorgung. Die Wasserproblematik lässt sich dem Komplex der Ressourcenkonflikte zuordnen, die einen eigenen Konflikttyp bilden. Sie hängt nur zum Teil von klimatischen Veränderungen ab. Anders im Fall der Nahrungsmittel. In Bezug auf sie sind zwei Mechanismen von Belang: zum einen ihre Verknappung, zum anderen ihre Verteuerung. Während Verknappung fast immer Verteuerung nach sich zieht, muss Verteuerung nicht unbedingt auf Verknappung beruhen. Schon geringfügige Kursänderungen auf den Finanzmärkten reichen, wie jüngst zu beobachten, aus, um enorme Preissteigerungen nach sich zu ziehen. Die Hungerrevolten der letzten Jahre lassen ahnen, was sich abspielen würde, wenn sich Massen von Menschen dauerhaft überteuerte Grundnahrungsmittel nicht mehr leisten können. Die finanzielle Leistungsfähigkeit der Betroffenen, die Verteilung von Reichtum und Armut, das wird an diesem Beispiel deutlich, markiert eine entscheidende Schwachstelle der gesamten Struktur. Mit anderen Worten: Länder oder Regionen, die schon jetzt benachteiligt sind, werden noch stärker ins Hintertreffen geraten, weil sie die Kosten für Ausgleichs- bzw. Gegenmaßnahmen nicht werden aufbringen können: Ertragssteigerungen durch Kunstdünger oder Maschineneinsatz, Subventionen für Nahrungsmittelerzeuger oder – verbraucher, Umwidmung von Anbauflächen, alternative Anbaumethoden, Steuererleichterungen, Sozialhilfe, usf. Darin steckt allerdings auch eine positive Botschaft. Die sozialen Folgen des Klimawandels müssen keineswegs zwangsläufig Gewalt und Krieg erzeugen, denn viele lassen sich verhindern oder wenigstens abschwächen. Soziale Turbulenzen werden auf jeden Fall entstehen, doch für einen Teil der Menschheit dürften sie vorteilhaft sein, und die Nachteile für den anderen könnten aufgefangen werden. Aber diese Möglichkeit wird sicher nicht von selbst zur Wirklichkeit werden. Dazu braucht es Mittel aller Art, Zeit und Geld. Vor allem bedarf es eines gemeinsamen politischen Willens, sie zum Wohle derer einzusetzen, die nicht zu Gewinnern des Klimawandels, sondern zu den Verlierern zählen werden.

IV.1. Klimakriege sind noch keine Realität, aber eine reale Gefahr, für die sich warnende Vorzeichen mehren. Hand in Hand mit der Durchschnittstemperatur des Weltklimas steigt das Gewaltpotential der Weltgesellschaft. Kriege klassischen Zuschnitts, besonders Grenzkonflikte, werden sich häufen, vor allem aber gewaltsame Übergriffe von Regierungen und Teilen der Bevölkerung gegen jene Menschen und Gruppen, die als Bedrohung wahrgenommen werden. In den düstersten Szenarien fließt viel Blut und das meiste in den ärmsten Ländern. Der Philosoph Günther Anders hat einmal, das Risiko eines Atomkriegs vor Augen, bemerkt, was jeden treffen könne, betreffe jeden. Das war gut formuliert und dennoch falsch. Denn selbst für den atomaren Ernstfall galt, dass er nicht alle treffen würde und schon gar nicht alle in gleichem Maße. Für die Folgen des Klimawandels gilt das noch weitaus weniger. Während das Weideland der Armen verdorrt und ihre Ackerkrume zu Staub zerbröselt, werden die Reichen ihre Rasen sprengen und Swimmingpools füllen und in kühlere Gegenden jetten, um der Hitze zu entgehen. Allen Ernstes entwerfen schon jetzt Wissenschaftler Konzepte für einen menschlichen Exodus von der verbrannten Erde auf ferne Planeten, während die bemannte Raumfahrt seit einiger Zeit vorführt, wer sich diese Flucht, wenn sie denn durchführbar wäre, leisten könnte: Millionäre und Milliardäre. Von Slumbewohnern war noch nichts zu lesen oder zu sehen. Es mag also wohl richtig sein, dass alle Menschen in einem Boot sitzen, aber ebenso wahr ist, dass dessen Sitzplätze nicht alle gleich komfortabel sind und die gleichen Rettungschancen bei Sturm bieten. Das nüchtern festzustellen, bedeutet nicht, zum Klassenkampf aufzurufen. Die Zeiten sind endgültig vorbei, in denen es noch möglich war zu glauben, der gordische Knoten des Armutsproblems lasse sich durchhauen, indem man die Fabriken verstaatlicht und die Kapitalisten an den Laternenpfählen aufknüpft. Die Komplexität von Natur und Gesellschaft verbietet jeden Gedanken daran, sie theoretisch aus einem archimedischen Punkt heraus erklären und praktisch aus den Angeln heben zu können.

IV.2. Der konziliare Prozess für Gerechtigkeit, Friedens und Bewahrung der Schöpfung erhielt seinen Anfangsimpuls durch die in den westlichen Industrienationen wachsende Angst vor der Selbstvernichtung der Menschheit durch einen Atomkrieg und den ökonomischen Ruin durch die sich scheinbar unaufhaltsam steigernde Rüstungsspirale. Es waren Kirchen aus armen Ländern des Südens, die darauf drangen, den Aspekt weltweiter Gerechtigkeit in die Friedensthematik einzubeziehen. Die anfänglich eher randständige Aufgabe der Bewahrung der Schöpfung rückte erst später in den Vordergrund, als die Ökologie auch im öffentlichen Bewusstsein stärker wahrgenommen wurde. Der Klimawandel unterstreicht noch einmal die Einsicht, dass die verschiedenen Dimensionen der globalen Krise miteinander verschränkt sind; den Kirchen aber ruft sie die bleibende und wachsende Aktualität der Option für die Armen ins Gedächtnis. Die nämlich werden noch mehr als bisher die Zeche für jenen Lebensstil bezahlen, den die wohlhabenden Menschen und Staaten genießen. Man kann gut darüber streiten, ob der Wohlstand der einen auf der Armut der anderen beruht. Nicht zu bestreiten dagegen ist, dass der Lebensstil des Nordens erheblich größere ökologische Folgelasten nach sich zieht als der des Südens, der dennoch die Hauptlast bewältigen muss. Oft wird behauptet, es läge im wohl verstandenen Eigeninteresse der Starken, der herrschenden, sich ständig vertiefenden Ungerechtigkeit entgegenzuwirken. Doch die bittere Wahrheit sieht anders aus. Wenn die Parole lautet, es rette sich, wer kann, dann rät das Eigeninteresse dazu, die Ellenbogen einzusetzen. In einer solchen Notlage können die Schwächeren, können die Opfer nur auf Solidarität und Mitgefühl der Stärkeren hoffen.

Die Kirchen haben ihren gottgewollten Ort an der Seite der Schwachen, Ausgegrenzten und Benachteiligten. Zugleich gehören sie als weltweite Gemeinschaft naturgemäß zu den globalen Akteuren. Zwar macht die ökumenische Bewegung der Kirchen derzeit eine frostige Phase durch, umso dringlicher daher für sie, sich dessen zu besinnen, dass die kirchliche Antwort auf die Globalisierung nur die Ökumene sein kann. Die globale Krise muss im Geist des Zweiten Vatikanischen Konzils als eines der »Zeichen der Zeit« gelesen werden, durch die Gott Seiner Kirche mitteilt, was er von ihr will, und es müsste schon blind sein, wer nicht zu sehen vermöchte, dass die neue Oikumene der globalisierten Welt eines Gegengewichts in Gestalt der Ökumene der Kirchen (und Religionen) bedarf.

IV.3. Die beiden großen Kirchen in der Bundesrepublik Deutschland haben in ihren letzten Friedensworten einmütig den friedenspolitischen Primat der Prävention gefordert, gemäß dem aus der Medizin übernommenen Motto: »Vorsorgen ist besser als heilen«. Wenn diese Position glaubwürdig sein soll, dann müssen sie selbst zur Gewalt- und Kriegsprävention beitragen. Klimakriege zu verhindern, dürfte die Kräfte der ökumenischen Gemeinschaft weit überfordern. Aber ihre globale Präsenz bietet die fast einzigartige Gelegenheit, vor Ort die jeweiligen ökologischen und sozialen Folgen des Klimawandels zu beobachten, und dieses Wissen zunächst in der Ökumene zu verbreiten. Kirchen, Gemeinden und kirchliche Organisationen können sich gegenseitig helfen, im eigenen Haushalt (oikos) vorbildlich zu leben und zu wirtschaften. Sie können zusammen mit nichtkirchlichen Akteuren eine politische Lobby für die Bewahrung der Schöpfung bilden. Ihnen obliegt es, in der öffentlichen Debatte unbeirrbar daran festzuhalten, dass politische, wirtschaftliche und technologische Entscheidungen auch ethisch verantwortbar sein müssen.

Menschliches Handeln pflegt in aller Regel Handeln unter der Bedingung der Ungewissheit zu sein, und mit Blick auf den Klimawandel trifft das noch mehr als sonst zu, weil selbst die kompliziertesten Modelle und aufwendigsten Berechnungen die Komplexität der Wirklichkeit nicht zu erfassen vermögen. Unter dieser Voraussetzung muss sich das Handeln an der Maxime ausrichten, irreversible Folgen des Handelns möglichst zu vermeiden, natürlich vor allem dann, wenn diese, wie im Fall des Klimawandels, katastrophal sein könnten. Die letzte Beweislast liegt dann nicht bei denen, die eine Katastrophe befürchten, sondern bei jenen, die behaupten, es bestünde kein Anlass zur Sorge. Die Kirchen verfügen über keinerlei Kompetenz, darüber zu befinden, doch sie wissen um die Endlichkeit des Menschen. Sie wissen deswegen, dass es ihm immer zum Schaden gerät, sobald er der Versuchung erliegt, sich eine Verantwortung aufzubürden, die er nicht zu tragen vermag. Die Schöpfung bewahren, das heißt für den Menschen zuallererst, sich selbst als Geschöpf anzuerkennen und die Grenzen zu respektieren, die ihm in seiner Geschöpflichkeit gesetzt sind. Weder die Rache der Natur noch die Rache Gottes bedrohen die Menschheit, sondern Menschen, die Gott spielen. Die Rückkehr zum menschlichen Maß durch Selbstbegrenzung verlangt ein neues Selbstverständnis und damit einen umfassenden Bewusstseinswandel, den in Gang und voran zu bringen, den Kirchen so etwas wie eine Herzensangelegenheit sein sollte. Ihr Glaube mag sie ermutigen, damit bei sich selbst anzufangen.

ABSTRACT

Climate wars are wars that constitute a threat due to certain effects of climate change. They can be regarded as a new danger to world peace, as part of the global crisis that was made subject of discussion in ecumenism by the Conciliar Process for Justice, Peace and the Integrity of Creation. Climate change and its consequences form an extremely complex process that will particularly affect those countries that are already poor. One of the most important requests of conflict- and violence-prevention thus is the solidarity of the rich with the poor. The task of the church as a worldwide community is to advocate the Integrity of Creation and the required shift in awareness as well as to exemplify the righteous change of a lifestyle consistent with creation.

Autoren und Herausgeber

Theodor Ahrens, Professor em. für Missionswissenschaft und ökumenische Beziehungen der Kirchen am Fachbereich Evangelische Theologie in Hamburg.

Michael Biehl, Dr. theol., Abteilungsleiter der Referate Theologische Ausbildung und Grundsatzfragen im Evangelischen Missionswerk; Lehrbeauftragter am Fachbereich Evangelische Theologie der Universität Hamburg.

Nick Elorm, Diplom der Missionsakademie, Assistent von ATTiG.

Sabine Förster, Studienleiterin an der Missionsakademie an der Universität Hamburg.

Werner Kahl, Ph.D., Apl. Professor für Neues Testament an der Universität Frankfurt und Studienleiter an der Missionsakademie an der Universität Hamburg.

Ernestina Novieto, Dozentin für Religionswissenschaft an der University of Ghana, Legon.

Heinz-Günther Stobbe, Professor für Systematische Theologie und theologische Friedensforschung an der UGH Siegen.

Abonnement Inland:	EUR 42,00 [D] (inkl. Zustellung/MWSt.)*
Abonnement Ausland:	EUR 48,00 (exkl. MWSt., inkl. Zustellung)*
Rabatt:	Studenten: 30 %
Bezugsbedingungen:	Jedes Abonnement läuft ab Bestellmonat bis auf Widerruf, mindestens 12 Monate, und ist jeweils zum Jahresende beim Bestell-Service kündbar. Die Abonnenten erhalten die »Beihefte zur Ökumenischen Rundschau« zum Vorzugspreis.
Einzelheft Inland:	EUR 14,00 [D] (inkl. Zustellung/MWSt.)*
Einzelheft Ausland:	EUR 16,00 (exkl. MWSt., inkl. Zustellung)*
Erscheinungsweise:	vierteljährlich *Stand:1.1.2012
Bestell-Service:	Evangelisches Medienhaus GmbH Christine Herrmann Blumenstraße 76 04155 Leipzig Tel. +49 (0)3 41 / 7 11 41-22 Fax +49 (0)3 41 / 7 11 41-50 aboservice@emh-leipzig.de

Ökumenische Rundschau: Die führende deutschsprachige Zeitschrift der Ökumene

- greift Grundsatzfragen der ökumenischen Bewegung auf
- fördert die Diskussion aktueller ökumenischer Fragen
- reflektiert ökumenische Theoriebildung
- bringt interdisziplinäre und Gender-Beiträge
- analysiert ökumenische Dialoge
- verfolgt ökumenische Entwicklungen in Europa
- berichtet von Kirchen und Bewegungen in anderen Kontinenten
- bringt Beiträge zu kontextueller Theologie
- dokumentiert bedeutende ökumenische Texte und Verlautbarungen
- erinnert an ökumenische Persönlichkeiten
- bietet vierteljährlich wichtige ökumenische Fakten in Chronik, Personennachrichten, Buchrezensionen und Zeitschriftenschau

In Verbindung mit dem Deutschen Ökumenischen Studienausschuss (vertreten durch Uwe Swarat) herausgegeben von Angela Berlis, Amelé Ekué, Fernando Enns (Redaktion), Dagmar Heller, Fredy Henning (Redaktion, presserechtlich verantwortlich), Heinz-Gerhard Justenhoven, Rolf Koppe, Ulrike Link-Wieczorek (Redaktion), Viola Raheb, Johanna Rahner (Redaktion), Konrad Raiser, Barbara Rudolph (Redaktion), Dorothea Sattler, Stefanie Schardien (Redaktion), Johann Schneider (Redaktion), Oliver Schuegraf (Redaktion), Athanasios Vletsis, Friedrich Weber, Rosemarie Wenner.

Redaktion: Fredy Henning, Frankfurt am Main, v.i.S.P, Ludolfusstr. 2–4, 60487 Frankfurt am Main, E-Mail: info@ack-oec.de
Internet: www.oekumenische-rundschau.de

EVANGELISCHE VERLAGSANSTALT
Leipzig www.eva-leipzig.de

Tel +49 (0) 341/ 7 11 41 -16 vertrieb@eva-leipzig.de